中國學術思想 研究輯刊

八 編

林 慶 彰 主編

第 5 冊

莊子氣論探微

婁 世 麗 著

莊子心性思想之研究

張 森 富 著

花木蘭文化出版社

國家圖書館出版品預行編目資料

莊子氣論探微　婁世麗　著／莊子心性思想之研究　　張森富
著 — 初版 — 台北縣永和市：花木蘭文化出版社，2009〔民
98〕
目 2+122 面＋目 2+98 面；19×26 公分
（中國學術思想研究輯刊　八編；第 5 冊）
ISBN：978-986-254-189-0（精裝）
1.（周）莊周　2.莊子　3.學術思想　4.研究考訂
121.337　　　　　　　　　　　　　　　　　　　99002354

ISBN - 978-986-2541-89-0

9 789862 541890

中國學術思想研究輯刊
八 編 第 五 冊　　　　　　　ISBN：978-986-254-189-0

莊子氣論探微
莊子心性思想之研究

作　　　者　婁世麗／張森富
主　　編　林慶彰
總 編 輯　杜潔祥
出　　版　花木蘭文化出版社
發 行 所　花木蘭文化出版社
發 行 人　高小娟
聯絡地址　台北縣永和市中正路五九五號七樓之三
　　　　　電話：02-2923-1455 ／傳真：02-2923-1452
網　　址　http://www.huamulan.tw 信箱 sut81518@ms59.hinet.net
印　　刷　普羅文化出版廣告事業
封面設計　劉開工作室
初　　版　2010 年 3 月
定　　價　八編 35 冊（精裝）新台幣 58,000 元　　　　版權所有・請勿翻印

莊子氣論探微

婁世麗　著

作者簡介

婁世麗，國立臺灣大學中國文學研究所碩士，國立臺灣體育大學通識中心副教授（退休）。
曾任：臺北市立成功高級中學教師，國立臺中護理專科學校講師，國立空中大學講師，朝陽科技大學副教授。
專長：中國思想史、莊子哲學、古典詩詞。
著作：（專書）《莊子氣論探微》，《莊子「兩行」觀》，（期刊）〈逍遙遊「大小之辨」試析——兼論「鯤」字義蘊〉，〈「夫言非吹也！」其為「天籟」乎？〉，〈莊子「因」字義理試詮〉。

提　　要

　　「通天下一氣」的觀念，不僅是莊子書中很重要的一句話；而且，已在中國人的思想、生活、道德、文學、藝術、醫學等層面體現出來。甚至在今日自然科學的領域中，也已逐漸影響到宇宙、萬物結構的理論，而有取代人們長久以來對宇宙的認識——由原子與原子，及原子間的"虛空"所組成——之趨勢。但是多數學者對於莊子的「氣論」思想，尚未予以重視，而使這個通貫人文、自然科學領域的重要命題，隱而不彰。本文之研究目的，即在探究將「氣論」提昇至成熟階段的莊子思想；希望由莊子的「氣」概念中，離析出「氣」的重要性質，及這些性質如何在天地萬物上展現；尤其著重於討論「氣」在莊子「化」的觀念中的地位。

　　本文先簡略地概述「氣」概念的產生、及「氣論」的萌芽；餘皆專就莊子的氣論思想為主要內容。約將莊子的「氣」概念，歸納為四大類型：一、與形軀、生理健康有關者。二、與自然、天地有關者。三、與工夫修為有關者。四、具有哲學意義者。及四大性質：一、虛而能容。二、和而能生。三、精純而能化。四、聚散而能動。最後則將具有四大性質的「氣」，又與四大類型的「氣」概念，分別呈顯為天地的建構（由「道與氣」；「德與氣」來看），萬物的創生、變化、並內在於萬物（由人的「形、神、心志」與「氣」言之）等等現象，本文都盡量扣緊原典來討論，希望對於莊子的宇宙論及身體觀，能提供一個新的檢視角度。

　　其實道家在中國學術思想上，固然常居於伏流地位，然與顯學的儒家則各顯人生境界，亦未必可以用「軒輊」譬之。尤其基於莊子的「通天下一氣」之思想義涵，而發展出道家「天地與我並生，萬物與我為一」的視界；更足以與儒家的「民吾同胞，物吾與也」的襟抱，並稱人類雙葩。另外，在整個「氣論」發展史中，影響到的諸多層面，牽涉甚廣甚深，都十分值得繼續研究。因此本文選擇莊子的氣論思想作為研究的主題。

目次

前　言

一、緣　起

　　對於「氣」這個字的涵義，一直令我覺得奧秘難解，尤其在牽涉到「氣」的種種功能——醫療、養生、武術等——問題時，更是不自覺地便忽略過去。那種意欲避開的心態，今日想來，恐是因為在潛意識裡即認為這些問題，多少有些迷信的、非理性的成分在內。故誘發了「知識份子的潔癖」（藉黃俊傑師之語）。直到「先秦思想史專題」課堂上，張亨老師在討論中提到：「"氣"這個問題，確實有其意義、價值；大陸學者已有可觀的研究成果。我們則剛剛起步……。」這是讓我對「氣」有嶄新的態度的開始。但畢竟因隔限重重，尚未能引起我的關注，也就未再有更進一步的接觸。

　　決定以「莊子」的思想為研究範疇之後，因一時無法確定題目，故只是謹守指導教授林麗真老師之指示：「從原典中去看問題、想問題。先要能夠掌握住莊子在講什麼，再看歷來著名注釋者的意見。」就這麼翻看著三十三篇的《莊子》，約有兩年的時間，而最感困惑的就是其中的「化」和「遊」，及諸多神人至人的特殊能力。例如「魚化為鵬鳥」；又如「乘天地之正，而御六氣之辯，以遊無窮者。」是如何可能？這是莊子個人心靈上的嚮往嗎？或是受古代宗教影響？〔註1〕再者，學者對於「大浸稽天而不溺，大旱金石

〔註1〕楊儒賓先生於〈昇天變形與不懼水火——論莊子思想中與原始宗教相關的三個主題〉即認為莊子屢提及之昇天等主題，頗受到原始宗教的影響，不過，又更超越原始宗教，而另成獨特之心靈境界。其文結語云：「所以莊子後來雖然已超出了原始宗教的樊籬，但當他要使用形象語言表達他『逍遙、無待』

－1－

流土山焦而不熱……。」的藐姑射山之神人，除了以前述兩種角度去了解外，也有以神仙思想的角度來說明的，〔註2〕最近大陸的學者更從氣功現象來發揮。〔註3〕但是否仍有別種可能呢？其實如果撇開以上的管道，而以卮言、荒唐謬悠之言視之，再追究莊子寄寓式的語言背後有無深意？寓意如何？等等，是相當多的學者用來接近莊子心靈的方式。但是筆者在莊子書中，除了看到寓言、重言、卮言之外，更感覺得到有許多例子，似乎是被用來作爲「例證」的；而不是一般性的「譬喻」。〔註4〕如〈應帝王〉篇中之「壺子四示」、又如〈至樂〉篇末段的「種有幾」及〈達生〉篇中「痀僂者承蜩」、「梓慶削木爲鐻」等等。

二、預　設

如果正如前述，莊子確實是以敘述「事實」的態度，來引述這些事件，那麼莊子究竟依據什麼論點，來看待這些被許多後人視爲寓言、謬悠之言的事件呢？依筆者的看法，莊子應是著眼於：諸般事物及事物所呈顯的現象，皆是「氣」（或言「氣的作用」）所造成的；亦即〈知北遊〉篇中所謂「通天下一氣耳」；而「氣」是有其神妙作用的。

舉例來說，〈齊物論〉篇末「莊周夢蝶」段，其中「栩栩然」「適志」的「蝶」，是具象的物，而「遽遽然」的「周」，亦是具象的物。然二者因各爲具體的存在物，而扞格不入。莊子則藉「夢」來打破這種假象——因莊子認爲通天下之物，皆爲氣聚所生，本應是可互相涉入的。其實，透過「夢」以使兩個不同的形構互相轉換，當然是合法的。即便「夢」在諸多傳統的理解，或新穎的心理學分析中，承載了頗多的義涵。但，一個人夢到自己變成蝴蝶，並感受到身爲蝴蝶的輕盈快意，絕對是合於經驗法則的。而緊接地在「周」夢醒後，開始懷疑當下的己身，是否是某隻蝴蝶夢中的「人」；這仍是可以解釋爲：逼眞的夢境令「周」

的理念時，登天遊霧，撓挑無極的神人景象，自然而然地就隨之湧上。」民國78年六月，《漢學研究》頁251。

〔註2〕例如顧頡剛〈莊子和楚辭中崑崙和蓬萊兩個神話系統的融合〉《中華文史論叢》，又如張亨老師〈莊子哲學與神話思想〉《東方文化》。

〔註3〕例如張榮明先生《中國古代氣功與先秦哲學》於〈氣功對神仙思想的影響〉一節中，指出：「在先秦諸子中，唯獨莊子書中有許多關於神仙的描繪。這些神仙大都御龍飛天，騰空蹈虛，逍遙自在于世上。……莊子神仙思想的形成，古代氣功在其中是起了類似催化劑的作用。」上海人民出版社，1987年，頁214。

〔註4〕楊儒賓先生亦有此看法。見前引論文，頁226～227。

產生錯覺而已。但是，問題是莊子有如在下結論般地指出：「此之謂物化」，而不說：「此之謂大夢」（或「大覺」）。故筆者認為莊子是想藉此種可能發生於你我之間的具體事件，來指出：物與物（如莊周與蝴蝶）是可以互相涉入的，涉入的管道「可以是"夢"」。至於其進一步指出的「物化」，則恐正是暗示著：「必有分」的二物，其互相涉入之法「亦可以是"物化"」。〔註5〕而「化」在莊子看來，竊以為正是「氣」精純至極時的一種神妙作用。

　　當然，莊子極為重視的是：如何正確地自視自處，以全生保真。不過，此篇論文所要討論的是更進一步的問題。亦即欲追究；雖然如此如此自視自處，始足以保己之真、全己之生；然此「己」之為物，究竟是那一種樣態的「存在」？例如勞思光先生認為莊子獨標「情意我」，〔註6〕徐復觀先生則認為莊子追求精神上徹底的自由解放。〔註7〕都認為「形軀」是一種拘限、干擾。但是莊子是否有「以形軀為惡」的思想呢？換言之，莊子的身體觀是如何的呢？而且這樣的身體觀，能否與莊子的宇宙論相容？而莊子的宇宙論又是如何的呢？另外，在如此的宇宙論及身體觀的認知下，對前述之命題——如「魚化為鳥」、神人、真人等等——能提供什麼樣的理解？再明確地說，本文所要探究者乃是：莊子所掌握的氣是如何地參與天地的構成、萬物的創生，以及如何內在於所生的萬物中，並展現出來？

三、方　法

　　雖然林老師勸我不要選擇如此龐雜精深又詭僻之題，但仍積極地提供大陸學者的相關著作，並指引我看楊儒賓先生的近作，在此特誌謝忱。可是在往後的資料蒐尋中，則發現相關性的作品不多（除楊先生近年的研究成果之外，則只有朱維奐先生於《鵝湖月刊》所發表的〈氣對於生命結構與活動所作詮釋之涵義〉一文。偶亦見其他短文論及「氣」者，卻多半太簡略）。而且以「莊子之

〔註5〕　徐復觀先生云：「化是隨變化而變化。它有兩方面的意義：一是自身的化；一是自身以外的化。自身以外的化，莊子採取"觀化"的態度。……自身的化，即所謂『化及己』；化及己，則採『物化』的態度。……亦即司馬談在《論六家要旨》中所說的『隨物變化』。自己化成了什麼，便安於是什麼。」《中國人性論史》，頁 292。又云：「物化的觀念，不為當下的形體所拘執，隨造化之化而俱化。」同上，頁 405。

〔註6〕　《中國哲學史》第一卷。

〔註7〕　《中國人性論史》，頁 389。

氣論」爲主題的，更是未始有見。大陸學者之著作雖嘗涉及，則又幾乎都採思想史的綜論方式，只給予「莊子」一個小節，〔註8〕甚至只是一小節中引幾句莊子語作爲例子罷了。〔註9〕直至去年六月間清華大學舉辦的一次以「氣」爲主題的國際性學術研討會，中外學者提出十餘篇或長或短的文章，討論了「氣」本身或外延的問題。不過，關於莊子的氣論，仍只是被引爲例子以證成其見解。另外大陸學者劉笑敢先生固亦認識到：「莊子也很重視氣的觀念，氣的觀念與整個莊子哲學是不可分的。」〔註10〕但因其主題是莊子哲學思想的各個範疇，及其思想的演變，故亦只能以一、二節來討論「氣與莊子哲學」及「關於生死氣化的觀念」。所以，莊子的氣論，確實可以試作探究。筆者於是先透過莊子對「氣」的種種描述（包括明言爲「氣」的，與實質是「氣」卻而未明言之者，如「陰陽」），來掌握莊子的「氣」概念，而歸納出「氣」的四種重要性質（詳後文），再就其特質去詮釋前文所提及的疑惑，多半可以獲得疏通。最令人興奮的是，自郭象以迄王先謙，諸多名家之注釋，在涉及「氣」方面的見解，不僅少有悖逆，甚至常有互相證成、補足的現象。不禁令人思及：如此若合符節的觀點，或有後起者參閱前輩之見而受到影響者，但更應該是爾等的共同依據——《莊子》原文——確有其一貫的「氣」理論，作爲內在的脈絡；否則當不易出現如此現象。另外，劉武《莊子集解內篇補正》（附於文津出版社印行之王先謙《莊子集解》之後）給予筆者相當多的啓發，本文即有多處引用其論點。

本文將著重在莊子的氣概念和氣論思想，故撮出其特質；而以說明「氣」與「道、德、形、神、心（兼及「志」）」之間的關係爲重心；並試著將與「氣」有絕對密切關係的「化」，作一蠡測。至於氣論的發展史，因非本文主旨，故只在首章第一節中略作起筆交待。

四、題　材

本文主題既在「莊子之氣論思想的探討」，故捨繁就簡地將《莊子》一書視爲莊子思想的記錄與闡發。〔註11〕只將〈讓王〉以次，到〈列禦寇〉等篇，

〔註8〕如李存山先生《中國氣論探源與發微》第三章第五節：〈莊子哲學中的氣論思想〉，中國社會科學出版社。

〔註9〕如李志林先生《氣論與傳統思維方式》第一章第四節，約以一頁的篇幅處理莊子氣論。新華書店上海發行所發行。

〔註10〕劉笑敢先生《莊子哲學及其演變》，19888年，中國社會科學出版社。

〔註11〕徐復觀先生即言：「外篇雜篇，原即含有莊學傳注的性質。」《中國人性論史》，

已公認是蕪雜歧出者剔除。另如〈駢拇〉、〈馬蹄〉、〈胠篋〉三篇，不僅未見一「氣」字，即連「陰陽」亦不曾出現，故亦不在取材範圍。〔註12〕

頁366。

〔註12〕劉笑敢先生於前引書中，以約百頁篇幅，通過「概念的使用、思想的源流、文章的體例、特殊詞彙的用法」來探究莊子一書各篇的主要思想與成篇時代。除了再次印證內篇為莊子所作外，並分析出外雜篇尚可分為述莊派、黃老派、無君派，而以無君派與內篇關係最疏遠。此派作品有「〈駢拇〉、〈馬蹄〉、〈胠篋〉、〈在宥上〉、〈讓王〉、〈盜跖〉、〈漁父〉、〈說劍〉」等，計七篇半。且作者又指出前四者之間的關係頗密切，故與後四者分為兩組，並詳言前四者與內篇顯然不同之處（按：詳見該書，頁89）。其中雖未說到駢拇等三篇中不及「氣」概念的問題。但是這種由兩個完全不同的角度作研究，卻意外獲得相似看法的情形，（其中〈在宥上〉所指的是「篇首—吾又何暇治天下哉」段。然筆者認為〈在宥〉篇全篇可採，後文即多所引用，詳於後。）當非「巧合」而已。也許正可以證明氣論思想確為莊子哲學中極重要之一環，故未及於「氣」之「駢拇」等篇，果然離莊子思想最遠。

第一章　莊子之前的「氣」概念及莊子的「氣」概念

第一節　「氣」概念的原始義、衍生義及「氣論」的萌芽

關於「氣」字的原始形義，依文字學的角度來說，當是象「雲氣」狀。《說文》：「气，雲氣也。象形。」段玉裁注云：「象雲起之貌。三之者，列多不過三之意也。」而「雲」字，甲骨文有作「𠃊」「𠀟」者，與說文「雲」下曰：「象雲回轉形。」正相符合，故知「氣」字作「三橫而略曲」之形，實應著眼於「氣」本即是「象雲氣回轉之形」。亦即「氣」的原始形義，乃是名詞性質的「象雲氣形」，而字作「气」。

至於在殷商甲骨文和西周春秋時的金文中，「氣」卻是作「乞求」「迄至」「終迄」的意思。〔註1〕此現象則應該可解釋爲：甲金文中作「气」形者，已被假借爲「動詞」的乞求，或「副詞」義的迄至、終迄了（其中「乞求」義之「乞」，則更在戰國末年，才省去「气」的中劃，而寫成「乞」的）。且因「久借不歸」而另借「饋客芻米」義的「氣」字來表達「雲氣」義。而「芻米」義者，則以另加「食」旁（即「餼」）來作區別。〔註2〕

〔註1〕有關「氣」概念之原始義、衍生義等，學者的看法，大多一致。本文則參考李存山先生、朱維煥先生者爲多。此三義，即李存山先生之言。

〔註2〕《說文》：「氣、饋客之芻米也。從米气聲。……氣或從食。」《段注》：「按從食而氣爲聲，蓋晚出俗字。在假氣爲气之後。」

簡言之，「气」本義爲名詞「雲氣」，後假借爲「乞求」「迄止」等義，故改以「氣」形表之。此種推論如果由思想史的角度來看，亦有合理性。因爲特殊的、具體的意義在先，普遍的、抽象的意義在後，本是人類思維發展的一般規律。而名詞的功用，是用來指稱某一物、事的（對物之指稱，又較早），自是較特殊、具體的；而後才輾轉衍生出描述該物之動作或該事之發展的意思。而對「動作」「發展」的描述，自須依靠已具有普遍性了解的某些共識，才能喚起方向一致的理解，故「動詞」（如「乞求」）宜晚於「名詞」。而具有說明「動詞」之效的「副詞」（「迄至」），自然是更後起的。所以名詞義之「雲氣」當是「气」的本義。

依前述所論，則吾人亦可說「气」形，起初也不必然是指「雲氣」，而可以揣摩到初民應曾以「气」來指稱所有的「氣態」的物象。譬口「煙氣」（固態物於加熱後所產生者）及「蒸氣」（液態物於加熱後所產生者）等。並因煙氣蒸氣皆往上飄升，而認爲天空中之「雲」，即是煙氣與蒸氣之聚集。且推論：地表上的種種活動，亦可藉「氣」上升至天，而爲天帝所了解。因此，燎燔物體使之產生「氣體」，再託「氣」攜帶自己的乞求；當然亦認爲其所「乞求」者，必然會「迄止」於天帝處。如此之推測，雖未必能有完全符應之文獻可爲佐證，然《說文》云：「燎，祡祭天也。」又「祡、燒柴焚燎以祭天神。」又《禮記・祭法》云：「燔柴於泰壇，祭天也。」《孔疏》：「積薪於壇上，而取玉及牲置柴上，燔之，使氣達於天也。……天神在上，非燔柴不足以達之。」則頗有可資參證者。

初民乞求於天帝者，想必是風調雨順，以使五穀豐登（而祭天之儀式，僅爲天子之權責，顯見視「祭天」爲國家大事。故所乞求所祝者，自以影響全國者爲大宗）。而風雨之興衰，與「雲氣」之濃厚、稀薄二者有絕對關係的事實，想必亦是初民觀察甚稔的現象。事實上，「雲氣」之濃厚稀薄，不僅與降雨與否關係密切，而且與空氣的燥濕、氣候的寒暖、以及太陽的隱現等，都存在著一定程度的關係；〔註3〕這種種的關係，又影響農耕甚鉅。故「氣」

〔註3〕 筆者認爲一般所謂山南水北曰陽，山北水南曰陰；亦即以向陽與否而分稱陰、陽，恐是後起義。陰、陽之稱，當起於欲區分有無陽光。後由於觀察到向陽背陽的植物生長情形有異，而了解陽光對植物生長的影響力。爾後才稱向陽的山坡面爲「陽」，背陽坡面爲「陰」。《說文》即曰：「陰、暗也。水之南，山之北也。」並在「氣論」萌芽後，因「氣」具寒暖、勁柔、燥濕……等相對現象，而統以「陰」表「氣」之寒、柔、濕……，「陽」則反之；並衍生爲

之爲物，想必是先人極欲了解，而且希望掌握的對象。尤其自身鼻腔、口腔中的「氣息」，可經由意志的控制而短促、悠長、暫停；而且一旦暫停太久，則生窒息之苦。甚至「氣息」之有無，亦正是一個人的生死指標。如此種種的切身認知，自亦會與外在的雲氣、煙氣、四時之氣、寒暖之氣等等，產生聯想（不僅如此，寒暖、燥濕程度，也對人體健康有相當影響力），並尋求繫聯程度的高低；此當是「氣論」的萌芽。

由「氣論」的萌芽，到莊子的「氣論」思想，其發展的過程中，固有極具探討價值的問題，然非本文的重心。且已有學者作過論述，成績可觀，可資參考。〔註4〕故於此僅略述莊子思想的前導者——老子——在氣論思想上的成就，作爲此節之結束，而於下一節起，進入本題。

老子的氣論思想，最重要表現在〈四十二章〉：

> 道生一，一生二，二生三，三生萬物。萬物負陰而抱陽，沖氣以爲
> 和。

此段文字亦正是中國思想史上，第一次明確地指出宇宙生成之秩序的史料。一般言之，此“一”既由「道生」之，學者或直言其「就是氣」，或描述爲「天地未分之前的混沌一氣」。〔註5〕“二”則視作「陰陽二氣」（或言爲「天地之氣」，但仍是陰陽二氣之謂）。〔註6〕“三”則諸解各異，或謂「陰氣、陽氣、和氣」，或謂「天地之氣相合而爲三」；〔註7〕不過，大致上仍然認爲是「氣」在發揮作用。最後，萬物秉氣而生。所以，我們也許可以說，老子頗有以「氣」

後世氣論思想中的主題。

〔註4〕例如朱維煥先生〈氣對於生命結構與活動所作詮釋之涵義〉，《鵝湖月刊》，第十二卷第三期，李志林先生《氣論與傳統思維方式》，李存山先生《中國氣論探源與發微》，皆採思想史的方式討論「氣」的問題。

〔註5〕朱維煥先生認爲：「一者，狀乎『道』，言『道』之化生萬物所呈現之自己，爲一絕對性者——絕對性自己。」（同前）按：似言“道”所化生之「萬物」，乃是「道體」自己的再現。但如此之「一」，則應尚保有「道」的「無」性。那麼，具有「無」性的「一」，如何生「二」？（其困難一如：「道生二」）實不如視“一”爲“有”，而採取李存山先生之說法：「混沌之一氣」，或余培林先生之謂：「就是氣」（《新譯老子讀本》，三民）

〔註6〕如李志林先生認爲「二生三，就是天地之氣相合而爲三。」即以「二」爲「天地之氣」。然「天地之氣」應即是「正陰正陽之氣」，詳見〔註18〕。）

〔註7〕余培林先生：「陰氣、陽氣、和氣。」前引書，頁76。李存山先生：「二生三，就是天地之氣相合而爲三。」《中國氣論探源與發微》，頁81。朱維煥先生：「三者，合一與二而爲三。」前引《鵝湖月刊》，頁15。

按：應以余培林先生之解最爲明確。

作爲天地構成，和萬物創生之元素的思想。〔註8〕不過，這和「氣一元論」仍是不同的；因爲此段文字首先即標舉出「道」，並認爲「一、二、三、萬物」乃是「道」所生或遞生者。故「道」應是使陰陽二氣能「沖」(《說文》云：「涌搖也。」)，並於「沖」的過程中，獲致「和」的指導者。故李存山先生即言「道」在老子思想中乃是「世界萬物的總規律」，〔註9〕「氣」在此總規律之規範、引導下，沖和而生萬物。這也許就是萬物「負陰而抱陽」之因了。

莊子的氣論思想，基本上亦爲「氣形成天地、天地的陰陽之氣交通成和而生萬物」。而且，「道」仍是比「氣」更高，更具根源性的。因此，相當明顯地承繼了老子氣論思想的軌跡而發展。當然，後起之莊子，其氣論思想上的成就，自然更有進者。本文即欲一探此間究竟。

但是在探討莊子氣論思想之前，宜先掌握莊子的「氣」概念。本文將先由與「氣」字相關的段落著手，並希望藉此了解「陰陽」在莊子氣論思想中的地位（或言：以此了解「氣」與「陰陽」的關係爲何）。

首先，看看莊子究竟如何看待、解釋這個「氣」字的？莊子書中對「氣」作出最具定義性陳述的，是〈人間世〉篇中著名的「心齋」段：

> 氣也者，虛而待物者也。唯道集虛。虛者，心齋也。

此段文字指出「氣」的性質是「虛」的，且此「虛」是「道」來「集」的唯一因素。而「道」在莊子書中，則爲最高價值，且具有創生性、遍在性、先驗性的特質。〔註10〕那麼莊子對於能夠「虛」且爲「道集」之的這個「氣」，自亦是置於相當高的位階上的（至於確切的定位問題，則待第三章中討論「道」與「氣」的關係時，再予以說明）。

在〈則陽〉篇中，便有一段話提到「道」爲天地、氣所共有，並涉及氣與陰陽的關係：

〔註8〕 所謂「元素」，一般說來，就是指構成萬物的材料。《中國氣論探源與發微》：「老子哲學中的氣論思想，不僅是把：氣看作是產生世界萬物的「原始物質」，而且也把"氣"看作是產生萬物，而萬物又復歸於它的"元素"。」頁87。

〔註9〕 《中國氣論探源與發微》：「《老子》書中也講到了"天之道……行於大道"等等，這些"道"都是道理和規律的意思，是從一般的道理和規律中抽象出一個最高、絕對的、總的道理和規律。」頁83。

〔註10〕 莊子書中提及「道」，且具有定義性說明的不只一處。而較爲完整的，如〈知北遊〉篇：「『所謂道，惡乎在？』莊子曰：『無所不在。』」此言其遍在性。又如〈大宗師〉篇中的一段：「夫道，有情有信，無爲無形；……神鬼神帝，生天生地；……。」則言其先驗性、創生性及變化性。此將於第三章詳論之。

是故天地者，形之大者也；陰陽者，氣之大者也。道者為之公。

這段話指出「天地」是「形」，「陰陽」是「氣」，而「道」為二者所公有，故「道」應是既非形亦非氣；既是形又是氣者。然《成玄英疏》中頗有可注意之處：

天覆地載，陰陽生育，故形氣之中最大者也。〔註11〕

成氏指出天地可以覆載萬物，故為形中最大者；陰陽則能生育萬物，故為氣中最大者。前文曾提及「創生性」乃「道」的重要性質之一，此又言「陰陽」亦能「生育」。其間關係固待後文才能論及；但是，至少「陰陽」為莊子氣論思想中的重要命題，已無可疑。不過，在《成疏》中還可以看到一種暗示：天地是「形之中」最大的；陰陽是「氣之中」最大的。但是，「陰陽」究竟是「氣」的異稱？還是其性質？抑是正如成疏所指，為其種類中的一種？關於這一點，筆者將陸續在後文中，透過莊子言及「氣」或「陰陽」之原文來觀察，再於本章結束時，提出觀察的結果。

第二節　莊子氣概念（之一）

初步分析莊子的氣概念，大約可得四類型（如附錄）。其一、關涉形軀的氣（包括「精神」「肉體」），如「氣息茀然」「忿滀之氣」「矜其血氣」「陰陽之氣有沴」等。其二、與自然有關的氣，如「四時殊氣」「天氣」「地氣」、「春氣」「大塊噫氣」等。其三、則是有關工夫修為的氣，如「純氣之守」「衡氣機」「邪氣不能襲」，和「乘乎雲氣而養乎陰陽」「御六氣之辯」等。其四、則是具有哲學義涵的氣，如「通天下一氣耳」「自以比形於天地，受氣於陰陽。」「人之生，氣之聚也。」等等。其中的第二、三兩類型的氣概念，除了互有影響外，又明顯地有影響第一類型之氣的現象。此或因「氣」有創生萬物之能力，故被創生之萬物，仍會隨時受到充塞天地間之氣的影響。另外，受氣於陰陽而生之萬物，因「氣」亦內在於物中，故物中之「氣」是「純」是「邪」，能否「衡」「和」，自亦足以影響該物之「形」「神」是「全」是「虧」了。而第四類型，則是莊子「氣」概念中的「基型」，其他三類固然分別建立在此「基型」上，且三類之間之所以會有互動關係，亦是導因於第四類概念的影響。

茲為求突顯此四類型間的種種現象，於是採取在二、三類型中，選取部

〔註11〕嚴靈峰先生《無求備齋莊子集成初編》（下簡稱《集成初》）第三冊，成玄英《南華真經注疏》（下簡稱《成疏》），頁36，藝文印書館。

分的命題作爲論述綱領；再於論述過程中，指出彼等對形軀之種種影響；並探討第四類型之「氣」概念，何以是「基型」之因的方式，來進行討論（第四類的「氣」概念，在二、三、四章仍有詳論）。

壹、大塊噫氣

〈逍遙遊〉篇：

> 諧之言曰：「鵬之徙於南冥也，水擊三千里，去以六月息者也。」

此處之「息」字，有作「休息」「止息」解釋的，有說是「氣息」「風息」的，前者以成玄英、林西仲爲代表，後者則有宣穎、陳壽昌。〔註12〕但前兩位注家，在此段下文：「野馬也，塵埃也，生物之以息相吹也。」的「息」字下，則解爲「氣息」。然此前後兩句皆在談「鵬」南徙的活動，且「去以六月息者也」的「以」字，宜視作鵬徙南冥時，所「憑藉」之工具的「憑藉」來解釋。就如「以息相吹」，各家之注皆是：生物「用」氣息來相吹的意思。尤其此段之上文有謂：「是鳥也，海運則將徙於南冥。」林希逸即云：「海動必有大風，今諺有『六月海動』之語」。〔註13〕對於六月因氣流對流旺盛，和夏季季風等因素，而造成大風的現象，是可以在氣象學上得到印證的。所以「六月」亦當非「半歲」，而是「六月份」。故筆者採取將二「息」字，皆解作「氣息」「風息」。並藉宣穎之注，來說明此段文字：

> 息是氣息，大塊噫氣也。即風也。六月氣盛多風，大鵬乃便於鼓翼。

〔註14〕

其中「大塊噫氣」本見於〈齊物論〉篇，南郭子回答顏成子游關於「地籟」的問題時，說：

> 夫大塊噫氣，其名爲風。……山林之畏佳、大木百圍之竅穴，似鼻、
> 似口……激者、謞者……。

〔註12〕《成疏》：「六月，半歲，至天池而息。」頁16。按：將「六月」解爲「半年」，而「息」即解爲「休息、止息」。林西仲《標注補義莊子因》（下簡稱《莊子因》）：「半年而後止息」，頁38。集成續編（下簡稱《集成續》）第三十七冊，陳壽昌《莊子正義》（下簡稱《正義》）：「周之六月，夏正之四月，……正氣動風起之時，故大鵬乘此氣息而去。……在天爲風，在人爲息，皆氣也。」頁10。宣穎之見，詳見後文。

〔註13〕集成初第七冊，林希逸《南華眞經口義》，頁10。

〔註14〕集成續第三十二冊，宣穎，《南華經解》（下簡稱《經解》），頁28。

「大塊」在諸家注釋中，多解爲「大地」。而「噫」字據《說文》：「噫，飽出息也。」所以成玄英解「噫氣」爲「噫而出氣」。也就是說：「大地有如吃飽了，打個嗝般地吐了一口氣。」這個「氣」名字叫作「風」。而且這個風在穿過大地的各種孔竅，例如：有百人圍起來那麼大的樹木上的孔竅，像鼻、口……的孔竅時，發出像是水受激的聲音、射箭的聲音……。這就是「地籟」。子游接著說：「地籟則眾竅是已，人籟則比竹是已。」亦即透過地籟的成因，推論而知「人籟」便是由人吹氣入簫笛等的孔竅，所發出來的聲音。至於「天籟」所涉及的問題，甚爲複雜，但並不是本文之重點。故僅略依劉武之見，以爲說明：劉武認爲能「休乎天鈞」「和以天倪」的言論，亦即是在一種「因是因非、因非因是」的「兩行」態度下，順其自然而發出的言論，這些言論即是「天籟」。其於「夫言非吹也」句下指出：

> 吹，地籟，人籟也。"夫言非吹者"，謂非如地籟之聲由風吹，比
> 竹之聲由人吹，而由言者自然而有言，故曰天籟也。〔註15〕

然「言」乃是一種由人的氣息，通過口腔這一孔竅而發出的，自是聲音的一種型態。此或是「言」亦稱爲「籟」的原因吧！就此言之，「天籟」仍是「聲音」。

　　總之，「籟」固然是指經由聽覺而被感知的「聲音」，然而「聲音」畢竟還是由於「氣」的相激盪才產生的；所以，基本上「籟」只是「氣」的現象之一。〔註16〕而一般所謂的「風」，其實是大地震動（噫）了「氣」所造成的。至於將生物的呼吸直指爲「氣息」的，如〈人間世〉篇：

> 獸死不擇音，氣息茀然。

言野獸受困將死，鳴聲淒厲，吐氣急促如忿恨然，而生物之生命現象的有無，即由其呼吸之有無來判斷，故在「氣」下再加「息」，〔註17〕以彰顯此意，著重的仍是「氣」。至於將風也稱作「息」，一方面固因「息」亦有「氣」之意，另則或因在莊子思想中，「風」即是天地的「呼吸」，故亦以「息」來指稱大地所吐之「氣」。這樣的見解，顯然是〈知北遊〉篇：「通天下一氣耳」（全天

〔註15〕劉武《莊子集解內篇補正》（下簡稱《內篇補正》）頁42。文津出版社，民國77年出版。

〔註16〕《中國氣論探源與發微》：「聲音在中國古代也被看作是一種"氣"，左傳襄公三十一年：『聲氣可樂』，禮記郊特性：『樂，陽氣也』。」頁64。在〈天運〉篇中亦有一段文字，直接以陰陽來狀繪音樂：「黃帝曰：一清一濁，陰陽調和，流光其聲。……吾又奏之以陰陽之和，燭之以日月之明。」

〔註17〕《說文》：「息，喘也」《段注》：「人之氣急曰喘，舒曰息。引申爲休息之稱，又引申爲生長之稱，引伸之義行，而鼻息之義廢矣。」

下皆是「氣」）之概念的發揮。

貳、天地之氣、四時之氣

莊子書中涉及自然現象的「氣」，尚有另一個面向，亦即與萬物的成長狀況、四季的運行秩序有關的。例如〈在宥〉篇：

> 人大喜邪、毗於陽；大怒邪，毗於陰。陰陽並毗，四時不至、寒暑之和不成，其反傷人之形乎！

還有同篇的另一段文字，是雲將向鴻蒙請教：

> 天氣不合，地氣鬱結，六氣不調，四時不節。今我願合六氣之精，以育群生，為之奈何？〔註 18〕

「四時不至」依宣穎的解釋是「四時不調」，而「四時不節」依黃錦鋐先生的解釋是「四時不明」。〔註 19〕總之，都是「不順」「不依原有秩序」之意。導致這種現象的原因，前者指出是因「陰陽並傷、並廢」，〔註 20〕故季節不依原有秩序運行，當然寒暑的現象也隨著混亂了，「人之形」就是在冷暖失調混亂下受到傷害的。後者則指出是天的陰氣不順，地的陽氣也抑鬱結聚，當然便無法一升一降地「交通」。而所謂的「六氣」（見〔註 18〕），本即是「陰陽」之氣的變化，故亦受影響而失調，這些現象最後都藉著四季的失去原有秩序

〔註 18〕《莊子因》：「天氣不合」之「合」字作「和」，頁 227。蘭臺書局，民國 64 年出版。按：天氣、地氣，應即是〈田子方〉篇：「（至陰）肅肅出乎天，（至陽）赫赫發乎地。」的至陰、至陽之氣。而且因為是陰陽之「至」，故在逍遙遊篇中則指為「天地之正」。而與「天地之正」相對的「六氣之辯」（郭慶藩云：「辯讀為變，與正對文。辯、變古字通。」）之中的「六氣」，一般都解為「陰陽風雨晦明」（如司馬彪）。然此種解釋，實不易於莊子原文中找到印證。但是，〈則陽〉篇中曾指「四時殊氣」對於穀物有莫大影響，〈庚桑楚〉篇亦有「春氣」一詞（此二例，將在緊接的後文，有所說明），則已有明顯的四個不同的季節之「氣」；再加上逍遙遊篇，〈田子方〉篇的視「天地之氣」為「正」為「至」者，似乎有意於區別非「正」非「至」者；那麼如果說，將「非」正（至）之氣，視為「一般的」陰氣陽你，而與「四時殊異之氣」合稱「六氣」，似亦可成立。而「合六氣之精」即或有欲使之更臻於「正」之意。《楚辭・遠遊》：「餐六氣而飲沆瀣兮」下，《王逸注》：「六氣，天地四時之時。」或可作為旁證。

〔註 19〕黃錦鋐先生《新譯莊子讀本》，頁 151，三民書局。

〔註 20〕《正義》：「毗，偏也。」，頁 165。筆者按：然而在「並毗」一詞中，用此義則須解為「並偏」，略嫌隔閡。王叔岷老師《莊子校詮》，則指出「毗」有「廢、破、墜、傷」之屬的意義。則解為「並墜、並傷」於義較長。但是單用「毗」時，仍宜言為「偏」。因「喜」而使氣偏於陽，應該是比「墜於陽」合理。「陰」亦然。

而呈顯出來。所以雲將希望從「合六氣之精」著手，使失調的現象一步步地復原，以求能「育群生」。雖然這尚不符合道家的終極主張——以無為無擾來遂群生，所以鴻蒙不予回答。但仍不礙吾人藉此了解「氣」之於萬物，確實有其影響力。其實從〈則陽〉篇：「陰陽者，氣之大者也」的概念，來看這種影響力，應該是有助於了解的。

以上兩則都是從陰陽的不順，來說明四時失序之因，甚至影響到人的健康；另外在〈繕性〉篇，則有一段文字指出「陰陽和靜」「四時得節」，都是「萬物不傷」的前提：

> 古之人，在混芒之中，與一世而得澹漠焉。當是時也，陰陽和靜，
>
> 鬼神不擾，四時得節，萬物不傷，群生不夭。〔註21〕

認為混沌芒昧的古代，因舉世之人皆淳樸，故陰陽二氣能順氣性之自得地升、降，故而和靜（不是「天氣不合，地氣鬱結」的混亂狀態）影響所及，亦能使鬼神不攪擾萬物、群生。

這樣看來：人的淳樸恬惔，會影響天地間的自然之氣；自然之氣又反過頭來庇護人，二者實頗有互動的現象。而這種現象應該是基因於莊子在〈秋水〉篇中提出：「自以比形於天地，而受氣於陰陽」之概念的擴展。

綜合前引三則，認為「陰陽」不順則「四時」不諧，「萬物、群生」受傷害。反之，則「四時」調順，「萬物，群生」不傷不夭。甚至有可因人的恬澹寂漠，而使陰陽之氣順遂和諧之意。由此，可以獲得一個清晰的了解，亦即「陰陽之氣」是四時能否依序運行，萬物能否自然生長的「絕對」條件。

另外在〈則陽〉篇中有一段文字，提到「四時」各為不同的「氣」，並因著這不同的「氣」，又在「天」無所偏私的情形下，能每年有收成：

> 四時殊氣，天不賜，故歲成。〔註22〕

將此「四時殊氣」的概念，證諸〈庚桑楚〉篇的說法，可獲得更具體的了解：

> 夫春氣發而百草生，正得秋而萬寶成。夫春與秋，豈無得而然哉？
>
> 天道已行矣。〔註23〕

〔註21〕 《成疏》：「當是混沌之時，淳朴之世，舉世恬惔，體合無為，遂使陰昇陽降，二氣和泰而靜，鬼幽人顯而不擾。」頁662。

〔註22〕 《經解》：「賜則私也」頁458。

〔註23〕 所謂「正得秋而萬寶成」的「秋」，應是「秋氣」之省。因下文的「夫春與秋」是以同等態度對待春、秋的。而前一例：「四時殊氣」亦可證「秋」是四時之氣中的一氣。

這是說春氣啓動而萌生萬物，而秋氣則促成了萬物的成長。莊子還藉反問語氣提醒吾人：春與秋，那裡能在「無所得」的情形下，具有萌生萬物、成長萬物的能力呢？接著才說「春生秋成」並非春、秋本身能「然」，而是得於「天道之行」始「然」的。但是春與秋得到了「天道」的什麼呢？想必即是「春氣發」的「氣」，所以在「春氣」一「發」時，而有「百草生」。因此可以說，天道乃是藉著「氣」而「行」於季節，並使各季節展現出不同的節氣（殊氣）以遂行天道（「故歲成」之謂），但天道本身並不參與四季的生、長、斂、殺，所以又說「天不賜」。

從這些例子看來，我們可以了解到，一般常說的「陰陽四時」，應該就是陰陽之氣的「變化」（殊），這些變化則對萬物發揮了生長斂殺之效。簡言之「天氣」則至陽之氣，「地氣」則至陰之氣，「六氣」則陰陽春夏秋冬之氣也。（見〔註 18〕）

第三節　莊子氣概念（之二）

壹、邪氣不能襲、衡氣機、純氣之守

〈大宗師〉篇講到子輿生病，而病因就是「陰陽之氣有沴」。所謂「沴」，林西仲云：「亂也，此言致病之由。」成玄英也說：「陰陽之氣淩亂不調，遂使一身遭斯疾篤。」可見，陰陽之氣是會「沴亂」的，而且沴亂時會使人生病。這樣的說法，前文曾引〈在宥〉篇的一段話，亦曾出現：

> 人大喜邪，毗於陽，大怒邪，毗於陰。陰陽並毗，四時不至，寒暑
> 之和不成，其反傷人之形乎！

即指人太高興時，陽氣偏勝（見〔註 19〕）；反之，則陰陽偏勝。若一個人喜怒迭生，即會使陰陽之氣並廢，而造成「傷人之形」的結果。換言之，陰陽之氣的沴亂或偏廢皆會使人受到傷害。那麼如何使陰陽之氣不傷害人呢？〈刻意〉篇云：

> 吹呴呼吸，吐故納新，熊經鳥申，〔註24〕爲壽而已矣。此道引之士，
> 養形之人。……夫恬惔寂寞，虛無無爲，此天地之平，而道德之質

〔註24〕《成疏》：「吹冷，呼而吐故，呴暖，吸而納新，如熊攀樹而自懸，類鳥飛空
而伸腳。」頁 646。

也。故曰：聖人休，休焉則平易矣，平易則恬惔矣。平易恬惔，則
憂患不能入，邪氣不能襲，故其德全而神不虧。

「吹呴呼吸」是指人身的氣息。莊子認為藉吐納等法來調整自身的氣息；效法
熊鳥等懸在樹上，或飛行時伸長腳的作法，來運行氣息，雖能得壽、養形，但
仍非聖人之德，聖人惟「平易恬惔」罷了。而平易恬惔就是一種「休」的狀態，
一種包括感官、心知皆一無運作的狀態（虛無無為）。所以可以說就是一個人「喜
怒好惡憂懼」未發時的「中」的狀態，因此能不受「憂患、邪氣」的「入襲」；
也才能保持「德、神」的完整不虧。這才是莊子所贊同的「養形」之法。

但是我們仍可以從此段文字中獲知，無論是藉導引吐納以養形者，或通
過寂寞無為、平易恬惔而達成既養形又保神的境界，都與「氣」有關。尤其，
憂患與邪氣並舉的意思，與前文喜怒迭生，將使陰陽並毗的意思，對照著來
看：陰陽並毗時，即等於是「邪氣」。而使子輿生病的「沴亂」陰陽之氣，也
可以稱為邪氣了。所以要避免邪氣的攪擾傷害，便須保持「平易恬惔」。但要
如何作到平易恬惔呢？或者說要如何才不會受邪氣的侵害？〈刻意〉篇的該
段文字後面接著便說：

故曰：聖人之生也天行，其死也物化；〔註25〕靜而與陰同德，動而
與陽同波；不為福先，不為禍始；感而後應，迫而後動，不得已而
後起。

言及聖人對「生、死、靜、動」都「無所為」（不為福先、禍始），只有在有
所感和受迫之時，才有所應有所動。總之，其應其動乃是「不得已」的。質
言之，即指聖人乃抱持著一種「隨順」的態度：在生命存續中，依循自然的
運轉而動（天行）；生命終迄時，則隨物而化。至於聖人之「靜」，是因與「陰」
氣同守柔順依從之「德」；其「動」，則是與「陽」同顯健動波湧之性。總之，
聖人對於生死動靜，皆是被動地符應而已。那麼「平易恬惔」既是一種感官
心知皆無所發用（休焉）的狀態，因此可以說就是對生、死、動、靜、福、
禍，皆以不得已而「應」的態度處之。所以「平易恬惔」就是指能隨順於形

〔註25〕《成疏》：「其生也同天道之四時，其死也混萬物之變化。」頁649。依《成疏》
之意，則此「物化」，當與〈知北遊〉篇的「與物化者」同義：順物之變化，
而令己與萬物同變化。且〈知北遊〉篇還指出「與物化者，一不化者也」（〈則
陽〉篇亦同），所謂「一不化者」即「內不化」，此則「無有將迎」之聖人境
界。聖人內不化而外與物化；與「聖人之生也天行，其死也物化。」當可互
相參證。總之，「物化」應是聖人對於「死」的一種隨順態度。

軀內的、天地間的陰陽之氣罷了（所以，聖人之「休」，也並不是使感官心知死寂般地不運作，而是隨順於陰陽之氣的靜則靜，動則動。就如人全身放鬆後浮在水面上，隨水波起伏，可獲得適意的休息，可是人並非是死去的）。

　　但是，我們固然可以說，當喜怒、憂患入侵人心時，會使陰陽之氣沴亂而邪，並造成對人的傷害。不過，對於未必具有認知心的其他物，又何以有生死成毀呢？〈田子方〉篇云：

> 至陰肅肅，至陽赫赫；肅肅出乎天，赫赫發乎地，兩者交通成和而物生焉。

原來，陰之至，是肅肅然地有肅殺之力的。〔註26〕陽之至，則是赫赫然地有健動的生生之效的。〔註27〕而且在二者「交通成和」時，則有「物生焉」。因此若是不能「交通」（例如前引「天氣不合，地氣鬱結」），或交通時有一方偏勝而未能「成和」（例如前引「毗於陰、毗於陽」），便無有「物生焉」。既不能生之，那麼已生之形物，也因缺乏生氣而無法持續下去，就等於是造成傷害。前引〈在宥〉篇的末句話：「其反傷人之形乎！」的「反」字，便透露這種意思：陰陽「本」可使物生，但當「並毗」「不和」之時，便會「反」過來傷人之形了。

　　對於陰陽之氣在沴亂之時會傷形，平易恬惔地隨順之時則能養形的現象，從上述的幾段文字中，已獲得清晰的了解。但在〈應帝王〉篇中，壺子所展現的「衡氣機」是什麼呢？又〈達生〉篇中關尹說明「至人」何以能有「潛行不窒，蹈火不熱」的特異能力時，則說是「純氣之守也，非知巧果敢之列」。其中的「衡氣、純氣」是否亦是陰陽之氣的現象？與「邪氣」是什麼關係呢？

　　關於「衡氣」，乃是〈應帝王〉篇壺子四示中的第三示。為說明的方便，今由第二示的「善者機」進入正題：

> 壺子曰：「鄉吾示之以天壤，名實不入，而機發於踵，是殆見吾善者

〔註26〕《說文》：「肅，……從聿在開上，會意。戰戰兢兢，如臨深淵也。」《諡法》：「執心決斷曰肅。」

〔註27〕《說文》：「赫，大赤兒。」《段注》：「赤之盛。……顯也，盛也，炙也。皆引申之義也。」〈在宥〉篇：「我為女遂於大明之上矣，至彼至陽之原也；為女入於窈冥之門矣，至彼至陰之原也。」《成疏》：「陽，動也。陰，寂也。」頁457。〈齊物論〉篇：「近死之心，莫使復陽。」《成疏》：「陽，生也。」頁66。〈人間世〉篇：「夫以陽為充孔揚。」《成疏》：「陽，剛猛也。」頁171。按：由上述所引可見，陰、陽之性，確實有「肅殺、寒凝」和「生生、健動」之別。

機也。〔註28〕嘗又與來。」明日，（季咸）又與之見壺子。出而謂列
子曰：「子之先生不齊，吾無得而相焉。試齊，且復相之。」列子入，
以告壺子。壺子曰：「吾鄉示之以太沖莫勝，〔註29〕是殆見吾衡氣機
也。」（「衡」在《正義》、《經解》中皆言：「平也。」）

所謂「善者機」，乃是在一切的外事外物（名實）皆不入於心時，「發於踵」
之「機」。依〈大宗師〉篇「真人之息以踵」來理解，則「機發於踵」的「機」，
亦應是「氣息」；乃言有氣息湧起，故見「生機」矣。所以「善者機」宜其為
「生氣初動之機」。然而這只是「生氣初動」，尚未有所生，須待生氣盎然勃
發，且陰陽二氣有所交通，而且交通成和，始能有物生。故第三示的過程中，
便出現季咸先看到的「不齊」──陰陽正在「沖」的交通狀態，故要求列子
去告訴壺子，要壺子先使體內之氣「齊」。而壺子認為季咸所以認為不齊，乃
因自己正在使陰陽二氣「沖」，繼而便能有「莫勝」的效果。而所謂「沖」即
《老子》：「沖氣以為和」的「沖」，涌搖也；亦即「交通」的具體描寫。「莫
勝」則指陰氣「不勝」於陽氣，反之亦然，故能「以為和」；亦即〈田子方〉
篇的「成和」。壺子既以二氣成和的狀態為「衡氣機」，那麼「衡氣機」即是
陰陽二氣交通，達到二氣平齊境界時，所呈顯的。因此「衡氣」的「衡」，實
應是二氣互不偏勝時的「和」，也就是季咸要求壺子「試齊」的「齊」。陰陽
二氣平和衡齊，所以顯得有如深淵一般。〔註30〕

　　至於「純氣」，文中的關尹特別指出乃「非知巧果敢」者，〔註31〕因此是

〔註28〕《內篇補正》認為此「善」字之義，乃本於《易經》。並引《易繫辭》云：
　　　「一陰一陽之謂道，繼之者善也，成之者性也。」意謂壺子「示以天壤」
　　　時，氣正由足踵盛發，接著（繼）將上騰於天，故有陰陽相爭而不齊的現
　　　象，但這樣的陰陽相爭現象，卻是「成和而物生焉」之前，所必須有的「交
　　　通」，所以是「善」（略見於頁 189-191）。又如〈至樂〉篇末「皆入於機」
　　　下，《正義》云：「陰陽摩盪消長之機。」頁295。亦是以「陰陽之氣」的活
　　　動現象來解釋「機」。

〔註29〕《說文》：「沖，涌搖也。」《內篇補正》：「沖，調也。蓋太沖乃指陰陽二氣調
　　　和之名也。」頁192（參見第一節。）

〔註30〕所謂「如深淵般」，是指原文中緊接「衡氣機」的「鯢桓之審為淵，止水之審
　　　為淵，流水之審為淵。」《成疏》：「水體無心，動止隨物，或鯨鯢盤桓，或凝
　　　湛止住，或波流湍激，雖多種不同，而玄默無心一也。」按：就莊子藉「玄
　　　默無心」之「水體」以喻「衡氣機」而言，更應該是視「衡氣」為己平齊之
　　　氣；故言其為似可任鯨鯢盤桓、湛止、激湍，而仍保有玄默狀態的深淵。

〔註31〕《經解》：「純氣者，先天之精，塵滓不容者也。……知巧果敢，乃與純氣相
　　　反者。……所以不能守此純氣者，止因人慾用事，汨雜此氣，故致神傷而犯

指不發用「心知、技能、勇氣」的狀態，而這種狀態，正是前文討論過的「平易恬惔」狀態，也就是憂患，邪氣所不能入襲的狀態。既無入襲者，所以至人能保持其氣的「純而不雜」。但至人為什麼因為「守」此「純氣」，便能不為水火等所傷呢？關尹則藉「醉者墜車，雖疾不死。」為例，指出醉者的「骨節與人同，而犯害與人異」，是因為「其神全也，乘亦不知也，墜亦不知也，死生驚懼不入乎其胸中，是故忤物而不慴。」即欲說明因「醉」而萬般皆不知，故能使神全；亦即心知無所發用者，則神全也。那麼「非知巧果敢」的「守純氣」者，即是神全之人，所以能在「忤物」時（潛行、蹈火、行於萬物之上）而「不慴」（不窒、不熱、不慄）。總之，「純氣」既與「知巧果敢」相對，那麼，至少可以說純氣的「純」，是未受知巧果敢的入襲，所以是沒有受到雜染的意思。

於此先作一小結。前所提及的「衡氣」，當是就陰陽之氣的「平和恬靜」而言，相對的便是沴亂的「邪氣」；而「純氣」則當是就陰陽之氣的「純淨不雜」而言，相對的即為受雜染之氣（王夫之即直言「雜氣」）。既然邪氣是受到「沴亂」之外力；雜染之氣是受到「知巧果敢」等外事造成的，可見衡氣的「平和」、純氣的「精粹」，才應該是陰陽之氣的本質。邪氣、雜染之氣，自非陰陽之氣的本有面貌。

貳、乘乎雲氣而養乎陰陽、乘天地之正而御六氣之辯

最後一部分，所要討論的是「雲氣」「天地之正、六氣之辯」。我們對雲氣的了解，一般說來，就是指飄浮在天空中的水蒸氣。這樣的水蒸氣，莊子是如何看待它的呢？是視作一種自然現象，只作為行文時的一項材料，加以運用而已？還是對這項材料的形成因素，另有特殊的界定；而在運用這個材料時，即是透過其預設的特殊界定的？此處之所以要先提出這一連串的問題，主要是莊子書中出現「雲氣」一詞的五段文字，都具有特殊情境，似乎不是單純的、具象的、飄浮在空中的「雲氣」而已。這也是筆者將此問題列入第三類型的原因，而且為了能清楚突顯這個現象，先將各段文字並列在一起，往後再逐段分析。第一則：

> 窮髮之北，有冥海者，天池也。有魚焉，其廣數千里，未有知其修

害種種矣。」頁341。《成疏》：「夫不為外物侵傷者，乃是保守純和之氣，養於恬惔之心，而致之也。」頁764。

者，其名爲鯤。有鳥焉，其名爲鵬，背若泰山，翼若垂天之雲，搏
扶搖羊角而上者九萬里，絕雲氣，負青天，然後圖南，且適南冥也。
《逍遙遊》

第二則：

藐姑射之山，有神人居焉，飢膚若冰雪，淖約若處子。不食五穀，
吸風飲露，乘雲氣，御飛龍，而遊乎四海之外。《逍遙遊》

第三則：

至人神矣，大澤焚而不能熱，河海洹而不能寒，疾雷破山、風振海
而不能驚。若然者，乘雲氣，騎日月，而遊乎四海之外。《齊物論》

第四則：

孔子見老聃歸，……曰：「吾乃今於是乎見龍。龍合而成體，散而成
章，乘乎雲氣而養乎陰陽。」《天運》

第五則：

（黃帝）曰：「我聞吾子達於至道，敢問至道之精。吾欲取天地之精，
以佐五穀，以養民人；吾又欲官陰陽，以遂群生。爲之奈何？」廣
成子曰：「而所欲問者，物之質也；而所欲官者，物之殘也。〔註32〕
自而治天下，雲氣不待族而雨，草木不待黃而落，日月之光益以荒
矣。《在宥》

這幾段的內容，所涉及的問題，當然不只一端，但爲免蕪雜枝節，故只專就
與本節主題相關的部分來陳述、分析。關於第一則，顯然與〈逍遙遊〉篇首：
「北冥有魚，其名爲鯤……化而爲鳥，其名爲鵬。鵬之背，不知其幾千里
也……。」這段的背景是一樣的。雖然後段的鵬鳥，並未如篇首所言之鵬，
是「鯤」所「化」的；亦應可並觀。篇首的「鵬」徙於南冥時，「水擊三千里，
搏扶搖而上者九萬里，去以六月息者也。野馬也，塵埃也，生物之以息相吹
也。」是說鵬鳥直上九萬里，而此九萬里高的空中，乃是「野馬也……相吹
也。」（六月大風是「去」南冥時，所藉助者。故與鵬由水面上九萬里高空，
所通過者，分開來說）。而此段的鵬鳥則簡言之爲：上九萬里高空，乃是衝過
（絕）「雲氣」。所以欲了解莊子所謂的「雲氣」，或可借較爲詳細的「野馬也」
等句來著手。對此三句之解，郭象、成玄英、宣穎、林西仲皆或詳或略地指

〔註32〕焦竑《莊子翼》引呂吉甫註：「空同之上，無物而大通之處，道爲無名之樸，
故曰質。陰陽，道之散，故曰殘。」集成續第十一冊，頁317。

爲「遊氣、氣息」等。今則借劉武之解來作參考：「蓋莊子欲寫鵬搏上九萬里之高，須寫天之高。然天之高不易寫，特寫輕虛而居上層者，狀如野馬之雲氣也；其下，則浮空之塵埃也；又下，則生物相吹之息也。有此三層，則天之高見矣。……此三者，即所以成風者也。」而大鵬須要大風始能鼓翼而飛，所以莊子接著又說：「風之積不厚，則其負大翼也無力。故九萬里則風斯在下矣，而後乃今培風。背負青天而莫之夭閼者，而後乃今將圖南。」亦即鵬之翼因大若垂天之雲，故須先直上九萬里，再藉此九萬里「厚」的「風」來托其翼，而其翼勢必亦須如此大的空間，才能施展得開來（莫之夭閼）。故本是「水擊」而行，直上九萬里後，才培風而行（培，掊也，擊也）。所以足以托翼的「野馬也」等三句，固然是指「風」，而其上文藉以南徙的「六月息」，和其下文所「培」者，亦皆是「風」。而「風」如前文所述，實即是「大塊噫氣」所造成的。大地因「噫」而震動「氣」，而形成「風」，故「風」其實就是受到震盪而運動的「氣」（今人固多知「風」乃空氣流動造成的，然在莊子之時，恐是須要經過論證的一種新說法），震動大者，氣的運動自然加速，而成大風。故此段之鵬鳥藉以「圖南」的，固是大風，而其上九萬里，衝過的「雲氣」亦是九萬里「厚」的「風」——激烈運動著的「氣」，此亦充分地突顯出「通天下一氣耳」的概念。然而，因大地之「噫」而運動的「氣」，能在九萬里之距離中，仍持續保有快速流動的現象，則不能不藉助「氣」本身所具有的陰陽離合關係來解釋（詳見第二章第四節）。

　　關於二、三兩則，因基本問題相似，故合併討論。此兩則，一則爲「神人」，一則爲「至人」，皆與「聖人」同爲「乘天地之正，而御六氣之辯，以遊無窮者。」（見〈逍遙遊〉篇）而此二則中之神人、至人，雖說是「乘雲氣，御飛龍」，或「乘雲氣，騎日月」。然「龍」是至陽之象徵，日月則一爲「太陽」一爲「太陰」。故此二人所御、騎者，實即爲代表著天、地的正陰正陽之氣，那麼其所乘之「雲氣」，若非「天地之正陰正陽之氣」（見〔註18〕），至少也是「六氣之辯」（辯者，變也。與「正」相對耳）。所以至人神人所乘者，厥爲陰陽之氣。深一層說，至人神人所以能「遊乎四海之外」，而聖人之所以能「遊於無窮」，當是因爲彼等能攝調陰陽之氣的緣故（此將於第四章第二節詳論）。

　　再看第四則，亦頗與前兩則相似，而且直以「龍」來指稱老子。正如前述，龍乃正陽之象徵，故所謂的「合而成體，散而成章」，即象陰陽的合散。

〔註33〕那麼，龍的「乘乎雲氣」也仍是乘乎陰陽之氣，而且此段用「養乎陰陽」來與「乘乎雲氣」並舉，以說明老子能攝調陰陽之氣，〔註34〕亦可作爲前段結語之推論的佐證。

至於第五則中，廣成子認爲黃帝所欲問的至道之精，是「物之質」——質、樸也，本也。是說至道之精，正是物之樸質的本源。而所欲官的陰陽，則是「物之殘」——殘，不全也，部分也。因爲陰陽既然是至道用以生物的，故只是「物之質本」的「部分」（見〔註32〕）。所以說，如果會因爲黃帝「欲官陰陽」，〔註35〕故在其治理天下後，便造成了「雲氣不待族而雨」的後果，那麼，「雲氣」「族聚」的順利、正常與否，顯然是因陰陽是否被干擾（欲官之）而受影響。前引〈繕性〉篇：「古之人……與一世而得澹漠焉。當是時，陰陽和靜……。」時，指出「人的恬惔純樸，會影響天地之間的自然之氣。」那麼，已發用了情欲、認知心的「欲官之」，因爲已不再是純樸恬惔，那麼影響於陰陽的，應該就是負面的使之淩亂了。因此如果說此處的「雲氣」亦與前四則一樣，就是「陰陽之氣」，或是由陰陽之氣所形成的；可想而知當「陰陽之氣」淩亂時，便使同質的「雲氣」也失序了。而這樣的「雲氣」，固然還是飄浮在天空中，凝聚後則成爲雨的一種東西，但是它又具有反應人們是否恬惔純樸，能否隨順自然的效果，所以在莊子連用「雲氣」這個詞的時候，便不只是一般義的雲氣，而是被界定爲輔助聖人、神人等修養的必要條件之一。

〔註33〕《成疏》：「夫龍之德，變化不恆，以況至人隱顯無定，故本合而成妙體，妙體窈冥；跡散而起文章，文章煥爛。」頁631。

〔註34〕《成疏》：「言至人乘雲氣而無心，順陰陽而養物也。」（同前）。按：此處《成疏》解爲「養物」，恐有不宜，應是「養心」（即護持住心）。因莊子不以「養」的態度來對待萬物，而是「不將不迎，勝物而不傷」（見〈應帝王〉篇）。

〔註35〕王叔岷老師《莊子校詮》（下簡稱《校詮》）：「官陰陽」猶「法陰陽」。禮記禮運：「同官於天也。」鄭注：「官猶法也。」頁388。按：唯筆者認爲「官n.」與「官於n.」的句法不同；前者之義似應有「司」「管」的意味。尤其原文中，黃帝對「天地之精」的態度，亦只不過是「取」；對於其所認爲更低位階的「陰陽」，殆不庄於反以較高的敬意——法——來表達。另如〈德充符〉篇：「而況官天地、府萬物……。」《成疏》云：「綱維二儀，苞藏宇宙。」《內篇補正》：「言官使天地，府聚萬物也。」「官天地」的句法同於「官陰陽」；而二注者亦採「使天地成爲綱、維」和「役使之」的解釋。換言之，此處黃帝所謂之「官陰陽」是想役使陰陽來作自己「遂群生」之工具，結果弄巧成拙。如果是「法陰陽」，則應不致干擾至此。

總之，雲氣一詞，作爲大鵬南徙的助力，即是「風」。而「風」實即是「陰陽之氣」的急速運動形成的；作爲可形成雨水以滋潤草木的「雲氣」，也不免要受陰陽之氣的影響；作爲至人、神人、老子所乘的雲氣，則是指被彼等引爲攝調的天地之正陰正陽之氣（就其有助至人、神人、聖人之修養而言，應該不是非「正」的「六氣」）。可見「雲氣」在莊子的思想中，並不只是大氣中的雲而已，而是屬於陰陽之氣領域內的重要命題。

小　結

　　行文至此，我們再回頭看看前面引到〈則陽〉篇：「陰陽者，氣之大者也。」這句話時，曾經思索「陰陽」與「氣」之間，究竟是什麼關係的問題。經過四大類型的說明後，可以發現其間的互動關係，都可透過陰陽之氣的平和、沴亂、純淨、汩雜、生、長（包括至人、神人以陰陽之氣調攝己身）斂、殺、運動（如「交通」「沖」）等來了解。所以前文提及《成疏》中：「形氣之中，最大者也。」的「之中」二字，恐是成氏一時之疏忽。亦即，在莊子的「氣」概念之中，並不是將「陰陽之氣」和「邪氣、純氣、四時之氣」等，看作是不同的類別，而多半是將「氣」和「陰陽」、「陰陽之氣」置於同一層，而將「邪」「純」「沴」等現象，置於另一層級。

　　那麼，「陰陽」就應該是「氣」的「異稱」了。只不過以「陰陽」來代稱「氣」，可以更明確地呈顯出其內在結構是「一陰一陽」罷了。所以如果一定要將「氣」分出類別來，那麼就只有兩種，即其一陰氣，其一陽氣。〔註 36〕此因莊子的「氣」概念中，「氣」的本身即是雖相反卻相待的兩股勢力。例如前曾提及之〈在宥〉篇：「人大喜邪，毗於陽；大怒邪，毗於陰。」另如同篇：「我爲女遂於大明之上矣，至彼至陽之原也；爲女入於窈冥之門矣，至彼至陰之原也。」顯然視「陰」與「怒、窈冥」之關係較密切；而「陽」與「喜、大明」之關係較近。而「喜與怒」「窈冥與大明」，則顯然是相異相反的具有對立性質的命題。〔註 37〕

〔註 36〕《老子・四十二章》：「萬物負陰而抱陽，沖氣以爲和。」《易繫辭上》：「一陰一陽之謂道。」莊子〈田子方〉篇：「至陰……至陽……。兩者交通以成和。」都可作爲「氣」分「陰、陽」之證。
〔註 37〕《氣論與傳統思維方式》：「陰陽二氣是既對立又涌捶交通，由此達到和諧與統一。……莊子則比較清醒地看到"氣分陰陽""交通成和"，並從哲學上

　　然而〈則陽〉篇中的一段文字，卻又很清楚地指出：陰與陽雖是兩股相反的勢力，但也因此而具各有職司、輪流更替、互生互倚的相待效果。而且這種相反又相成的現象，正是萬物之所以能生的原因。其文曰：

　　　　少知曰：「四方之內，六合之裡，萬物之所生惡起？」太公調曰：「陰
　　　　陽相照、相蓋〔註38〕、相治，四時相代、相生、相殺。欲惡去就於
　　　　是橋起，雌雄片合於是庸有。」〔註39〕

「相照」應是指陰陽有如日月之臨照大地，乃是一往一來的，故曰輪流更替。「相蓋」指陰陽互相掩覆，互為其宅，故曰互生互倚。「相治」則指陰主肅殺，陽司生息；然若唯有生生不息，則是陽偏勝，反之，則陰偏勝，並不符合「道」的不偏不倚；所以陰殺陽生，皆各有發展及擔任主導的作用，故曰各有職司。然三者亦可統合言之，即：陰陽有「互補」現象。而四季之氣，亦不外陰陽之氣的殊異，故亦出現類似的「相代、相生、相殺」的現象。而且，就在陰陽、四時皆有輪替，互補又相抵制的狀態下，而使情慮蜂起、雌雄交合而生萬物。至於〈田子方〉篇：「肅肅（陰氣）出乎天，赫赫（陽氣）發乎地，兩者交通成和」句，更可證明陰陽在既相反又相代且互補之外，還有「相吸」的特色。

　　筆者特稱此種「既相反相成且相吸相斥，而又互補的兩股勢力」為「辯證式的依存結構」。因這兩股勢力，雖有朝反向運動的本質，但又絕不單獨存在。即以莊子全書所用的詞組方式來看，在其談到與「氣」有關的陰陽問題

　　　　將氣與陰陽，看作是二而一的束西，將陰陽二氣看作是一種離合的關係。」
　　　　頁38。
〔註38〕　一般解釋此處之「蓋」字為「害」義，固有訓詁學上的依據，但陰陽會「相害」，
　　　　卻無法在莊子書中的其他地方找到論據（此處的「相治」則較有「互相抗衡，
　　　　而導致相害」的意思）。故筆者參考陳壽昌之解：「陰陽之精，互藏其宅，是謂
　　　　相蓋。相蓋者，相掩覆也。」（《正義》，頁452）依筆者揣摩陳壽昌的解釋：「互
　　　　藏其宅」，當是指：天為至陽，然至陽之氣卻是「赫赫」然由「地」所發，可
　　　　見本「藏」於地；地，則反之。故其言：「相蓋者，相掩覆也。」亦並未違離
　　　　莊子之意。尤其，〈在宥〉篇：「天地有官，陰陽有藏。」宣穎即謂「兩儀分職，
　　　　互為其根。」當亦從「陽氣發自於地，陰氣出自於天」的論點，來說「有藏」
　　　　是「互為其根」的。而且將「相蓋」解為「相掩覆」，不僅不至於與「相治」
　　　　之義雷同，而且還可以與下一句：「四時相代、相生、相殺」的「相生」呼應；
　　　　而使「相治」與「相殺」呼應，使上下兩句的文意更妥貼周全。
〔註39〕　「橋起」《經解》云：「橋同蹻」，頁460。《新譯莊子讀本》云：「蹻起，蜂起
　　　　的意思。」頁304。「片合」，《讀本》又云：「王念孫：『片與胖同，胖是半體
　　　　肉，喪服傳說：夫妻胖合。』」譯文部分即作：「雌雄交合。」（同前）《成疏》：
　　　　「庸者，常也。」

時，只有兩處單用「陽」字（見〔註27〕），餘皆或陰陽連用，或陰陽對舉；當可略作此見之佐證。〔註40〕另外再就莊子何以選用「陰陽」一詞來代稱「氣」？並認爲以陰陽來代稱，將可使「氣」的這種內在結構，被突顯出來的原因，作一番推測，或亦有助於說明此看法。

正如本章注釋第三所論，「陰陽」一詞當是「陽光之有無」的意思，爾後有所衍用，譬如用以指稱山南山北等。總之，並非「氣」的專用詞。而後來的衍用情形，則經常只運用在具有相對性，且必然成雙存在的事物或概念上。所謂「必然成雙存在」，是指「只要其一存在，必有與之相對的另一存在」，而且只有「互相對立」的「其一」與「另一」，並不會出現第三者。具此種現象的任何二事物或概念，便可用「陰陽」來稱。例如「男女」是一組言及性別的概念，然其中的「男」概念，乃是被「女」概念所逼顯而生的；反之，亦然。如此形成的概念，便是筆者所謂的「具有相對性，且必然成雙存在」的概念。因此，有很多時候，就以「陰陽」來代稱男女。另如「晝夜」「天地」「日月」等概念，亦然。

而「氣」在莊子的認知中，它的內在結構正符此條件。何況，「氣」在這個條件的呈顯上，尚且不止一端。諸如勁柔、動靜、生殺……等等，皆是「氣」具有相對性的現象。尤其這種種現象，始終都是成雙成雙地存在，所以莊子選用「陰陽」代稱「氣」，〔註41〕想必亦是希望藉「陰陽」這個辭彙本身即已擁有的詮釋容量，來解決「氣」既生生又殺生等的背反現象吧！只是「氣」絕不是只有背反性的現象，它還有「互補」「互吸」的現象，這便是筆者稱之爲「辯證式的依存結構」之因。所以，「陰陽者，氣之大者也」，不宜說成：「陰陽，是氣當中最大的」，而宜理解爲：「陰陽，是氣之所以有種種作用、變化……的最大原因。」〔註42〕

〔註40〕〈秋水〉篇曰：「是猶師天而無地，師陰而無陽，其不可行明矣。」可以說是最佳佐證。

〔註41〕朱維煥先生云：「老子繼乎周易古經，以參悟宇宙萬物之化生歷程，承其「—」「— —」兩意象化符號，而觀念化爲「陰」「陽」，復由「陰」「陽」之相對待、相感應，以言「氣」。……以後之學者，多本此「陰」「陽」之「氣」，以詮釋生命之結構與活動。」《鵝湖》。按：所以也許用「沿用」，可能更恰當。但筆者認爲即使是莊子沿襲老子的用法，但亦應是一種自覺地沿用。那麼，應該也會經過本文所述之思辯歷程。所以說爲「選用」。

〔註42〕至於同段的：「天地者，形之大者也。」則可理解爲：「天地，是形之所以有種種類型、樣態的最大原因。」而「道者爲之公」句，即應是指：「道則是天

　　本章至此，可以作一總結。亦即由最初的「氣態」之「氣」概念，到了莊子已成為一個哲學範疇。簡言之，「氣」在莊子的認知中，是具有和靜、純粹之性質者，又極易受到干擾，而沴亂、汩雜，故其雖具有「和而生物」的能力，卻會在沴亂汩雜中毀物傷形。另外，對於四時運行之序，亦會因「氣」的和、純或沴、雜，而出現順遂或失常；而「氣」的和、純或沴、雜，又受到是否修養調攝陰陽之氣的影響。所以可以說，「氣」在天地的建構、維護；萬物的創生、保全等問題上，都具有絕對的影響力。故將在第二章中析論「氣」的幾種重要性質，然後在二、三章中，對「氣」如何介入天地之建構、萬物之創生；及內在於萬物時，又分別展現為何？作一番探究。

地、陰陽何以能如此的共同原因。」

第二章 「氣」的重要性質

　　在第一章各節中，藉著莊子書中涉及「氣」和「陰陽」，但實質上仍與氣概念同範疇的四類，作了一番說明。在此章中則將進一步藉這四大類所共有的幾種特色，來呈顯「陰陽之氣」的重要性質（若無特別說明，本文將不刻意劃分「氣」和「陰陽之氣」兩詞的使用範圍）。首先就其能容萬物，來論其至虛之時，所展現的無限容量；次就其能生萬物，來論其和之極時，所擁有的最多可能；再次則就其能化萬物，而論其為「至精無形，至純無雜」的原質；最後就其能聚散運動，來論其具有陰陽離合的慣性。〔註1〕

第一節 虛而能容

　　對於「氣」有明確定義的「心齋」段，自是討論「氣」之特質的最重要段落。〈人間世〉篇：

> 一若志，無聽之以耳而聽之以心，無聽之以心而聽之以氣……氣也
> 者，虛而待物者也。唯道集虛。虛者，心齋也。

其中「虛而待物」一句，非常明顯地指出「虛」是「氣」的性質，而且這個「虛」不只是單純的「空間」而已，更是一個「倉儲」，也就是有所為而「空」（動詞，ㄎㄨㄥˋ）出的空間。為了什麼呢？為了「待物」。且「待」字亦有可說，即是不主動的；因為主動的話，就是「引物」了。主動引物便是有意識，便難免有選擇。而「氣」的虛柔，只是因為「氣」本是虛柔。《成疏》即

〔註1〕　《中國氣論探源與發微》：「中國哲學的“氣”概念首先是一種物質，但不是西方傳統的惰性的，被動的物質，而是自身能動的物質。」頁8。

言：「氣無情慮，虛柔任物。」，〔註2〕所謂「無情慮」即可謂爲非意識，不主動的意思。而「任」物之意，將「待」字的被動義表現得更徹底更直接。也解除了將「待」字解釋成有主觀意識之「對待」的可能。

但是，「被動任物」與「有所爲地空出空間」似有矛盾。其實有所爲的並不是「氣」，而是「聽之以氣」的人，也就是「一志」的人：通過「一志」的「齋」的功夫，使心中之氣成爲虛廓的「氣」，這時的「心」自非「聽之以心」的「心」，而是「心齋」的「心」了（「人心」問題，詳見第四章第三節）。所以「唯道集虛」雖是說「只有道集於這個虛」，但這時候的「虛」，並不是一般性的「氣」所具有的「虛柔」而已。因從緊接其後的「虛者，心齋也。」可以看出，莊子爲這個「虛」字，作了特別的補充說明。亦即，道所集之「虛」乃是「心齋」義的「虛」，不是「虛而待物」的虛柔之氣而已。因一般的氣能虛柔任物，故是「任」任何物來集的。在理論上，亦「任」道來棲集，但「道」事實上並不集於一般的「氣」（詳見第三章）。換言之，「唯道集虛，虛者，心齋也。」是說：「只有道集於虛，而此時之“虛”，就（才）是“心齋”。」通過如此爬梳，我們可以說，氣是虛而待物的，但是「道」所棲止之「心齋」，則是經過「一志」的工夫後，所透顯出來的，更具精緻義的「氣」。〔註3〕

但是，他物能否集於「心齋」義之氣呢？討論這個問題之前，我們可以回頭看第一章第二節的「邪氣」部分：「平易恬惔，則憂患不能入，邪氣不能襲，故其德全而神不虧。」當時曾指出「氣」之所以「邪」，乃在於有「知巧果敢」、「憂患」等認知心、情意襲入。今則更要指出，「憂患」等能襲入，就在「氣」本具有「虛而待物」之性質。但是何以「道」所集之「氣」，又任「邪」入侵之呢？其實這個矛盾不在「氣」的本身，而是在其「人」（或言其“心”）是否「平易恬惔」、是否「一志」。就氣而言，經過「一志」工夫的「心齋」

〔註2〕 集成初第三冊，頁178。
〔註3〕 〈應帝王〉篇：「無爲名尸，無爲謀府，無爲事任，無爲知主。體盡無窮，而遊無朕，盡其所受於天，而無見得，亦虛而已。」前四句說明「無」而「無不爲」，後四句則如〈逍遙遊〉篇之至人神人聖人遊於無窮，且無所待又無所被待。（無見得，見，被也。）如此境界自是得「道」者的描述；而其總結地說：「亦虛而已」，意謂得道之方法，得道後之境界，都只是個「虛」罷了。〈應帝王〉篇的這段話，並沒有說成：「……亦虛而待物而已。」那麼「氣也者，虛而待物」與「虛者，心齋也。」絕不能遞移爲：「氣也者，心齋也。」所以筆者認爲「心齋」之「虛」，與「氣」之「虛而待物」是同一範疇中的兩個層級。而「心齋」義之虛氣，當指較爲精緻義的「氣」。（可參較本章〔註39〕，所引楊儒賓先生之見。）

之氣，即是清明純淨的，故有「道」來集。一旦其人不「齋」不「一」，不能「平易恬惔」，「道」即不集之。而且一旦人不能齋心一志，使心平易恬惔，便隨時可能有「憂患」入於未齋之心，而使此心中之氣，呈顯出邪、雜之象。所以說「唯」有「道」可「集」於心齋之「虛」，而他物則不會在「心齋」狀態之虛氣中出現。

對於將「唯道集虛」，解釋為「只有“道”──不是任何“物”──可以集於虛，且此“虛”是“心齋”。而“氣”固“虛”，然若非“心齋”狀態，則為任何“物”所入。」的看法。可以再藉同一篇的另一段文字來佐證：

> 瞻彼闋者，虛室生白，吉祥止止，夫且不止，是之謂坐馳。夫徇耳
> 目內通而外於心知，鬼神將來舍，而況人乎？[註4]

指出此「生白」之「虛心」，乃是通過「徇耳目內通而外於心知」的工夫才獲得的。因為「徇耳目而內通」就是「使（徇）耳目內通」，即不使外物藉耳目進入心中，而干擾了心的運作。但心的運作，亦並非去知知識識外事外物，而是要使之闋廓如虛室，而生純白之氣，如此，才能使「吉祥止之」「鬼神舍之」。如果吉祥「不止」，便是因「身體雖靜坐而心卻聽憑其官能──知──外馳了」。那麼，將此段與「心齋」段並觀，則可說「徇耳目內通」即是「無聽之以耳」，「外於心知」則是「無聽之以心」，而所以能使「彼」（心也）闋廓如「虛室」者，當是「使」耳目內通，心知不外馳的，類似「一志」的「工夫」。而「生白」常是指通過如此工夫，而獲致「心齋」義之「氣」。可見當心有所知知識識於外事外物時，則外事外物便藉耳目為管道，而紛然來赴，而生「憂患」；一旦心有所憂有所思，則「吉祥」便不合止，「道」更不會棲集了。而且，由此可見無論是「吉祥」止「白」，或「唯道集虛」，都是要經過修養工夫的。此則可藉〈應帝王〉篇的一段文字，來加強說明。其文乃敘天根問無名人「為天下」之法。無名人不豫地說：

> 予方將與造物者為人，厭則又乘夫莽眇之鳥，以出六極之外，而遊
> 無何有之鄉，以處壙垠之野，汝又何帛以治天下感予之心為？

天根乃鍥而不捨地問，無名人才說：

[註4] 司馬彪云：「闋，空也。室，比喻心。」集成初第二十三冊《司馬彪莊子注》（黃奭輯），頁35。王先謙云：「下“止”字，或“之”之誤。」王先謙引李頤云：「徇，使也。」《莊子集解》（下簡稱《集解》），頁36，文津出版社。《內篇補正》：「外於心知者，謂黜心知而不用也。」頁100。按：亦即不使「心」「知」外界事物，也就是「無聽之以心」。

> 汝遊心於淡，合氣於漠，順物自然，而無容私焉，而天下治矣。

此則文字固是無名人回答天根治理天下之法，然無名人乃是一「與造物者為偶」的人，那麼為他所「乘」並藉以「遊六極之外」的「莽眇之鳥」，或即是首章第三節中言及的「雲氣」。王先謙即曰：「清虛之氣如鳥然」。〔註5〕而能「乘雲氣」（或「乘清虛之氣」）的無名人，自當是具有養氣工夫之至人、神人，那麼他所說的「合氣於漠」，即應可視作是對「養氣工夫」的一種描述。焦竑便說：「合氣者，其息深深，而歸於至虛也。故曰合氣於漠。」〔註6〕即頗有解「合氣」為「使氣息深深而合於至虛狀態之"漠"」的意思。故若要使天下平治，便須先做到隨順萬物的自然之性，不存私心（順物自然，無容私焉）；然欲做到此境界，又須先經過使心平易恬惔，使氣合於至虛的工夫。相對的，在沒有這些修養工夫的常人來說，便易使「憂患」「喜怒」「知巧果敢」等入於其心，而使心中之氣成為邪氣雜氣。因此，「氣」是「虛而待物」的，但所入者為何，則端視是否作修養工夫。至於修養工夫的具體內容，仍須更詳細的討論，則非本文的範圍。

　　由以上討論可知，「氣」的「虛」之性質，提供了容量上的「無限性」，而此無限的包容性，雖因個體的「齋心」「一志」與否，而使入集於「氣」的內容有異。卻更顯出「氣」的「來者不拒」性格。因此，在理論上，「氣」本身就是最大的空間。〈天下〉篇中談及惠子理論時，言其曾提出「至大無外，謂之大一。」的概念，庶幾可以描述這種最大空間義；而「天地」則是此空間的具象化概念罷了。

第二節　和而能生

　　在第一章中曾提到「陰陽」二氣能生育萬物，但何以只有陰陽二氣，卻能生育形形色色，充滿天地之間的「萬物」呢？這是因為陰陽二氣在「交通」的過程中，能達成「和」的境界。便是這個「和」的狀態，提供了生育萬物的可能。這種「和而物生」的見解，見於〈田子方〉篇：

> 至陰肅肅，至陽赫赫；肅肅出乎天，赫赫發乎地；兩者交通成和而物生焉。

〔註5〕《集解》，頁71。
〔註6〕《莊子翼》，頁252。

「和而物生」一句即指陰陽二氣，交通得「恰到好處」的狀態時，能夠生物。而這種恰到好處的狀態，也可以說，就是〈應帝王〉篇中壺子所展現的「衡氣」，而此「衡氣」即是「和氣」，於首章第二節已有所論。今則繼續探究，陰陽「二」氣，是如何達到平衡平和的？就〈應帝王〉篇壺子曰：「吾向示之以太沖莫勝，是殆見吾衡氣機」，知「衡氣」又是「太沖莫勝」的意思。而「太沖莫勝」的「沖」，則可藉《老子・四十二章》的「沖氣」來了解：

> 萬物負陰而抱陽，沖氣以爲和。

此乃謂萬物都有陰陽二氣，而此二氣須先通過「沖」的過程，方可使之達於「和」的境界。而「沖」字據《說文》乃是「涌搖也」，那麼「沖氣」，即陰陽二氣相激相盪的意思；而二氣激盪到互不偏勝時則謂之「和」。對此種二氣由「沖」至「和」的情形，莊子在〈田子方〉篇中，則以「交通成和」來描述。所謂「交通成和而物生焉」，是說「物」在涌搖激盪中醞釀，然後在二氣「成和」之時生成。這樣的說法，在〈知北遊〉篇中也可找到印證。丞回答舜之問曰：「吾身非吾有，孰有之哉？」時，說：「吾身」乃「天地之委形」，[註7] 而「吾生」乃「天地之委和」。其中「天地」如前曾言乃「至陰至陽之氣」（見第一章〔註18〕）而其「身」即「形軀」，「生」則「生命」（原文將二者分列而言，或爲強調而採排比手法，使之重複；或有細分之以彰顯其異之意。爲避免模糊了莊子的意思，自當採取第二種可能的立場爲宜）。故此段之意乃指：吾人之身是天地的陰陽之氣暫時賦予的形軀，而吾人之生命，亦是天地陰陽二氣暫時委寄之「和」。但因爲在二氣和合時，才有物生焉，所以莊子使用「和」來代稱「物的生命」。這樣的借代手法，或許只是莊子變化詞彙的手法而已。卻留下「天地陰陽二氣暫時之"和"，可成就吾人生命」的痕跡來。總言之，莊子認爲陰陽二氣能生物，是因其具有「和」的性質，而二氣之能平衡而和，則需經過「沖」「交通」的過程，二者互有消長而獲致的。〔註8〕

以上是針對陰陽二氣「和而物生焉」的「生成」角度來說。然而「物生焉」一句，亦宜有「生存」的面相。換言之，「物」在未生之前，通過陰陽二氣之和合而生；既生之後，其內在於「物」之陰陽二氣，亦須是在「和」的

〔註7〕　《經解》：「委字妙，造化流而不息，偶爾委寄，便成一物。未幾，又復歸，還如委任者，暫以相付，終非我有也。」頁389。

〔註8〕　《易繫辭上》：「一陰一陽之謂有道。」的「一陰一陽」即狀陰陽一消一長、一長一消之象。而《繫辭下》：「天地絪縕，萬物化醇。」的「絪縕」亦有瀰漫，流動之意，正象天地之氣的交通涌搖。

狀態下，才能使「物」得以正常地生存下去。這個問題可由〈德充符〉篇中
討論到「才全」的部分來看。莊子藉孔子指出「死生窮達」「饑渴寒暑」等，
是「事之變，命之行也。」對於此類外於「生命本身」的問題，即使是有智
之人亦無法窺度的。接著他說：

> 故不足以滑和，不可入於靈府。使之和豫通而不失於兌，使日夜無
> 隙而與物為春，是接而生時於心者也。〔註9〕

這段話是說，不值得讓「事之變、命之行」等問題，滑亂了吾人內在之「和」，
亦不可使之入侵「宅處精神」的「心」。因為所謂「死生窮達，饑渴寒暑」等，
正是前文曾言及之「憂患」「果敢知巧」的具體內容。彼等狀況發生時，除了
令人憂之患之，當亦興起追求或排除之意，故不免生知巧果敢之心。所以，
如果令彼等入於心中，便是「邪氣」入襲於心。因此希望能使「和」氣逸豫
地流通於「靈府」之內，不要從耳口鼻等「兌（穴也）」處逸散出去。若能使
和氣「日夜無隙」地流行於靈府，便能與物同受春氣滋潤，並且「接續地」「生
此春和之氣於心」了。這樣才能達到保全本性（才全，〔註10〕）的目的。

　　如果邪氣入襲靈府，則會如何呢？〈達生〉篇提到齊桓公自以為見鬼後，
便生病了。皇子告敖則分析是桓公被自己的幻覺嚇到了（亦即有憂患入於其
心），所以生病。皇子告敖並說：

> 夫忿滀〔註11〕之氣，散而不反，則為不足；上而不下，則使人善怒；
> 下而不上，則使人善忘；不上不下，當身中心，則為病。

是說本應充滿結聚（忿滀）之氣，如果因有所憂懼，而「散」或只上不下，
只下不上，或者不上不下地爭而攻心，便會使人受影響，以至於生病。

〔註 9〕　《成疏》：「滑，亂也。」頁256。《郭注》：「靈府，精神之宅。」（同上）。《內
　　　　篇補正》：「靈府，心之謂也。」又云：「《韻會》：『兌，穴也。』《易傳》說卦：
　　　　『兌為口』……《老子》：『塞其兌，閉其門。』《王弼注》：『兌，事欲之所由
　　　　生。』則王弼意亦以穴訓兌也。……此文為："使和氣逸豫流通於內，而毋
　　　　使散失於耳目口鼻之穴也。……"接"字承"日夜無隙"，"時"字承"春
　　　　"。即日夜接續生春和之氣於心而不間也。」頁138-139。
〔註10〕　此段文字大意是說：勿令「外來的"事之變"，與本於受命而有的"命之
　　　　行"，泪亂了心中和氣。以便使心中和氣繼續於心中滋長。」的意思。頗與
　　　　〈天地〉篇「泰初」段的「形體保神，各有儀則，謂之性。」相符。故筆者
　　　　認為，「才全」之「才」為「性」。（第三章第一節有詳論）
〔註11〕　《集解》引李頤云：「忿，滿也。滀，結聚也。精神有逆，則陰陽結於內，魂
　　　　魄散於外，故曰不足。陽散陰凝，故怒；陰發陽伏，故忘也。上下不和，則
　　　　陰陽爭而攻心，心，精神主，故病也。」頁161。

　　關於內在於物的陰陽之氣，如果不和，即會造成疾病的看法，〈外物〉篇中還有一段文字提及：

> 有甚憂兩陷而無所逃，螴蜳不得成，心若懸於天地之間，慰睯沈屯，利害相摩，生火甚多，眾人焚和。月固不勝火，於是乎債然而道盡。

〔註12〕

即明確指出，心被困於利害、榮辱、是非、得失等「兩陷」中，反覆不安。加上求成不得（不得成），而使心懸盪不踏實，這種利害之念的輾轉相摩現象，甚至會在心中摩擦出火來，而焚了天和之氣，自然無法保持春和之氣，那麼「性中清明」如「月」的和氣既遭焚盡，則生機之遭斷喪，便是必然之事了。

　　因此，若要使「生存」時間延長，自然就要保持這個「和」氣。例如〈在宥〉篇：

> 我為汝遂於大明之上矣，至彼至陽之原也；為女入於窈冥之門矣，至彼至陰之原也。天地有官，陰陽有藏（見第一章〔註38〕），慎守女身，物將自壯。我守其一，以處其和，〔註13〕故我修身千二百歲矣，吾形未嘗衰。

天地職可覆載之責，陰陽相互掩覆，互為其根，亦源源不絕，那麼「比形於天地，受氣於陰陽」（〈秋水〉篇語）的「人」實無須旁騖外求，只要慎守天地所委之形，陰陽所委之和，那麼萬物（包括自己）便「自然茁壯」（意謂切莫擾之）。廣成子並以己身為例，說明只要守住由「無」落向「有」的初起之「一」，並處於二氣之「和」，便能有千二百歲的長壽。甚至已如此高壽，其「形」尚未衰。足見「和」之於生命的存續，確有相當重要的影響力。

　　所以從「物生焉」的「生存」角度來看，其內在於「物」的陰陽二氣，亦不可不和。

　　進一步說，陰陽二氣「和合」之意義，乃指既不偏於陰亦不偏於陽，故

〔註12〕《正義》：「螴蜳，反覆不安之意。慰，鬱也。睯，悶也。屯，事難而不得動也。……月，喻性中清明之氣。債然，猶頹然也。」頁460。

〔註13〕《經解》：「一，即上所為"原"也，（按：至彼至陽之原也。）和，二氣之和也。」頁224。《校詮》：「案陰陽之原，即道也。」頁391。筆者認為此「一」應即是〈天地〉篇：「泰初有無，無有無名，一之所起……。」的「一」，乃是「道」由「無」落向「有」的「一」，而不是「道」。畢竟此段上文之「原」字，是分別指「至陰之原，至陽之原。」（應即分別是「天、地」），而不是「陰陽之原」（此則亦只是「一」）。後文尚有詳論此「一」。

—35—

成為絕對中性的狀態。而「中性狀態」便蘊含無限的可能，使任何一次的涌搖，都可以以此中性的「和」為出發點，重新激盪出一個完全不同的「物」來。所以如果陰陽之氣依循著「和而物生」的規律來生物，那麼所有的「物」便無所異。但陰陽之氣的另一特質——虛——使它可以無限地包容外物外力，故若是周遭的環境有改變，並影響到涌搖之氣，那麼所激盪成形的，便會是無法預估形貌的「物」。但不管是成系統的，或是歧出的，都是「和氣」之無限可塑性中的「可能」，因此成就了——號物之數謂之萬——「萬物」。簡言之，陰陽二氣之和合，足以生物，而且足以生成「萬」物。因為，「和」是中性的，故有無限可能，而「萬物」就是這個「可能」的具體呈現。

第三節　精純而能化

氣之「和」能使物生成，亦可使物生存，並因「和」是陰陽二氣的平衡狀態，故表現出中性性格，所以提供了生成任何物的可能，也成為延續物形生存的依據。但是，莊子書中有頗多內容，是越出「陰陽二氣→和→物生」的模式的。例如首篇首段最著名的「魚化而為鵬」的例子。它顯然不是〈達生〉篇中所提之「合則成體，散則成始」的現象。因為此句話的意思是：氣聚合則成物，物離散則成原來的氣——另一次涌搖激盪至和的「開始」，這個氣又將生成一物。所以當某一物「散」而死時，猶如另一物之「始」聚而生。亦即是「甲物（散）→氣（交通）→合（和）→乙物」的形式；而「魚化而為鵬」則是一種「甲物（化）→乙物」的形式；且這組甲乙二物之間的關係，莊子亦明言之為「化」而不是「生」，也不是較含糊的「成」。〔註14〕

當然依後一組模式出現，而用「生」字來說明甲乙間關係的，也有部分例子。但由其使用的規則看，則有其實質上的不同。譬如，「生」通常是指某物被全部生成，而用「化」字的，則有一部分類似於此，即「甲（化）→乙」。另有一部分卻是「甲（化）→部份甲、部份乙」。對於「甲（化）→乙」的形式，因莊子時而用「化」，時而用「生」來表達，故本文稱之為「化生」。至於「甲（化）→部份甲、部份乙」的形式，則莊子鮮有稱為「生」者，故本

〔註14〕《說文》：「匕變也。」段注：「化行而匕廢矣。……大宗伯以禮樂合天地之化，百物之產。注曰：能生非類曰化，生其種曰產。」可見古人對「生非類」（匕生非其同類）與「生其種」（所生為其同種）是分別得很清楚的，莊子可能亦是此意。

文即稱之爲「化」。〔註15〕然若無特別須要區分時，本文將以「化」統稱此二義。

　　不論是「化生」或「化」，都與「和而物生焉」的「生」義不同。在詳細討論前，先簡單指出其中最大之差異處：「生」的條件是建立在「氣」的「和」之性質上，而「化」的條件則是建立在「氣」的「精純」性質上。所謂「精純」的基本意義是指「至精無形，至純無雜」，其中「至精無形」乃出自〈秋水〉篇，其後並細言之：

　　　　夫精，小之微也。……無形者，數之所不能分也。

所謂「數之所不能分」，以今日用語言之，即「不能再分割」。「至精無形」既是微小到不能再分割者，那麼其本身自不再含有任何物，所以便是最純淨無雜的。例如〈天下〉篇所言：

　　　　不離於精，謂之神人。

《成疏》云：「淳粹不雜，謂之神妙。」即是認爲「神人之所以能神妙，就是因爲能不離於淳粹。」正以「淳粹」來說明「精」。可見「至精」則「至純」。但是有什麼東西是「至精至純」的呢？！〈刻意〉篇云：

　　　　純素也者，惟神是守。……故素也者，謂其無所與雜也；純也者，

　　　　謂其不虧其神也。能體純素，是謂眞人。

概言之，「純素之道」是指能夠「惟神是守」；析言之，則要能「無所與雜，不虧其神。」可知，純素之道乃是要求「守」住（不虧）「無所與雜」的「神」，能體此道者，即謂眞人。通過對此段文字的了解，主要是想指出「純、素」既是「勿令外物入之使雜、勿令外力襲之使虧」，那麼應該就是等於「守」的效果。但是什麼是能「守」之而至於「至精至純」的呢？是不是就是「惟神是守」的「神」呢？如果是，這個「神」是什麼呢？前章第三節曾引〈達生〉篇：「純氣之守，非知巧果敢之列也。」時，指出「純氣」正是「沒有任何外物摻雜」的意思，可見「氣」是可以因「守」而獲致「純」之效果的。所以，神與氣的關係固尚待細究（詳見第四章第二節），但是，「氣」是可以守之使精純的，大致上已可了解。不過「精純」的「氣」與「化」又有什麼關係呢？

───────────────

〔註15〕另有「化」字作「感化」之意的，但此類應歸於甲（化）→「形」甲→「心」乙。如〈則陽〉篇：「故聖人……或不言而飲人以和，與人並而使人化。」《郭注》：「望其風而靡。」（如果依《郭注》則應該比較接近「風化」，詳見第四章第一節。）其實也就是使對方的「心」由不和「化」而爲和了，然其人之「身」並不曾受影響。

　　於此，則要提出一個嘗試性的看法。亦即：氣在精純至極之時，以其至精微到無可分割，至精微到不雜任何物，故而具有滲透沁入性。此概念或可藉《老子・四十三章》的「無有入無間」來說明。「無有」可以說是「至虛若無」，也可以說是「無形」。〔註16〕而「無間」則是「無有間隙」，也可以說是「無內」。〔註17〕但對於「無有間隙」者要如何「入」呢？即使如李存山先生所言：「"無有入無間"指穿透力，可入性。」但既已是「無間」又如何可以「穿透」？除非，此「無有」者，與「無間」者，有同質性，故二者間的「入」，便可以是「替代式的轉換」。但是有什麼東西，本身既是「至虛若無」的，卻又能「替代」那「無有間隙」者，且予以「轉換」呢？依《王弼注》曰：「氣無所不入，水無所不經。」本章第一節中，已析論「氣」有「虛而待物」之性質，本節前文亦指出「氣」有「精純」之性質，那麼再加上王弼的這個看法，也許吾人可以說，至虛若無的「無有」者，即「虛而無形」的「氣」；無有間隙的「無間」者，也是「精純無內」的「氣」。因爲同是「氣」，故有出現「替代式轉換」的「入」之可能。那麼何以不言「無有代無間」呢？此或因無形無內的精純之氣，對於有間隙者，能夠滲透沁入之，當是較易了解的，所以老子便以此種較顯而易見的「沁入」型態，來統稱「替代式轉換」與「滲透沁入」兩種情形。至於「無所不入」的「氣」，何以必是「精純」狀態的呢？此則因「氣」若不能極精純而至「無形無內」的話，便會成爲被替代被滲透的對象了。因爲即使對於「虛而待物」的「氣」而言，若不能「守」之使「至

〔註16〕所謂「無有」並非眞的絲毫也無，畢竟其尚可有所「入」，故只能說是「若無」。而「若無」者唯有「至虛」，故以「至虛若無」解之。又「至虛」者，必因其「無形」，始予人「若無」之感，所以也可以說是「無形」。至於什麼東西是「至虛若無」的「無形」者，筆者認爲是精純之氣。如《中國氣論探源與發微》即指出莊子文中（按：指〈刻意〉篇：「賢人尚志，聖人貴精。」）之「精」乃與「志」字相對，故當是指「精氣」。又：「言莊子主張"聽之以氣"保持人的自然本樸狀態。這就是"貴精"。」（以上略見於頁117）按：其言「自然本樸狀態」正是「純素」之意。「精」即是「氣」的本樸狀態，即是「氣」的純素表現。也可以說是純陰或純陽的狀態。（〈刻意〉篇此處是「純陽」）

〔註17〕余培林先生云：「無有間隙，指固實堅強的東西。」《新譯老子讀本》，頁78。按：但眞正能一無間隙的，應該不是「固實堅強」之物，而是「其小無內」的至細至微者。如劉長林先生於〈說氣〉一文中指出：「氣的"其細無內"，對於說明和理解客觀世界的流動、變化、聯繫，滲透、相融會，帶來許多方便。同時也有利於"氣"作爲世界生命的活力之源。」所以筆者認爲「無間」者仍是精純之氣。（〈說氣〉一文見1990年6月，清華大學舉辦以「氣」爲主題之國際性研討會，所宣讀的論文。）

精至純」，亦不能說是具有「絕對性」的所謂「無所不入」之作用；而只能說成「相對」義的「可入性」了。這就是爲什麼要論證「氣」具「精純」之性，才能說「氣」不僅有「可入性」，且更可「無所不入」的原因（而「無所不入」的對象既包括「無間」者，則此「入」當亦含有「替代式轉換」之義）。

此時，再回頭看前文所說旳：「化」可大分爲「甲（化）→乙」，和「甲（化）→部份甲、部份乙」兩種類型。這兩類型的甲與乙之間，皆是直接轉變的關係，而沒有「甲→氣→乙」的過程。是什麼因素使甲直接變成乙的呢？通過「氣」具「精純」之性，且有「無所不入」的能力來了解，會不會是「甲」爲精純之氣所「入」，故被該精純之氣所「替代」，並被「轉換」爲「乙」呢？此則宜由莊子原文之例來檢證。如〈逍遙遊〉篇：

> 北冥有魚，其名爲鯤，鯤之大，不知其幾千里也，化而爲鳥，其名爲鵬。鵬之背，不知其幾千里也。怒而飛，其翼若垂天之雲，是鳥也，海運則將徙於南冥。南冥者，天池也。

關於此段文字多數注家，多僅指「北冥、南冥」的所在，「鯤、鵬」爲大魚、大鳥罷了。少有解釋「化」爲何意，更罕見說明「（魚）化而爲鳥」的原因（也許是視之爲譬喻或是荒唐謬悠之言的緣故）。陳壽昌則不僅詳解全段，且指出何故。最重要的是他也是從「氣的精純」角度來看待，故引出以資參酌：

> 冥者，海也。不曰海而曰冥，以示窈分冥分，其中有精也。坎位乎北，離位乎南。言魚言鳥，以類相從也。易云：「離爲雉，飛鵬之象。」以類推焉，魚化鳥者，陰盡陽純，所謂坐生羽翼也。海運者，精足而氣自動，化者自化，徙者自徙。釋南冥以天池者，天爲純陽，以喻元精，非凡水也。〔註18〕

細繹這段解釋，其意爲：「離」因位乎南，而象「飛鵬」；相對的，位於北之「坎」，莊子則以「鯤魚」象之（所謂「以類相從也」）。而北爲陰，南爲陽，故充滿陰氣之北冥中的鯤魚，在南徙過程中，陰氣由盛而衰而盡，而陽氣則由弱漸強至極盛，且「海運」出現的季節乃是「六月」，〔註19〕在這種方位近於陽氣盛的南方，季節恰爲陽氣盛的六月之情形下，屬陰氣之魚，遂化而爲鵬。並乘著陰陽二氣急速地離合、離合，而使氣的運動加快所造成的「大風」，將徙於南冥。陳壽昌著重「北冥、天池」「鯤、鵬」和季節等，在方位、屬性、

〔註18〕　《正義》，頁 9。
〔註19〕　見第一章與〔註13〕相關之正文。

節氣上，皆與陰陽有著密切關係的現象，藉以說明「化」的原因——陰盡陽純，與筆者的推論頗有相通之處。亦即：「氣」具精純的性質，故有滲透沁入的能力，那麼，屬性為陰之「鯤」，由陰氣盛的北冥，在陽氣盛的六月，朝陽氣盛的南方去，遂為精純陽氣全面替代式地轉換成屬性為陽的「鵬」。這樣的推論，雖只是一種嘗試，卻不乏足以佐證之例，再看同為「甲（化生）→乙」型態的，另有〈至樂〉篇篇末，「種有幾」的一段：

> 種有幾，得水則為𡶤，得水土之際則為蛙蠙之衣，生於陵屯則為陵舃，陵舃得鬱棲則為烏足，烏足之根為蠐螬，其葉為蝴蝶。胡蝶，胥也化而為蟲，生於灶下，其狀若脫，其名為鴝掇。鴝掇千日（化而）〔註20〕為鳥，其名曰乾餘骨。乾餘骨之沫為斯彌，斯彌為食醯……羊奚比乎不箰，久竹生青寧，青寧生程，程生馬，馬生人，人又反入於機。萬物皆出於機，皆入於機。

王叔岷老師曰：「種，物種也，即物類也。……幾，幾微。物類皆由幾微而來也。」〔註21〕（亦有言「幾」為量詞，而謂：「物種有幾種？」但究論全段，似與討論物種的數量無關，而是在討論物種的演變現象，故解為「幾微」較符合文意）。而文末的「機」字，陳壽昌云：「機者，陰陽摩盪消長之機。」，〔註22〕「摩盪」當如「涌搖」之意；「消長」則指陰陽二氣，互有消長，故有「成和而物生」的「契機」。若將「種有幾」與「萬物皆出於機，皆入於機」〔註23〕並觀，似可獲得莊子對物種之來源的看法：物種皆由陰陽二氣摩盪涌搖，互有消長的幾微契機中而來。然後，莊子舉出一連串的物類演變情形來說明。今將此段既冗長又詭異的文字，略加爬梳，約略可以獲得如下之印象：由「種有幾——乾餘骨」乃言由「低等植物→有根植物→裸蟲→蝶→鳥。」而由「乾餘骨之沫為斯彌——羊奚。」則是由「鳥→裸蟲→甲蟲→有根植物。」爾後，有根植物羊奚與不孕之久竹「比」（合也）則化生為「青寧」，再由「青寧→豹→馬→人。」這種現象直可以「撲朔迷離」形容。而「馬生人」則不僅小說著錄（如《搜神記》），更有正史著錄（如《史記》、《漢書》）。〔註24〕其間究竟雖不易深入，但仍可看

〔註20〕《列子》天瑞篇有此二字。
〔註21〕《校詮》，頁659。
〔註22〕《正義》，頁259。
〔註23〕二者可並觀，是著眼於：「機」既為「萬物之出、入處」，故亦可視為「萬物之所從來處」。
〔註24〕馬其昶云：「陳景曰：『尸子云：越人呼豹曰程。』《搜神記》：『秦孝公時，有

出莊子至少不是認爲「不可能」。尤其其文乃是先由順生物演進史的軌跡敘述，再轉折成逆向演化。由此亦可知，吾人對於生物演化史，認爲是：萬物由低等進化爲高等，則未必是莊子所以爲然的。

　　那麼，莊子對於「物種」的生、化、演變等的規則，究竟是持什麼看法呢？其實不論是從前文所言：「物種由陰陽二氣摩盪消長的幾微契機中而來」觀；或從呂吉甫認爲文中各物可分爲「有情、無情」兩類，或各自相生或二者互生，然「皆遊魂精氣之所爲也。」來看；〔註25〕或從陸西星認爲「機」是「氣之動處」，〔註26〕而理解爲「物種由氣的動而生」來說；皆無助於了解莊子對萬物之生、化，抱持的是何種看法。其實就己整理出的現象言，可能應該是「萬物之生、化、演變是無一定規則的。」但何以會無規則可循呢？筆者則試著如此理解：所謂「機」即陰陽二氣離合地在流行著時，偶有一「留」，〔註27〕就在「留」的時候，觸動了化生「物」的「契機」。當然，「留」與「觸動」應是同時發生的，緊接著，氣仍繼續流行。而此「契機」的觸動是極隱微難明的，故特別於段落開始，即指出「物種的發生是有其幾微難知之處的，如……。」但是當「氣」被觸動之時，如果離合著的二氣，正是一消一長地出現陽氣（或陰氣）獨勝，則此精純之氣，便滲透沁入甲物，而使之化生出乙物。

　　另外還有「甲物（化）→部份乙物，部份甲物」的類型，亦即甲物有一部分化爲乙物，卻尚有一部分保留爲甲物，這種情形大致上是以身爲乙，以心爲甲；而「身」則包括心知、官能，「心」則應指「心齋」義之「心」（有別於具認知情欲能力的心）。如〈知北遊〉篇：

　　　仲尼曰：「古之人，外化而內不化；今之人，內化而外不化。與物化者，一不化者也。〔註28〕安化安不化，安與之相靡，必與之莫多。

　　　馬生人。』」《定本莊子故》，頁124，黃山書社。《校詮》：「史記六國年表：『秦孝公二十一年，馬生人。』」（又見《漢書》五行志），頁665。
〔註25〕《莊子翼》引呂吉甫注，頁512。
〔註26〕《莊子翼》引《南華副墨》，頁516。
〔註27〕〈天地〉篇：「留動而生物」意指本爲「動」著的陰陽二氣「留駐」了一下，而生成物。詳見第四章第一節。
〔註28〕參見〔註13〕筆者附論部分。亦即此「一」爲〈在宥〉篇：「我守其一」之「一」。而「與物化」則是〈德充符〉篇：「命物之化，而守其宗也。」的「命物之化」之意。劉武云：「此所謂『命物之化』者，外化也，與物化也；所謂『守其宗』者，守其天也。〈大宗師〉篇云：『其一，與天爲徒。』其一，即一不化也。與天爲徒，即守其天也，亦即守其宗。」（《內篇補正》，頁125。）《經解》亦云：「與物偕逝，天君不動。」（頁398）總之，「古之人」令形軀與萬物遷化，

〔註 29〕

此即認為古之人形身會「化」，而內心因有「一」存焉（見〔註 28〕），故而「不化」。今人則反之（其中「外化」之意，當尚有全化與部分化兩類。後者隨後再舉例說明）。但古之人何以會有此不同呢？其間之異即在「與物化者……必與之莫多。」這段話，其意是說：古之人能聽憑形軀與萬物俱化，而持守其「一」，不使此「一」與萬物遷化。但何以能如此呢？此則由於古之人能無所用心，〔註 30〕所以對於形軀之化，固然安任之，即使所謂的「持守其一」的「持守」，亦是因安任於「一」的與物相靡順，所以必然地與物皆無所損易，因此也是以「安任」隨順的態度，來持守其「一」的。

這樣的「古之人」與「能體純素」的「真人」，頗有相似處。前文曾藉〈刻意〉篇的該段文字說明「純」乃「守氣」之效，今則更欲指出：能守住（不虧）「純氣」，使之「無所與雜」者，即是能使「心」中之「氣」，保持「精純」之意，也就是「持守其一」的意思。因此，即使偶有「精純之氣」「入」於此「心」，則因同為精純之氣，便無所謂「替代式的轉換」（可以「沁入」，但仍呈顯為精純之氣，故形式上，並無所「轉換」，但在實質上，則應有所增強）。而「形軀」固亦是氣聚而生，然所稟為陰陽二氣之「和」，不同於「心齋」義之心，乃是通過「一志」的工夫，而已為精純之氣。故若欲在使「心」之氣精純後，更進一步轉換形軀之氣（參見〔註 39〕），則須如〈刻意〉篇所言：「惟神是守，守而勿失，與神為一，一之精通，合於天倫。」的工夫（詳見第四章第二節）。但這則非古之人所能為，而是「真人」的境界了。也就是說古之人，固然是「外化而內不化」，然其「外化」的程度、速度，仍受「守精純陽氣」的深度、廣度，而出現「形身全化、部分化」之異，境界高者，自如前文所言之真人的「合於天倫」、廣成子之「修身千二百歲矣，吾形未嘗衰。」（〈在宥〉）、和女偊之「年長矣，而色若孺子。」（〈大宗師〉）一樣。至於被用來代表已具有某種程度之工夫境界的「古之人」，則可以「安任」於「身」「與物化」，並護持其「一」而「內不化」。

而介於「古之人與今之人」間的，則有〈至樂〉篇之例：

乃因形軀與萬物皆「物」也，故是抱持「令物自化，而其所守之"一"（或「宗、天」）則不化。」的態度。

〔註 29〕 《成疏》云：「安，任也。靡，順也。雖與物相順，而亦各止其分，彼我無損。」頁 916。

〔註 30〕 即所引段落之前：「無有所將，無有所迎」的意思。

支離叔與滑介叔觀於冥伯之丘，崑崙之虛，黃帝之所休。俄而柳〔註 31〕生其左肘，其意蹶蹶然惡之。支離叔曰：「子惡之乎？」滑介叔曰：「亡，予何惡？生者，假借也，假之而生生者，塵垢也。死生為晝夜。且吾與子觀化而化及我，我又何惡焉？」

「柳」字或有認為是「瘤」字之誤的，但不管是「瘤」或是「柳」，只要是「俄而」之間，在自己的手肘上長出來，相信都是會令人「蹶蹶然」地感到訝異，甚至即使如李頤所解：「支離忘形，滑介忘智，言二子乃識化也。」的這二人，亦不免如此。但畢竟是「識化」之人，亦很快地領悟到這是因為他們正在「觀化」，故易於被「化及」，而避免了陷於「惡」的情緒中。然其所觀之「化」是什麼呢？「冥伯」是幽邈且深邃之象徵，屬陰。〔註 32〕崑崙則是太陽西沈之處，自亦為純陰之象徵。「而黃帝之所休」即言黃帝葬於陰氣精純之處。那麼觀於充滿精純陰氣所在的二人，在倏忽之間，被流行不輟的精純陰氣所「化及」，故使滑介叔覺得是勢所當然的。簡言之，「守」住精純陽氣，既是一種工夫，自有其修養的進程，故在未達最高境界之前，若處於陰氣精純之地，便不免被「化及」。另如〈大宗師〉篇子祀、子輿、子犁、子來四人，乃是體悟了「以無為首，以生為脊，以死為尻」「且知生死存亡之一體」者，然子輿後仍因「陰陽之氣有沴」，而病得「曲僂發背，上有五管，頤隱於臍，肩高於頂，句贅指天」，不過，他仍能以「縣解」〔註 33〕的達觀心境視之，故當亦是「外化而內不化」的「古之人」了（此例待後文詳述）。

至於「內化而外不化」的今之人，則更等而次之。雖同樣是稟氣而生，但若聽憑其心，一再受到人慾汩雜，不僅無法守住精純之氣，也會喪失本有的平和而變得雜邪，就如〈齊物論〉篇所言：「近死之心，莫使復陽也。」可見「心」之所以死（化也），就是因為陽氣漸失，相對的，入替的便應該是陰氣了（前曾引〈則陽〉篇：「陰陽相照、相蓋、相治。」的「相治」之意）。由此，亦可以將前文所言及之「純氣之守」，理解為持守精純陽氣（爾後之討論，若用「精純之氣」便同含陰陽二者，餘則分開使用，以求文意的明確）。而其「外不化」當只是暫時性的（其實言其「外」「不化」，應該是為了突顯

〔註 31〕《校詮》云：「孫詒讓云『柳，注及釋文並無說，疑當為瘤之借字。』案柳借為瘤，孫詒讓說是。」頁 647。
〔註 32〕《集解》引李頤云：「喻杳冥也。」頁 151。
〔註 33〕養生主篇有謂：「適來，夫子時也；適去，夫子順也，安時而處順，哀樂不能入也，古者謂是帝之縣解。」子輿正是「安時而處順」者。

其心是先於身而化罷了）。必將因其心已受雜染，而使形軀出現「陰陽之氣有
沴」的現象，並很快地步向死亡。此即如〈齊物論〉篇所言：

> 一受其成形，不亡以待盡，與物相刃相靡，其行盡如馳，而莫之能止，
> 不亦悲乎？終身役役而不見其成功，薾然疲役而不知其所歸，可不哀
> 邪？人謂之不死，奚益？其形化，其心與之然，可不謂大哀乎？

便是講一個人一旦受氣而成形，在還沒有死之前，不修養以守精純陽氣，只
等著氣散而死的話，其心便會與外物相牴牾、相靡順，到處奔波馳驅也似地
停不下來，豈不是可悲之事呢？這種人終身勞苦……，即便他不死，又有什
麼好處呢？當他的形骸一旦化而死去，他的心就更不能守住精純陽氣，修養
成「心齋」了，豈不是最大的悲哀嗎？

所以能否守住心中精純陽氣，是古、今之人「內化、內不化」的分水嶺，
由〈齊物論〉篇此段文字的角度看來，更是一個人的形軀生命，有無存續價
值的指標。

對於「化」的眞實面貌、具體過程，確然還是很模糊的。但在貼緊莊子
原文，與重要注家之見解下，應該還是可以提供一些線索，呈顯出一點莊子
的眞意。而從「氣」的角度切入，無疑是必要的嘗試。大致上說來，通過這
一節的討論，筆者是想指出：精純至極之氣，以其爲構成「物」之最小單位，
[註34]既「無形」又「無內」，且具有滲透其他有形有隙之物的能力，故能化
萬物。透過對此性質的掌握，或可作爲對莊子書中在「氣和生物」之外，另
外還有新的模式──氣精純而化物的一種解釋。前者可謂爲「無物→有物」
後者則是「有物→另一物」。

最後，因管子內業、心術上下、白心四篇，被認爲與莊子關係極密切，
[註35]而且〈管子內業〉篇中便有「精氣」思想。[註36]今則藉李存山先
生之研究成果，[註37]和李志林先生的意見，[註38]作爲參考。另又如楊

[註34] 〈知北遊〉篇：「六合爲巨，未離其內；秋亮爲小，待之成體。」
[註35] 《中國氣論探源與發微》云：「從以上分析可以看出，《管子》四篇不僅"揣
摩"過莊子內篇，而且"揣摩"過莊子外、雜篇中較早的作品。」頁155。李
存山先生則認爲管子的精氣說，受啓於老子對世界統一的要求，並對老子
"道"的唯物主義加以改造。（《氣論與傳統思維方式》頁 28-31）（但他認爲
管子是戰國時期齊國稷下學者的著作。）總之，管子和莊子都是深受老子影
響的兩個學派。
[註36] 而「精氣」一詞則見於《管子・水地篇》。
[註37] 《中國氣論探源與發微》：與「精氣」概念相聯繫的「精」字含義，主要有四

儒賓先生論管子四篇中的精氣說與全心論的問題時，亦認爲管子之精氣概念，具有滲透轉化之效，應可作爲本節之輔助。〔註39〕

第四節 聚散而能動

「氣」以其爲「虛」，故能容物；爲「和」，故能生物。其所容者爲「道」（是集於「心齋」狀態之「虛」者），與所有「非」道者（即入襲於一般的「虛」氣之中者）；又萬物之中每一物的「生」，是陰陽二氣「交通」至「和」所生；然在陰氣或陽氣偏勝時，則至爲精純細微，故相對於粗糙有罅隙之物，便產生滲透或替代轉換現象，故造成「物」的「變化」。而上述之「集」、「入襲」、「交通」、「化」皆肇因於「氣」的能動性。

但是關於「氣的能動性」，仍應分成兩個層次來講。首先，陰氣與陽氣是互相吸引的，故出現「動」的現象，這是所謂的「合」。而互吸的陰氣、陽氣，亦同時受到天地、四方所固有的陰性、陽性之吸引，這也會造成「動」的現象，此則是「離」。細言之，「氣」本身有陰、陽，陰陽會互吸。故雖爲二氣，仍因互吸而傾向合一。然整個「天地」的結構，則是「天」爲「陽」，「地」爲「陰」；且整個天地間的四個方位，則是東、南方爲「陽」，西、北方爲「陰」。

層：第一、「精」與大、粗相對，是細微之意。……內業篇說靈氣「其細無內，其大無外」，其中「細」即「精」字的細微之意。第二、與細微之意相連，「精」字有純潔、純粹的意思。……第三、與細微、純粹之意相連，「精」字有能變、能化的神妙之意。心術篇下說：「一氣能變曰精。」這是對內業篇：「一物能化謂之神。」的解釋。……第四、……把精神看作是一種神妙的東西。所以「精」字又有精神的意思。內業篇說：「凡人之生也，天出其精，地出其形。」其中「精」字指人的精神。綜合以上四層意思，可以說「精氣」即細微（不是一般的細微，而是「其細無內」「至精無形」）純粹、神妙之氣，它進入人的身體，可以轉化爲人的精神。頁159。

〔註38〕 《氣論與傳統思維方式》：「精氣說的理論特點：虛而無形，此其一。流通無間，此其二。內藏泉源（物質自己運動思想的端倪），此其三。」頁34-36。

〔註39〕 〈論「管子白心，心術上下，內業」四篇的精氣說與全心論〉：這種前知覺的心靈即爲管子所謂的「彼心之心」。「心」的概念離不開「氣」，較一般心靈更深隱的「彼心之心」自然也離不開比一般氣更精微的某種類型之氣。……「全心」的意義，據管子所說，乃是「彼心之心」逐漸擴充滲透，滲透到經驗意義的心，也完全化爲精氣之流行，兩層心復合爲一，此時即叫「全心」。……「全心」的成立是「彼心之心」徹底滲化日常之心，兩者渾融決釋，化爲心氣之流行的成果。而且在「全心」狀態時，心←→氣←→身三者間返復自在，沒有所謂異質存在所造成的杆格。《漢學研究》第九卷第一期，頁88-98。

〔註 40〕故陰氣陽氣在互吸的同時，也會受天地四方的陰性，陽性所吸引。所
以我們如果以現象學的方法，將其中一組陰陽二氣括號起來，只以這一組陰
陽二氣來看，可比較清楚地了解到：陰陽二氣互吸而趨向對方，也許合在一
起後，又受到天地四方之吸引，分離而去，便造成了離──合──離的恆式
定律。而這恆定的離、合，便是「氣」能動的動源。只要陰陽互吸的本質不
變，這個離合現象便持續，這個動源便不會匱乏。這就是氣因「離合」而「動」。
〔註 41〕

　　至於「能動」的另一層，則是指「聚散」。所謂「聚」是指一組一組的陰
陽之氣，聚合成某一形物；「散」則是指聚合成該形物之 n 組陰陽之氣，分開
散去。這時則是從整個「天地」之間的所有「在動」的陰陽之氣來看的（亦
即脫去前文所言之「括號」來看），所以〈知北遊〉篇中的「聚則為生」便是
「一組離合、離合……的陰陽之氣」與「另一組離合……的陰陽之氣」與……
「n 組離合、離合……的陰陽之氣」，「聚合」為某一形物，而「生成」某一
形物之意。「散則為死」則反之。〔註 42〕

　　其實，當這種時聚時散的氣，在聚而為人，且尚未散去之前（即「人」尚
為存續狀態時），其內在於「人」的陰陽之氣，仍在體腔內聚散、上下。如〈達
生〉篇言及齊桓公自以為見鬼，故「誒詒為病」之事（原文詳見本章第二節）。
非常清楚地指出，一個人的氣本應盈滿結聚，如果「散而不反」，便有「不足」
之虞。如果「只上不下」「只下不上」，則或善怒或善忘；如果居然「不上不下」
地不動了，便正好鬱積在「心」，這就會使人生病。由此可以推知，當「氣」的

〔註 40〕《禮記‧鄉飲酒》：「天地嚴凝之氣（按：應指陰氣），始於西南而盛於西北，……
　　　　天地溫厚之氣（按：應即陽氣），始於東北而盛於東南。」《淮南子‧詮言訓》：
　　　　「陽氣起於東北，盡於西南；陰氣起於西南，盡於東北。」《氣論與傳統思維
　　　　方式》：「季風與寒暖緊密相聯，季風來自四方，所以季節配以方位，這是我
　　　　國典型的北半球溫帶季風氣候的產物。……在日常生活中，人們注意到熱氣
　　　　升勝，寒氣低沈，所以中國古代又用陽氣表示天氣，用陰氣表示地氣。……
　　　　中國古代既用"陰陽"表示四方之氣，又用"陰陽"表示天地之氣。這樣就
　　　　把上下四方，六合宇宙看成是一個陰陽二氣相互作用並且普遍聯繫的整體。」
　　　　頁 26-27。按：各家對陰、陽之氣所代表的方位，固有不同之見，但仍可見知
　　　　古人是有將陰、陽之氣與方位配合之觀念。
〔註 41〕《氣論與傳統思維方式》：「莊子看出氣分陰陽。而"交通成和"則是從哲學
　　　　上將氣與陰陽看成是二而一的東西。然後將陰陽二氣看作是"離合"的關
　　　　係。」頁 38。
〔註 42〕〈知北遊〉篇：「人之生，氣之聚也；聚則為生，散則為死。」

聚散出現混亂，且維持一段時間後，這個由「氣聚而生」的「人」，便會因「氣」的散去而死。故聚而爲人的陰陽之氣，在人體內仍保持著「上下聚散」等運動能力。且此能動的性質，若遭到阻礙，便反應爲人體的疾病，甚至死亡。

至於非「人」的其他「物」，亦是由氣之「聚」與「散」，來決定該物之成、毀的。如〈達生〉篇又云：

> 天地者，萬物之父母也。合則成體，散則成始。〔註43〕

正陰正陽的天地，因二氣的升降「交通」而生成萬物，故謂之萬物的「父母」。當陰陽二氣涌搖成「和」，即「合」成某「體」，爾後，此「體」又會散而成「原來的」（始）「氣」。這「氣」又經過涌搖成「和」，又可合成他體。故在「某體」之「氣」散開來時，即等於「他體」的「開始」。

這種「氣聚而生、氣散而死」的看法，在〈大宗師〉篇中，則以譬喻的方式提出：

> 彼以生爲附贅懸疣，以死爲決𤲃潰癰。夫若然者，又惡知死生先後之所在？！〔註44〕

此段文字乃孔子描述「遊於方外」的子琴張等人對「生死」的看法。彼等因體認到「生」是「氣聚」而得的，故視之如贅疣和腫瘤；當「氣」逸散而死時，就如疣和瘤潰爛而破裂罷了，因此實在無須好生惡死。尤其重要的是，「氣」何時得聚，何時將散？是先聚後散或先散後聚？皆無從得知；換言之，是先死而後有生，抑或先有生而後死？乃是無法了解的。於此處，宣穎即指出，「生死先後」之所以難以了解，原因就在於：「一氣循環」也。而「循環」之意，一方面固然是指「聚而散，散而聚」的現象，另一方面也間接呈顯出「氣」有運動之性質。

直接講到「氣」的「運動」現象的，則是〈知北遊〉篇中，「彊陽」這個詞：

> 天地之彊陽氣也。〔註45〕

對此「彊陽」一詞的意思，注家幾乎都一致地作「運動」「健動」來解釋（筆

〔註43〕《成疏》：「夫陰陽混合，則成體質；氣息離散，則反於未生之始。」頁38。此乃指「始」爲「原來的」「氣」。但應該也可解爲：同時即成爲「另一物之始」。

〔註44〕《郭注》：「此氣之時聚，非所樂也。此氣之自散，非所惜也。」頁323。

〔註45〕《郭注》：「彊陽猶運動也。」頁886。《成疏》：「彊陽運動也。夫形性子孫者，並是天地陰陽運動之氣聚結而成者。」（同右）《經解》：「彊陽，就氣之健動處言之。」頁389。（按：陳壽昌、林雲銘皆同此意）

者則以爲其中隱謂著「氣」有「來來回回」的性格）。〔註46〕可見「氣」有「運動」之性質，乃是諸多注家所共同認知的。尤其以「健」字爲解，更可說是注家已觀察到「氣」的活潑、活力現象。

經此離析之後，則莊子所謂的：「人之生，氣之聚也。聚則爲生，散則爲死。」的意義，與其在莊子氣論思想中的重要性，便更清楚地突顯出來了（萬物之生、化，皆肇因於「氣」之有聚、散的運動性格；且人之生、死既然也緣於「氣」的聚、散現象，那麼莊子的「破生死」「齊形軀」「通物我」，便更具理論基礎）。故筆者於前章中將之列入第四類型，而認爲其乃莊子「氣」概念中的「基型」，即著眼於此。

小　結

將「氣」的四個主要性格，分別討論之後，於此亦試著指出此四大特質之間的關係。

「氣」之能生，可以說是因陰陽二氣，具有互相吸引的根本性質，所以促成了二氣「交通」，並在交通的過程中，相激相盪而漸趨平和。而這個時候的「和」，其實也就是二氣取得了一種「平衡狀態」。在這種平衡狀態中的「氣」，當然仍是含著陰氣與陽氣的，故仍擁有其運動性格，因此仍是流動著的。那麼，這個平和且流動著的氣，遂展現出「道」所下貫的「命」，並呈顯此「命」所含之「物理」，而生成一物（詳見第四章第一節），然在氣的流動中，固有相合而「和」的情形，也可能因離而「純」之時，遂成爲具滲透力的精純之氣。此種精純之氣，可以使已成形之物，轉而化爲另一物（或化該物的某部分爲另一形構）。

總之，平和至極之氣，爲中性狀態，自是尙無一物，而精純至極之氣，則是細微到不可分割，亦自是無有一物，氣既具有此二性質，故本是不含任何一物的。〔註47〕因而顯得「虛」，虛而又虛，便形成「橐籥」的現象——虛

〔註46〕〈寓言〉篇：「彼來則我與之來，彼往則我與之往，彼強陽則我與之強陽。」此乃「眾罔兩」（影外微陰）與「景」（影也）的問答。影子回答罔兩說：「形」來、往，我即隨之來、往。「形」強陽，我即隨之強陽。此處之「強陽」很明顯是「來來回回」的意思。

〔註47〕二者雖同樣「無一物」，但後者是極微細，而無任何空間以容物，故「無一物」。而前者則是極廣大，而能容任何物。然既言其爲「最大空間」乃就其「尚未」容任何一物之前，故仍是「無一物」。

而不屈，動而愈出。〔註48〕若以今日之用詞而言，即如一「黑洞」。故因離合而有動源的二氣，又能恆定地作聚散上下出入的運動（這種「虛而又虛」，卻產生「恆動」現象的說法，又見於〈天道〉篇：「虛則靜，靜則動」）。

　　另外，虛的最大空間性，顯示出氣乃是「至大無外」的；化的最高滲透性，則顯示出氣爲「至小無內」。同爲陰陽之氣，卻具有如此尖銳的相對現象，基本上，亦算是氣的特質之一——雙向性。例如：氣能生物，又能使該物「化」爲其他形態、或使該物死亡；聚和散亦是氣的活動中，必然存在的相對活動等等。既然這個雙向性是四大性質所共有，則頗意味著「陰陽之氣背後，應該還有一更高主體的存在」，故本文第三章便是要探討這一更高的主體。而筆者認爲即是「道」。

〔註48〕《老子・第五章》：「天地之間，其猶橐籥乎！虛而不屈，動而愈出。」吳澄曰：「橐籥，冶鐵所以吹風熾火之器也。爲函以周罩於外者，橐也；爲轄以鼓扇於內者，籥也。天地間猶橐籥者，橐象太虛，包含周遍之體；籥象元氣，絪縕流行之用。」余培林先生曰：「橐籥，就是現今的風箱。風箱內空虛，而能生風不已。」「不屈，不盡，不窮也。」《新譯老子讀本》，頁24。

第三章　氣與天地的建構──道、德

　　此章討論的主要內容，是要藉著「道」與「氣」所共有的性質，來看二者的關係，並為「德」在此理論架構中的地位作一釐定。當「道」與「氣」所擁有之重要性質，果真重疊時，那麼此二者的關係之密切，自不待言。所以必須進一步追究：「道」與「氣」是不是「一實二名」？或是「體用關係」？

　　首先從「道」在莊子書中究竟所指為何入手？還有，「德」則為何？此二者的關係如何？又分別與「氣」有什麼關係？次第展開本章的討論。並在「小結」中，試著藉「道」與「氣」之關係的釐訂，來說明「天地」的建構問題。

第一節　道

　　莊子雖已曾明確指出「道不可舉」「道不可聞」「道不可得而有」，但仍有多處正面直接地對「道」作了頗詳細的描述。至於由側面間接地來呈顯「道之為物」的文字，更是難以一一列舉。簡單地舉幾個例證：如以「至道」來暗示「道」有最高價值義；以「無」來指稱「道」，而表達出「道」乃「非有」，故不可具象化，否則即非「道之本身」的意思；另又有以「一」來代稱「道」的，如「通於一而萬事畢」則指「道」為「全」的意思（德亦有被稱作「一」的，此則因「德」與「道」本即具有極密切之關係，故表述時，有意無意地混用著）。如此種種，都予吾人「尚可一試」的鼓勵，現在就以莊子書中，較能彰顯「道」之基本要義的幾段文字，來嘗試掌握莊子所謂的「道」，〈大宗師〉篇：

> 夫道，有情有信，無為無形，可傳而不可受，可得而不可見；自本自
> 根，未有天地，自古以固存；神鬼神帝，生天生地；在太極之先而不

爲高，在六極之下而不爲深；先天地生而不爲久，長於上古而不爲老。

「情」一般說來，有兩種看法，一解爲「實」，一解爲「精」。而王叔岷師曰：「奚侗云：『情借爲精，《老子》：其精甚眞，其中有信。』案此文與老子云云有關，但老子言精，莊子言情，取義蓋有別，情不必借爲精。精者氣之微（《管子・內業》：「精也者，氣之精者也。」）情猶實也。」〔註1〕析論甚明。而「信」在〈秋水〉篇：「河伯曰：是信情乎？」《成疏》云：「信，實也。」那麼，「情」、「信」皆取「實」義。故可說「道」在此是被描述爲「眞實存在」（黃錦鋐師語）的「實存主體」。「自本自根」則言「道」爲「自己即是自己之本根」的「自存」者。另外，「道」不僅在「發生歷程」上爲本爲先（即謂「未有天地」即已「固存」），更在「時空」之外爲「獨存」「恆存」（即「在太極之先……，在六極之下……，先天地生……，長於上古……。」之意）。由「自存、固存、獨存、恆存」的意義來說，則意謂著「道」乃「先驗主體」。〔註2〕而如此具先驗義的「實存」主體，卻並非只是寂寂然地「自存」「獨存」，更具有無限的活力，而可使「鬼」「帝」爲之「神」（動詞意義），可使「天」「地」爲之「生」的。不過這種「使之神、使之生」的活潑創造力，固然「可傳」於鬼、帝、天、地，且鬼、帝、天、地亦「可得」之；但鬼帝天地卻不能「感知」或「見聞」之（不可受，不可見）。〔註3〕這則是因「道」是「有情有信」的實存主體，而有所「神」有所「生」，故爲「可傳」；而其所「傳」者，即爲鬼帝天地所「得」者。然而又因爲「道」是「自存、固存、獨存」的先驗主體，故不僅「不見其形體、形象（無形）」，而且其「傳」、其「神」、其「生」等作爲，也是「不能感知、見聞的作爲（無爲）」。所以，鬼帝天地逐無法「受、見」於「道」之「爲」之「形」。

關於「道」還有一個重要的性質，即其「遍在性」。如〈知北遊〉篇：

東郭子問於莊子曰：「所謂道，惡乎在？」莊子曰：「無所不在。」……「在螻蟻……在稊稗……在瓦甓……在屎溺。……正獲之問於監市

〔註1〕《校詮》，頁231。

〔註2〕指「先於經驗的」「超越於經驗世界的」，如本段敘述中的「道」乃「先天地生」，此「天地」即指經驗世界，而「道」既是「先天地生」，即是說「道」是「先於」經驗世界的（勞思光曰：「所謂"先"指超越義之在前，非時間序列中之"先"。」《中國哲學史》頁161），故謂爲「先驗主體」。

〔註3〕「受」應是指「身受或心知」，故以「感知」解釋。「見」則是視覺，但亦應包括聽覺，故以「見聞」解之。

　　履狶也，每下愈況。……至道若是，大言亦然。周、遍、咸三者，
　　異名同實，其指一也。」

此不僅直言「道」「無所不在」，且又藉買豬之人要知道豬的肥瘦，便要往最
沒有肉的「股腳」去踩的例子，來說明一般以爲是卑下的（如屎溺），其實也
能呈顯「道」，而且還強調說「至道」與「大言」都是如此的，例如語言中雖
用了「周、遍、咸」三個字，卻都只表達同一個意思（筆者認爲此處特以「大
言」來比附，恐有再藉「周、遍、咸」三字──「周全、普遍、完整」的意
思，來暗示所謂「道」的「無所不在」，正是「周全、普遍、完整」的意義）。

　　「道」爲「有情有信」的「實存主體」，亦爲「在太極之先……而不爲老」
的「先驗主體」，更有「無所不在」的「遍在性」，我們當然可以就原典所述，
而如如地視「道」爲「不可言說，只能親知的"道體"」，而且這也是一種頗
能被接受的態度。〔註4〕可是，這樣的「道體」，畢竟「有所神」「有所生」「有
所傳」「有所在」；所以即使「道體」本身無法被感知見聞，但我們仍可以從
其「傳」、「神」、「生」的對象──鬼、帝、天、地──等來上溯，以獲得較
具體的了解。就如女偊自述的「聞道」過程一般，他也是採取逆溯的作法（見
〈大宗師〉篇）。因此吾人以「當下」的「存有」現象，來作反向的探討，以
求接近「道體」，應當也是有效的。

　　事實上，對「道」之「傳、神、生、在」等的現象，牟宗三先生即言：「無
不爲是作用，無爲是本」，此或可了解爲：「道」雖是「無爲無形」，但其作用
卻是「無不爲」的，故前述之現象，應即可視之爲「道的妙用」。而在「道」
的先驗性、遍在性、創生性和神妙變化性中，除先驗性外都易產生「道用」
問題──尤其是「創生性」，所以此節最後，即藉著可能與「道」的「創生性」
有關的段落，來看筆者所謂的「道的作用」問題。〈知北遊〉篇：

　　夫道，窅然難哉，將爲汝言其崖略。夫昭昭生於冥冥，有倫生於無
　　形，精神〔註5〕生於道，形本生於精，〔註6〕而萬物以形相生。……

────────────

〔註4〕楊儒賓先生於〈先秦道家"道"的觀念的發展〉中指出：「道家一再告訴我們：
道只能親受，不可言傳，並不只是說對於道的描述不肬取代對於道的體驗，
而是更進一步否定了描述的可能性。」《臺大文史叢刊》之七十七，頁9，民
國76年出版。

〔註5〕徐復觀先生解釋〈秋水〉篇：「夫精者，小之微也。……可以意致者，物之精
也。」時說：「精是說明道雖無聲無臭，而實爲一可想像得到的（意致）一種
存在。此一"精"的存在，就其妙用無窮的作用而言，則謂之神。」《中國人
性論史》，頁387。按：此中將「精」視作「道」，頗不妥。但就「精」與「神」

天不得不高，地不得不廣，日月不得不行，萬物不得不昌，此其道
與？〔註7〕

「昭昭」是指「昭明顯著之物」，也就是下句的「有倫」；而與「冥冥」指「窅
冥昏默」的「無形」者相對。故前者既謂「物」，則相對的後者即謂「道」。
而「冥冥、無形」的「道」，是如何生「昭昭、有倫」之「物」的呢？是因「道」
生出了妙用無窮的「精」（見〔註6〕）。這個如「神」般妙用無窮的「精」則
生「形本」，萬物再各以己形「相生」。我們若將此段中的「精生形本」之意，
再與「自以比形於天地、受氣於陰陽」（〈秋水〉篇語。天地即「至陰至陽之
氣」，見第一章〔註38〕），「陰陽於人，不翅於父母」（〈大宗師〉篇），「兩者
（陰陽）交通成和而物生焉。」（〈田子方〉篇），「人之生，氣之聚也。」（〈知
北遊〉篇）……等，對照來看，這個「精」實應即是「陰陽之氣」，且亦與第
二章第三節獲致之結果相符（「精純」為陰陽之氣的重要性質之一。而行文之
際，以性質代稱本體，是習見之例。如〈在宥〉篇：「以處其和」之「和」，
即是以「和」代稱陰陽和合之氣）。

另外，同在〈知北遊〉篇的另一段，則直接說萬物之形、身，是由「天
地」所「委」：

舜問乎丞曰：「道可得而有乎？」曰：「汝身非汝有也，汝何得有夫
道？」舜曰：「吾身非吾有也，孰有之哉？」曰：「是天地之委形也。
生非汝有，是天地之委和也；性命非汝有，是天地之委順也；孫子
非汝有，是天地之委蛻也。……天地之強陽氣也，又胡可得而有哉？」
（參見第二章第二節，及其〔註7〕）

連用的原因（就「精」的「作用」言句）則頗有道理。其實「精」是「道的
作用」，而「神」則狀繪此作用的神妙（有時「精」與「神」二字，地位互換，
亦同：詞性對調一下罷了）。

〔註6〕 徐氏云：「精與道本是一個東西，很分解的說，精含有質地的意思在裡面。……
〈天下〉篇說：『以本為精，以物為粗。』所謂"本"是指道要形成物，而尚
未形成物的階段而言。其內容即同於"一"。」同前書，頁388。按：所言即
〈天地〉篇：「泰初……一之所起。」的「一」，亦即筆者於前注中提出的「道
的作用」。

〔註7〕 《成疏》：「昭明顯著之物，生於窅冥之中，人倫有為之事，生於無形之內，
精神智識之心，生於重玄之道，有形質氣之類，根本生於精微。……有形之
物，則以形質氣類而相生也。」頁888。《經解》：「形本，質幹。道生精神，
精神生形，而物乃以形相生也。」頁39。按：「形本」之意，筆者採宣穎之
解。

「天地之委形也」，是就舜的問題總論式回答。下則分言：「生」乃「天地」暫時付予的「和」（得到平和平衡的陰陽之氣）；「性命」乃「天地」暫時付予的「順」（得到陰陽之氣所載以流行的條理、儀則。按：詳見第四章第一節）。而合二句之意，實即前段之所謂「形本生於精」之意。而某物所生之「子孫」，亦只是天地以該物之形，有如蟬蛻其殼般地「蛻」下之「形」罷了。而此更與前段之「萬物以形相生」句互爲表裡（亦即此段言及「相生」之實質，仍爲天地之強陽氣的作爲。前段則就「相生」的表象言之）。

　　簡言之，「道」不可得而有，故吾身之「形」，不過是由天地之「強陽氣」所「委」而已。但是連這「強陽氣」，亦非可得而有，只是暫時被委寄罷了，至終還是會再散去。可知「道」在許多描述中所含具的創生性，似是先創生天地，而後天地委物以形，且其委物以形，乃是透過「強陽氣」來達成的。這時，再回顧前段部分的「形本生於精」的「精」，與此段言「天地以強陽氣委吾人以形」的「強陽氣」，應是相同的。只不過「精神」一詞，是較爲偏重於氣的「精純」特質來講的；「強陽氣」一詞，則由氣的「聚散能動」的特質來說，而委「和」則是由氣的「和合」特質而言的。基本上都是指出：「道」生「天地之氣」，而「氣」生萬物。〔註8〕

　　不過，在〈知北遊〉篇中之「冥冥」「無形」，指的若就是「道」。而其所「生」者，即是「昭昭」「有倫」等有形之物的話，豈不與「形本生於精」（意謂「精微之氣生形質」）重疊？尤其「強陽氣」亦與「道」一樣，皆是吾人所不能「得而有」的。那麼，「道」與「氣」似乎便成了一實二名的關係。但是這又顯然與「精神生於道，形本生於精」句，是「道——精——形本」的層遞關係不符了。因此，通過此節的討論，固已較能掌握住「道」乃具有先驗性、遍在性、創生性、神妙變化性的實存主體，且通過對「道用」現象的了解，而突顯出「道」與「氣」具有密不可分的關係。但是，二者究竟是什麼關係？第二節即加以討論。

第二節　道與氣

　　在討論「道」與「氣」的關係之前，實應先說明一下，何以「窈冥昏默，

〔註 8〕由氣生萬物之例甚多，如〈大宗師〉篇：「陰陽於人，不翅於父母。」〈至樂〉篇：「氣變而有形。」〈知北遊〉篇：「人之生，氣之聚也。」

無視無聽」「無爲無形」的「道」，可以被「比較」。此點可藉〈天地〉篇的一段文字來解釋：

> 夫道，淵乎其居也，澄〔註9〕乎其清也。金石不得，無以鳴。故金石有聲，不考不鳴。萬物孰能定之！

「淵乎其居，澄乎其清」乃欲言：「道」即虛靜之自身。但是「金石」不得此虛靜之「道」，便不會「鳴」。不過，得「道」之金石，固然已具有「有聲」的本質，卻仍不能自鳴，而需要「考」之。至於這個「鳴」，是出自「金石」呢？或是「考」金石之「物」呢？抑是「考」這個動作呢？宣穎和陸西星都提出了相似的疑問。〔註10〕宣穎並自解其疑地認爲是：「物」亦具有如「道」一般難測的力量，而且由此可見「無非道也」。但是問題仍未解決，因爲「道」既不是「金石」也不是考金石的「其他物」，更不是「考」這個動作。不過，若體會一下：莊子何以一方面描述「道」爲「淵、澄」的虛靜之自身，一方面卻又以「得道」之金石，即有「可鳴」之能力，來論證「道」是「眞實存在」的原因。那麼或許可試著作如下之理解：首先將「得道」的「金石」，括號起來，而視之爲「本體」；「可鳴」則成爲其「表象」；而「考之」這個動作，則爲外緣因素。那麼這一組問題，便出現：金石爲「本」、鳴爲「跡」；但是若無外緣因素——考的動作，則其本其跡，即無由展現（「金石有聲」句，意謂：「可鳴」是金石之所以爲金石的充要條件，則未鳴之金石，尚難被肯認爲「金石」也）。然後，莊子希望吾人再往上翻一層，想想萬物之現象，「孰能定之」？換言之，將括號脫去後，「金石」（萬物之一）何以是如此的呢？「孰」能定其如此呢？若仍就金石以言，乃是「道」使之然的，那麼「道」就是「本」，而此時的金石則是「跡」。同理可證，「道」亦須藉外緣因素來「感」之，才能展現其乃有本有跡者。至此，也許可以說，莊子是想以「金石」爲例，來說明「道」之爲物，並不只是「虛靜之自身」而已，而更可在任何物「感」之之時，展現其「跡」，使吾人通過其跡，去感知其「本」——道。一如金石，不只是具「有聲」之本質，更可在任何物來「考」

〔註9〕《集解》：「釋文：『廣雅云：澄，清貌。』」頁100。

〔註10〕《經解》：「以爲鳴不在金石耶？則聲明明在金石也。有聲耶？則金石何以不自鳴也。此物所不能測也，以爲金石。可見無非道也。四句言：感處是道。」頁236。《莊子翼》引陸西星南華副墨：「言鳴者是道耶？考者是道耶？孰能定之？以爲定在金石，不考何以不鳴？定在考者，他聲當同金石。定在虛空，考之何以無聲？」頁342。

之之時，展現其「跡」——鳴，而使吾人通過「鳴」，去認知其「本」——金石。所以宣穎認爲莊子指出：「金石不得，無以鳴。故金石有聲，不考不鳴。」四句，目的就是要說「感處是道」，實是恰中關節地說出了此段文字之精神。而本節也是依據這個了解，故將「不可見聞，不可言說」之「道」鋪展開來，並指出其現象，撮出其特質，且與「氣」作比較，皆是以「感處是道」作爲立論點旳。

壹、道：無所不容

　　〈人間世〉篇所謂：「道不欲雜，雜則多，多則擾，擾則憂，憂則不救。」直接指出「道」會受到「雜」的干擾。另如〈知北遊〉篇：「爲道者日損，損之又損之，以至於無爲，無爲而無不爲也。」則是側面地指出「道」會爲「雜」所入。故「爲道者」，必須損之又損之，至所有雜物皆簸篩淨盡了，才能臻於無爲之境；也只有如此純淨虛無的「無爲」，才能產生「無不爲」的作用。但是爲什麼「道」會受雜染呢？〈天道〉篇云：

　　　　夫道，於大不終，於小不遺，故萬物備。廣廣乎其無不容也，淵乎
　　　　其不可測也。

此段指出「道」是極其廣大的，它的大是沒有盡頭的（不終），而且可以使任何再細小的東西，亦無掛漏地包容在其中，所以可說「萬物備」。〈天地〉篇也說：「夫道，覆載萬物者也。」總之是大到沒有什麼不能容納進去的。這個「無不容也」的「道」，顯然也具有最大空間的能容性，一如「氣」的「虛而待物」之性質，因此有使「道」雜而不純的可能。那麼，該如何使「不欲雜」的「道」，恢復「純而不雜」呢？也就是如何才能恢復「道」的「無爲」本質呢？換言之，即「損」的具體活動是什麼呢？〈天道〉篇：

　　　　虛靜恬惔，寂漠無爲者，天地之平，而道德之至。故帝王聖人休焉，
　　　　休則虛，虛則實，實則有倫矣。虛則靜，靜則動，動則得矣。

「虛靜恬惔，寂漠無爲」，所描述的便是沒有憂患、邪氣入襲的「平易恬惔」狀態。能如此者，亦同時獲致天地平和、道德高明的成果。所以聖人能「息心」於其中，（宣穎：「休焉，息心於此。」）則「知巧果敢」自然不發用，心也就能虛廓而成爲「道」所集之「心齋」，心有「道」來集，便如「充實、著實」了一般。並因道集於此心，其心之功能便能有次序。這種虛廓之心，固寂靜無爲，然順道而行此有序之功能，則能動無不得，此即是「無爲而無不

爲」之意。綜合言之，全段即如〈知北遊〉篇所言的「爲道者」，在「損」其心中之雜擾後，即能使其心虛靜恬惔、寂漠而無所作爲。待「損之又損」之後，便臻於「天地之平，而道德之至」的境地，也就是「至於無爲」之境了。並且就在「無爲」的純淨虛廓中，產生了「實、有倫、動、得」的「無不爲」之效。一個爲道之人，須以虛極靜篤來「損」棄其雜，始能達成「道」的「無爲」境界。這就像能「一志」之人，可使邪雜之氣，不入襲其心一樣。所以「道」實如「氣」一般，會因「無不容也」的性格，而遭至雜擾；又如「氣」一般，須通過「日損」的工夫，來恢復其「無爲」的本質。

再如〈齊物論〉篇：

> 道之所以虧，愛之所以成。……有成與虧，故昭氏之鼓琴也；無成
> 與虧，故昭氏之不鼓琴也。

「道」究竟有無「成、虧」問題呢？就其所舉的「昭氏鼓琴」之例來看，「道」是成，是虧，完全取決於「有爲」或「無爲」。因爲一鼓琴，則不免會「鼓商則喪角，揮宮則失徵」（《成疏》）；而不鼓琴，則能「五音自全」。同理，「無爲」則「道成」，「爲之」則「道虧」。此段文字除了說明「道」在何種情況下爲「成」爲「虧」外，實亦已說明了「道」有時是會有所「虧」的。所以，〈知北遊〉篇中之「爲道」一詞的「爲」字，亦是要以「虛靜恬惔，寂漠無爲」，來作爲「損」的具體內容，而以「至於無爲」作爲「爲」的目標。

由此看來，具有最高價值、具有主體性之「道」，是會受到干擾、傷害的。且就其既可容物，又可能因此而雜的情形言，幾與「氣」的問題是相同的；至少是相似的。

但果眞是這樣，又如何能成其爲最後的根源呢？其實細繹：「爲之」則「道虧」，「無爲」則「道成」的意思，顯然將「爲」（或「無爲」）的「任何物」，與「爲之」的「之」（道也），當成對立的主、客體。但是前引〈大宗師〉篇之描述已指出：「道」在莊子思想中，乃是「先驗主體」，不僅「固存」「恆存」，且是「自存」「獨存」的。可見，作爲「爲」這個動作的「對象」者，必不是「道」。而且，由恢復「純淨無雜」須透過「保持"氣"的恬惔虛靜」工夫看來，這個「保持」的「主體」，當然不能又是「氣」。但是有什麼是「並非"道"本身，卻又被莊子稱作"道"的」呢？應該就是道的「作用」吧！至少，就本單元來說，即使表面看來，二者在「能容性」上是相似的，但理論上，「道」與「氣」仍是「非一」。

貳、道：生天生地

　　〈德充符〉篇末，莊施辯論到「人是否有情」的問題時，莊子曾言：「道
與之貌，天與之形，惡得不謂之人？」成玄英即指出，此句中之「天」乃「自
然之理」，與「道」爲「互文」，而「形」其實也就是「貌」。〔註11〕此意是說，
既然已由「道」給予了「形貌」，自然便是「人」。換言之，「道」是「人之形
貌」的給予者；雖然這個「給予」的意思，還很模糊，不過，至少可說「人」
是有所得於「道」的。〔註12〕再如〈天地〉篇：「故形非道不生，生非德不明。」
乃言「道」是「形」所以生的必要條件，沒有「道」，「形」即「不生」。但是
這樣的「道」，只是「形」可以「生成」的保障，卻未必可以說成是「道生形」。
然而此二處的文字，已是莊子原文中，最直接談及「道」與「物」之間關係
的段落了。〔註13〕所以如果要確切了解「道」與「物」的關係，是否和「氣」
與「物」一樣，是「生成」的關係，還須另外從「道」與「生」的關係著手。
莊子原文中，除了前所引「形非道不生」句外，還有前一單元提及之「精神
生於道」句；依前文論述所得，此句之「精神」乃指具有無窮神妙的精純之
氣，還不是「形、物」。另有〈大宗師〉篇女偊爲南伯子葵說明「學道」的進
程和成效時，〔註14〕其中亦提到「道」的「生生」、「殺生」現象：

> 殺生者不死，生生者不生。其爲物，無不將也，無不迎也；無不毀
> 也，無不成也。其名爲攖寧。攖寧也者，攖而後成者也。〔註15〕

王叔岷師云：「殺生者，生生者，道也。道生、殺萬物，而道不死不生。」。

〔註11〕　《成疏》指出「天」是「自然之理」，而與上句「道」爲互文（王叔岷老師亦
　　　　持相同看法），頁266。

〔註12〕　《莊子因》：「得道之用，而爲視聽言動；受天之氣，而爲五官百骸。」頁142。

〔註13〕　〈〈天地〉篇〉尚有：「夫道覆載萬物」句，但「覆載」宜由「道，於小不遺，
　　　　於大不終，故萬物備」的角度去看，與創生問題不十分相關。尤其此單元既
　　　　要剋就「道」之本身來檢證，故對於一般認定的「等同、視同」於「道」的
　　　　「本、原、根、無形……」亦皆暫不採用。

〔註14〕　道不可聞，豈可學乎？〈知北遊〉篇有云：「道不可聞，聞而非也。」女偊卻
　　　　說：「吾聞道矣。」何也？筆者認爲道固不可以耳，不可以心知，然可以「聽
　　　　之以氣」。亦即透過齋心一志的工夫，使「氣」虛柔純粹，道即入集於此氣中。
　　　　而通過聽氣，即猶如聞道了。而所聞者即「無聲之中，獨聞和焉。」（〈天地〉
　　　　篇）的「和」──道的作用。

〔註15〕　聞道的最後境界是「見獨」。見獨，劉武云：「即見道也。」但是，「其爲物」
　　　　並非「道」而是「道所展現在物上」的意思。而「攖而後成」則是指「氣」
　　　　受到攖擾而動，故無不將迎、無不成毀地「生生、殺生」。總之，皆非指道體
　　　　本身在將迎成毀，而是「道之用」。

〔註16〕然「無爲」的「道」，是不是會「殺生」、「生生」呢？還有名爲「攖寧」的「其爲物」之「物」，究竟應該是什麼呢？再看〈應帝王〉篇：

> 至人之用心若鏡，不將不迎，應而不藏，故能勝物而不傷。

與前者（〈大宗師〉篇）「無不將也，無不迎也。」對照，似乎正好相反。但是後者（〈應帝王〉篇）「不將不迎」句下，尚有「應而不藏」，則見得仍有所「將迎」，只不過是如「明鏡」「應」物的態度來將迎；只待物去，明鏡依然如故（因「不藏」物）。故此兩段文字，頗有互相啓發處，應可合併觀之。前者所言之「其爲物」，若即是「無爲、無形」（〈大宗師〉），「窈冥、昏默」（在宥）的道，但是其所用之詞，卻皆是大開大闔的「將、迎」「成、毀」等動詞；實已與「殺、生」不相上下。尤其女偊特稱之爲「攖寧」，並解釋其意爲「攖而後成者也」。所謂「攖」，許多注家，雖未盡相同（如郭嵩燾云：「孟子趙注：『攖，迫也。』」《成疏》云：「攖，擾動也。寧，寂靜也。」劉武云：「攖毀而後寧成也」）。但是，仍可看出是一致地偏向於與「殺、送、毀」同方向的意義；而「寧」則相反，是與「生、迎、成」爲類。所以以這些相當「有爲」的詞，來指稱此一「物」，所著眼的，若說是一向被描述爲「窈冥」「昏默」「無形」「無爲」的「道」，反不若更適合於用來描述「轂、澤、覆載、刻雕」等「勝物」的作法，也都有「不爲義、仁、巧」的「不傷」之效。再看後者，「不將迎、應而不藏」的，是得道之「至人」的「用心」，並不是「至人」之「心」。也就是說，至人以其爲「得道者」，所以他的「心」，能保持「虛靜恬惔，寂漠無爲」的「心齋」狀態，這也是其「心」如「鏡」之因。而如此之心，在有所「用」時，亦只是任物去來，不送不迎。總之，言心之「用」，才可以說「不將不迎，應而不藏，勝物而不傷。」或「無不將也，無不迎也；無不毀也。無不成也，其名爲攖寧。」所言若是心之「體」，則當是「虛靜純淨」、「平易、寂漠」之屬。所以，筆者認爲「殺生、生生」者，恐應是「道之用」才合適。

但這個被女偊認爲可以「攖而後成」的「道之用」究竟爲何？或者說能「生殺、將迎、成毀」，且在攖擾後，卻使受攖擾者爲之寧成的是什麼？〈知北遊〉篇云：「人之生，氣之聚也。聚則爲生，散則爲死。」則生生者，殺生者，氣也。又如〈刻意〉篇云：「邪氣不能襲，故德全而神不虧。」可見，若「邪氣襲之，則德不全而神虧。」（毀也）。另如〈達生〉篇云：「至人潛行不窒，蹈火不熱，行乎萬物之上而不慄。……是純氣之守也。」（成也）。可知，氣雜則「毀」，氣

〔註16〕《校詮》，頁239。

純則「成」。而〈田子方〉篇云：「（陰陽）兩者交通成和」，言二氣交通、涌搖、摩盪，而成平和之氣，亦正符「攖擾而後寧成」的意思。所以，真正殺生、生生者，實為陰陽之氣。而且陰陽之氣固然聚而生生，散而殺生，但其實是「合則成體，散則成始」；故「氣」本身則「不死不生」。所以〈大宗師〉篇所謂的「其為物」之「物」乃是「道之用」，而此「道之用」則應是「陰陽之氣」。

再來，便是〈大宗師〉篇中的「夫道……生天生地」句了。嚴謹地將範圍縮小後（如「昭昭生於冥冥，有倫生於無形」，亦不採取）。雖僅得此例；但此例一者出自內篇，二者其用詞明確簡要，三者其為正向敘述句（如「精神生於道」則是逆向敘述法），較無疑義，故應可據之以肯定莊子「道」之能「生」。〔註17〕但嚴格來說，其「生」僅止於「生天生地」，而不及於「萬

〔註17〕關於「生」這個字的意義，一般說來尚可分為平常用詞的「母生子」之生：和宗教義的「上帝創造萬物」之生。而針對道家的「生」字，學者們則有諸多意見，例如：境界型態義的「不生之生」（按一）。或形式義的「決定性支配力」（按二）。或是視「道」為「觀念性主體」，認為純粹是莊子作為思想系統中的根源，故其「生」亦只是觀念中的設計（按三）。又有認為莊子是持泛神論觀點，所以「以為道即氣」（按四）。因此，道生物，便是如氣（物質性）生物，亦即「道」之生物，如「化學元素」「合成」一物那般。也有認為莊子的「道」「比產生天地之形的陰陽之氣更為根本。」而視「道」為陰陽之氣生物之規範（按五）。另外，則有謂莊子對「本體」（道）與「宇宙萬物之間」的所謂「生成」關係，是以「概念論斷」之（按六）。在這麼多的，對「道」與「物」之間的「生」之意義的說明、蠡測中，也許有符合莊子本意的，也許竟一個也沒有。但是，〈大宗師〉篇中「夫道，……生天生地」的「生」字，畢竟是不能取消的。所以即使筆者尚難釐訂此「生」字之意義，（也許，莊子本人也還不曾意識到要為其「生」字，作一特定的解釋。）仍要對此「生」有一個態度：亦即將莊子在〈大宗師〉所用的這個「生」字，如如地看待為「生」，至多就其「生」為第一序的意義，而稱之為「創生」。即使如牟宗三先生所言：「道家的道和萬物的關係，就在負責萬物的存在，籠統說也是創造。……莊子也說：『生天生地』。天地還要靠道來創生，何況萬物？……但要是再進一步了解，就知道創造這個名詞不很恰當。」（《中國哲學十九講》，頁105）但筆者是認為「天地還要靠道來創生」句，符合莊子之本意，但「何況萬物」句，卻不是莊子本意，莊子並無「道生物（形、貌……）」的說法，（即使「形非道不生」亦只是如牟先生所言：「道……就在負責萬物的存在」之意罷了。）因此「道」與「萬物」之間的關係恰如牟老所言，即不宜用「創生、創造」，但「天地」是「生萬物」者，不全等於「萬物」。故「道」與「天地」之間的「生」的關係，仍不宜取消。
按一：牟宗三先生《中國哲學十九講》，頁10。
二：勞思光先生《中國哲學史》：「道雖不屬於經驗界，而實以一形式意義之決定力支配經驗界。」頁164。（此雖是講老子的「道」，但在莊子的單元中，

物」。且在莊子原文中，「天地」「陰陽」皆爲「生」萬物者，並非「萬物」；一如陰陽之氣非即是「物」一樣。如〈大宗師〉篇：「陰陽於人，不翅於父母。」又如〈達生〉篇：「天地者，萬物之父母也。合則成體，散則成始。」皆是例證。尤其後者如果說成：「天地」「合」則成萬物之「體」，「天地」「散」則萬物之體又復歸於其「始」——原來的天地；而「天地」究竟是如何「合、散」的呢？其實應是「赫赫發乎地，蕭蕭出乎天」的陰陽之氣，在「合」、「散」著。所以在莊子的思想中，是「道」生「天地」，而後「天地」生「萬物」；而「天地」又實是升騰於上、沈滯於下的「至陰至陽之氣」。且如第一節所述，「道」乃「無爲」，至於所謂的「可傳」、「可得」，皆是「無爲」的「妙用」（故說「無爲而無不爲」）。那麼，道生天地之後，便是由天地的陰陽之氣來展現妙用，而創生出「萬物」。因此，「道」實有所「生」，而且就其所生的「天地」，乃是一無倚傍的創造，故依此創發的角度，筆者稱之爲「創生」。細言之，莊子之「道」有「創生性」一詞中的「生」字，是以「生天生地」句的「生」，作爲名稱設定的原因；而以「天地」爲創生的內容。此與展現爲「生萬物」的「陰陽之氣」的「生物」現象，並非是同一個平面的說法，而是有「落差」的。

因此，「道與物」和「氣與物」的關係，顯然是不同的；前者應是對萬物生成、變化的一種規範、規律，後者則是使萬物生成、變化的一種元素、因素。而「道與氣」則應該是「體與用」的關係。

勞先生未再就「道」的問題另作說明，故視之爲等同看待二者之「道」。）

三：劉笑敢先生《莊子哲學及其演變》：「道是中國哲學特有的關於世界本根的設想，是超越物質世界的抽象的絕對思想觀念，是絕對化的觀念性實體。……道既不是對物質存在的概括，也不是對精神主宰的描摹，道只是思維的構想，是被當作世界本根的抽象化的觀念。」頁 110-113。

四：李志林先生《氣論與傳統思維方式》：「莊子在天道觀上主張"遊乎天地之一氣"……並提出"通天下一氣耳"的命題，以爲道即氣，這是泛神論的觀點。」頁 37。

五：李存山先生《中國氣論探源與發微》，頁 126。

六：潘栢世先生《莊子〈天地〉篇講述》：「"泰初有無"段卻是正面的，用概念論斷地指陳著本體與宇宙萬物之間的所謂"生成"。……像這樣對本體與宇宙之間的內在情況，有點定義式的陳述，莊子一書中，好像就只有在〈天地〉篇的這一節，和〈庚桑楚〉篇的「道通於一」一節，以及同篇的另一節……「道者，德之欽也。」頁 38。（因爲潘氏已指出莊子對道、物之生成關係的說明，僅在前述之三節中。所以唯是對〈天地〉篇「泰初」段的評論，亦可視爲是作者對「莊子」的「生」的看法。）

參、道：神鬼神帝

此單元則是要探討「道」的「神妙變化」現象。亦即「無為」的道，常被稱作「造化」，而一般說來其「無不為」的「作用」中，的確除了「創生」的「造」之外，還有變幻莫測的「化」。關於此問題，莊子多不用理論性語言敘述，而藉助例證來表現。所以本單元即先從三個以「道」為名的「神妙變化」事例來著手，再進而討論這些神妙變化與「道」的真正關係為何？

〈達生〉篇「痀僂者承蜩」的故事中（詳文見〔註18〕），痀僂丈人以竿取蜩，猶如拾取般地容易，孔子好奇地問他：「子巧乎？有道邪？」丈人回答說：「我有道也」。一般來講，捕蜩的本領再高，也只能說是「技巧」，所以丈人所謂的「我有道」，自可解釋為「我有方法」。但是一者孔子之問，是以「巧」與「道」對舉，意謂著此「道」是與「巧」不同層級的。再者丈人繼續描述自己何以「有道」之因時，說：「吾處身也若橛株拘（如斷木頭塊般地僵硬），吾執臂也若槁木之枝。」這樣的描述，似在摹狀其具有「墮四枝、黜形體」的得道工夫。不僅此耳，他還說：「雖天地之大，萬物之多，而唯蜩翼之知，吾不反側，不以萬物易蜩之翼。」這更是廣成子要求黃帝要「無視無聽，抱神以靜」才能達到「至道」的同樣工夫（參〈在宥〉篇）。二者莊子亦借孔子評之曰：「用志不分，乃凝於神，其痀僂丈人之謂乎？」此句評語若細言之，固尚可再解析為：「用志專一不分」，乃能「凝於神」；則丈人的無所視於天地萬物，即為「用志不分」的工夫；而「處身如斷木根，執臂若槁木之枝」，則是「凝於神」的境界。但是「用志不分」，依〈人間世〉篇「心齋」段言，即「一若志」的「一志」工夫。而「一志」能使「心」臻於「心齋」之境，而成為「道」所集的「虛氣」。所以，丈人的「用志不分」不僅可「凝於神」，實亦可為「道」所集。那麼丈人所謂的「我有道」，是可理解為「我以用志不分、凝於神之工夫，使身、手、心之官能，皆無所作用，而為道所棲止，故言有道。」

再如同篇的另一段故事：「梓慶削木為鐻，鐻成，見者驚猶鬼神。」魯侯頗表驚異地問：「子何術以為焉？」梓慶曰：

〔註18〕〈達生〉篇：「我有道也。五六月累丸，二而不墜，則失者錙銖；累三而不墜，則失者十一；累五而不墜，猶掇之也。吾處身也若橛株拘，吾執臂也若槁木之枝，雖天地之大，萬物之多，而唯蜩翼之知。吾不反不側，不以萬物易蜩之翼，何為而不得！」孔子顧謂弟子曰：「用志不分，乃凝於神，其痀僂丈人之謂乎！」

臣工人，何術之有？雖然，有一焉。臣將為鐻，未嘗敢以耗氣也，必齋以靜心。齋三日，而不敢懷慶賞爵祿；齋五日，不敢懷非譽巧拙；齋七日，輒然忘吾有四枝形體也。當是時也，無公朝，其巧專而外骨消；然後入山林，觀天性；形軀至矣，然後成見鐻，然後加手焉；不然則已。則以天合天，器之所以疑神者，其是與？〔註19〕

此所謂「以天合天」即指自己在「不敢耗氣」（守氣也）和「齋以靜心」多日之後，已達「天」的境界。以己所擁有的這個「天」的境界，入山林中去觀察木的「天」，如果有合於己天之木天，才動手去做（他還強調一句「不然則已。」此即謂木之天性，不合於己之「天」的境界者，便捨去）。那麼凡是做成的鐻，都是梓慶之「天」與木之「天」相合的。所以，可以說，「天」在此段中，是最上乘境界之意。而莊子用「天」來表達一「境界」時（即非指「天之氣」的問題時），則有視之為「道」的現象。（如〈齊物論〉篇：「因是因非，因非因是，是以聖人不由，而照之於天。」〈大宗師〉篇：「其一，與天為徒。」〈德充符〉篇：「道與之貌，天與之形。」等）。今若將「丈人」段與「梓慶」段合看，則梓慶齋至七日，「輒然忘四枝形體」，與丈人的「處身也若橛株拘，執臂也若槁木之枝」正同。而「所有外來的、足以滑亂心志的事都消褪淨盡」（外骨消），則正同於丈人無視於「天地之大，萬物之多」，也可以說梓慶此時亦「唯鐻之知，不以萬物易鐻」了。「不敢耗氣，齋以靜心」，亦正如丈人的「用志不分，乃凝於神」。所以，梓慶最後所達到的最高的境界：「以天合天」，亦即是丈人的「我有道」。

這兩段故事，都強調了：得道、合天的必要條件，是要通過收斂心知官能，以求不受外物干擾的「用志不分、凝神、守氣、齋心」等工夫。可見能否得「道」，還是與「氣」有關。〔註20〕

〔註19〕 《集解》：「釋文：輒然，不動貌。」頁163。《經解》：「外而滑心之事盡消。」頁349。「疑神者」一般有二解：「疑」其為「神」所製成的，一也。「比擬」為「神」，二也。而《集解》：「言順其性則工巧若神」，筆者依之，故取第二解。

〔註20〕 「守氣」臻於「虛」，和「齋心」使「生白」二者，同樣可為「道」所集。「志、神」與「氣」之關係，亦十分密切（詳見第四章第二、三節）。而「神」與「氣」之關係，如楊儒賓先生即曰：「"神"和構成萬物本質的"氣"兩者自然頗為契近。但分開來看，"神"可以說是心靈最深沈的妙用。人要使它徹底呈現，需透過層層遮撥的工夫，讓情感的波動靜止，使心靈從感性之熾肆及外界之對象中，遊離回到自體。只有達到心靈一無依傍，自主自耀時，「神」才可以和心齋境界的「聽之以氣」的「氣」相同，而與構成萬物本質之氣混合同流。

　　關於「守氣、凝神」而「得道」後，有轉化「工藝技術」至「道」之效果的例子，還有〈養生主〉篇的「庖丁解牛」的故事。庖丁自認為其解牛之境界，是一種「進乎技」的「道」。所以這個「道」乃是指「超越過（進乎）"技"的層次者」，故亦非一般的「方法」義，而且文中提到庖丁解牛時所謂的「方法」，是「依乎天理，因其固然」的。並不是某種特殊的高明的技巧。但是究竟是什麼在「依」乎天理，「因」其固然呢？庖丁說：「臣以神遇，而不以目視，官知止而神欲行。」可見在其解牛時，眼睛的視覺、肢體的官能、心的知能，皆被擱置不用。只有「神」，「遇」之、「欲行」之。因此是這個「欲行」的「神」「依乎天理」地在解牛。然而庖丁之所以能有「以神遇」來解牛之境界，則是因其能「怵然為戒」地收斂心知，「視覺為之停止，肢體行動為之遲滯」地遺棄肢體感官之功能。故與梓慶之「不敢耗氣、齋以靜心」，承蜩丈人之「用志不分，乃凝於神」是同樣的工夫，遂能以「神」「行」於大隙大窾之間，仍「恢恢乎其於遊刃必有餘地矣」，而這種「以神遇物」的境界，莊子認為是一種超越「技巧」問題，而臻於「道」的境界。

　　至此，當可發現：痀僂丈人因能「用志不分」，所以「凝於神」；庖丁因「不以目視，官知止」，而能「神欲行」；梓慶也因「不耗氣，齋而靜心」，所以能使鐻「擬於神」（見〔註 19〕）。很巧合地都有將「神」視為一種在「心知官能」不起作用時，便自然地運作起來的「東西」（見〔註 20〕）。這樣的「神」，在許多地方是與「形」對舉的，〔註21〕另又常與「精」連用，或代換著用（第四章第二節有詳論）。在此，僅就此三例來分析，亦即：「神」的「凝、行、擬」，既然是「得道」或「展現道」的條件，當然，神便不是道。又「神」既須在「心知官能」不起作用，形體四枝如同無物之後，才呈顯出來；當然，它也不是「形軀」或「官能」。而是比較接近「心齋」段中，「無聽之以耳、心」之後，應該「聽之」的「氣」。因在「聽之以氣」之前，亦須不使「耳、心」等發出作用；而在此之後，則能有「道」集於已臻「心齋」境界的虛柔之「氣」：可見「神」與「心齋」義的「氣」，皆是介於「形」與「道」之間。另外，「氣」具精純性質，不欲雜染，而須「守之使純」；而「神」亦須「純白」，如果「純白不備」，則會「神生不定」（〈天地〉篇「漢陰丈人將為圃畦」

（前引「昇天變形、不懼水火……」文，頁 247。）

〔註21〕如「形體保神」（天地）；「抱神以靜，汝神將守形」（在宥）；「形全者，神全」（天地）；「油然不形而神」（知北遊）。

段，第四章第二節將有詳論）。而最直接的例證，則是〈刻意〉篇所說的：「純粹而不雜，靜一而不變，惔而無為，動而以天行，此養神之道也。」可知，「神」應即是至精至純之氣。如果再借助旁證，則《大戴禮・曾子天圓》有謂：「神者，陽之精氣也。」簡言之，筆者是認為：「神」即是「氣」精純至極的時候，因具有神妙、神奇之作用，故莊子特將此精純至極之陽氣稱為「神」。而前章第三節曾論證：精純之氣具有「化」的作用，故須檢視本單元裡的幾個例子中，得「道」之人的「轉藝為道」，是否與「精純能化之氣」有關係。

　　上文曾言及「化」的幾種類型，而上述三例所關涉到的，即是其中「外化而內不化」，且「外化」只是部分化的型態。其時亦曾指出滑介叔因「觀化」而為「化」所及，故「柳生其左肘」；這是因處於陰氣精純之地，為氣所滲透，故形身略有所化。然其天君－心－則未化。此種形身部份被化的原因，來自於所處的外在環境；但理論上亦應有來自於個人內在的修養工夫的。一如廣成子「抱神以靜」之工夫，而得以化形軀之氣為精純陽氣，故「形未嘗衰」（宣穎曰：「形神相守，長久之道。」參見〈在宥〉篇）。至於承蜩丈人、梓慶、庖丁，亦是守氣至純，故不僅天君不化，甚且能以所守的精純陽氣，替代式地轉換了心知官能，使心知官能「化」而為「神」（故有所謂「凝於神，以神遇，神欲行，擬神」等的現象）。而承蜩丈人之「處身也若橛株拘，執臂也若槁木之枝。」即丈人之身、臂已不只是軀體、四枝，亦不再是一般身、臂之官能而已，而是由替代了的「神」來承蜩，故能累丸不墜、承蜩若掇。梓慶則是在齋戒七日後，能因「不耗氣」（守氣）而使所有滑亂心知之外事全消，且因「齋以靜心」而使所守之氣，臻於至純，故心知已為精純之氣所化，「加手焉」時的手，亦不再只是一般性質的官能，而展現為「神」，所以使所成之鐻擬於神。同樣的，庖丁解牛時「不以目視，官知止」「怵然為戒，視為止，行為遲」，亦皆一志齋心之工夫，故而亦能守氣精純，而由「神」來視、行。所以這樣的解牛現象，庖丁固謂之是「進乎技」之「道」，但又何嘗不可說成「神乎其技」。但在三人口中，都認為其所獲致的是「道」的境界。這一方面是因「神」即是「精純陽氣」（本文二詞互換著用，亦是要突顯此意），而精純陽氣又正是「心齋」義的「虛氣」，能有「道」來集，所以「神」雖不即是「道」，但卻能「得」道。故若將此處的「有道」之「有」，作「得到、擁有」來說，當然還是一種恰如其份的表達。另一方面則或是敘述故事的莊子，本即認為「道」是「氣」具有「精純能化」之作用的「本體」，故在「氣」展現

神奇作用時，直接視作「道體」的現象罷了。所以「夫道……神鬼神帝」的鬼、帝，〔註22〕亦是「有得」於「道」之妙用——氣，所以才能爲之神奇神妙的。因爲正如「道，生天生地」是「生至陰至陽之氣」，故至陰至陽之氣才擁有「生」的能力；同樣的「道，神鬼神帝」也是「神」（v.）「精純陰氣、精純陽氣」，所以精純的陰陽之氣，才擁有「神」的能力。因此，本文所說的：「道」有「神妙變化」之性，是就「神鬼神帝」句的「神」，來作爲「神妙變化之性」這個名稱之擬定原因，而以「鬼、帝」（鬼、神）爲「使之神」的對象。至於「凝於神，而承蜩若掇」「守氣齋心，而成鐻擬神」「官知止，而神欲行」等，則皆是道用——氣——的精純性質，所展現的神妙變化作用。

肆、道：四達皇皇

　　談到「道」的能動性，「心齋」段中所謂「唯道集虛」的「集」字，即是一種動態的描述字眼。〔註23〕今再以〈知北遊〉篇中一段爲例：孔子向老聃請教「至道」，老子的回答中，有一段對「道」之運動，描述得很明確的話：

　　　　其來無跡、其往無崖，無門無房，四達之皇皇也。

此即認爲「道」有「來、往」的運動現象，而其來往皆是「無跡、無崖」，則顯示其運動是沒有時間上的起迄點或段落性的；于叔岷師解「無門無房」爲「通達無礙之義」，〔註24〕此則說明「道」的運動，不會因爲任何阻礙而受限制——如「門、房」等（設置門窗，是因爲有房間，所以即意味著在空間上有了區隔，反之，「無門無房」則指了無室礙）。而「四達皇皇」便是指其往任何方向，皆是暢通無阻的。〔註25〕故後二句顯示出「道」的運動，是不受空間上的局限的。綜合地說，「道」是既全面地向各處運動，故可環繞於物體之外圍，而且又能不受任何阻礙地深入於物體之內的。換言之，「道」不僅具有能動性，而且是不因時間而間斷，不因空間而分割，不爲任何物所阻隔的。而緊接在同段文字之後的：「淵淵乎其若海，魏魏乎其終則復始也」的「終則復始」，所強調的亦正是「道」始終流行不輟之義。

〔註22〕　「帝」字應是與「鬼」相對之名詞義的「神」，只是爲了避免與句中動詞義的「神」（使鬼帝「神」）混淆，故而改用。那麼「鬼帝」實應是「鬼神」。

〔註23〕　《說文》：「群鳥在木上也」。《爾雅・釋言》：「集，會也。」《詩・鴇羽》：「集于苞栩。」《傳》：「止也。」

〔註24〕　《校詮》，頁820。

〔註25〕　《漢書》顏師古注：「室無四壁曰皇」。《經解》：「大通溥博」，頁390。

另外，還有些地方，提到「道」可「浮遊」。例如〈山木〉篇中言及「乘道德而浮遊」，意味「乘道」之人因與「道」密切契合，故能隨「道」屈伸飛潛。而被認爲是「道」的運動現象：

> 材與不材之間，似之而非也，故未免乎累。若夫乘道德而浮遊則不然。無譽無訾，一龍一蛇，與時俱化，而無肯專爲；一上一下，以和爲量，浮游乎萬物之祖；物物而不物於物，則胡可得而累邪！

一般說來：「萬物之祖」即是「道」的意思，那麼「浮遊乎萬物之祖」便是「浮遊於道中」了，加上前面的「乘道德而浮遊」的意思，就成了既以「道」爲所乘者，又以「道」爲浮遊處的意思。頗有既駕馭著「道」又被「道」所籠罩之意，故對「乘」與「浮遊」二詞，便不宜個別地理解而應並觀。因此林西仲解作「置身」，〔註26〕也許可以將此二句的意思統合起來。

那麼此段文字之意，可理解如下：爲了「免乎累」，即須置身於「道」之中。唯有如此，才能免除世俗的毀譽（無譽訾），並隨著「道」，如龍蛇般地屈伸蜿蜒，與歲月並逝遷化，了無專斷扞格之行（無肯專爲）。而在隨著「道」上上下下之間，只以「和」爲度（不偏執於一端）。就這麼置身於「道」之中，萬物便皆爲我所「物」。而且既能與「道」同遊，自能不累於物，且能「物」物了。總之，是將「道」描述爲能屈伸蜿蜒飛潛如龍蛇，且言乘如此之「道」，能「一上一下」律動地浮遊著。但是，是因爲「道」能屈伸飛潛，一上一下，所以以龍蛇喻之呢？或是因喻「道」爲龍蛇，才以龍蛇的飛潛上下，來比附「道」的運動性呢？或者只是某種「被認爲是"道"」者在遊動呢？關於這個問題，宜先看另一段：

〈大宗師〉篇述及孔子命子貢祭弔子桑戶，卻見子桑戶之二好友，或編曲或鼓琴，相和而歌。子貢反告孔子；孔子除自責外並解釋云：「彼方且與造物者爲人，而遊乎天地之一氣。」所謂「爲人」，據王叔岷師言：「人，偶也。爲人猶爲偶。」〔註27〕亦即謂：彼等正與造物者爲偶，而遊於通貫全天下的純和一氣中。於此，亦可看出：造物者可在「天地之一氣」中「遊」動，雖然「造物者」一般多認爲是道，可是對「昏默無爲」的「道」來說，無論是

〔註26〕《莊子因》：「乘，猶騎乘，所謂置身也。……譽訾，可否也。龍蛇，言其屈伸無定，隨時變化而不一也。上下，猶飛潛也。和，即和光同塵之和。萬物之祖，所謂眾父父，物之所生也。我得遊心於物之祖，則物皆我所物，而不見物於矣。」頁382。

〔註27〕《校詮》，頁254。

被稱作「萬物之祖」或「造物者」，其實都應是「道之用」了，因爲「道」的「創生性」如前所述，應該僅止於「生天生地」，而不及於萬物，所以所謂的「萬物之祖、造物者」，皆是指稱「道用」所展現爲「生生」作用的「陰陽之氣」。而所謂「遊乎天地之一氣」，則可藉〈知北遊〉篇中一句頗著名的話來了解：「通天下一氣耳」。所謂「通」者，流貫也，全也。流貫於全天下之謂；而且是因爲能不間斷、無所分割地流動，才是所謂「通」——上下四方——的流動。〔註28〕而所謂「一氣」，乃因「氣」雖有陰陽之分，然可沖和爲平衡的狀態，而常以「一」的型態出現，故謂之「一氣」。故子桑戶之好友，可與「造物者」（陰陽之氣）爲偶，並與之「交通」「交流」（遊）。此時再回看〈山木〉篇所謂「浮游乎萬物之祖」，即當是浮遊於「生生的和合之氣中」，而「乘道德」亦當是道之作用（陰陽之氣），被「乘」者引以爲攝調己身之氣的意思（如〈天運〉篇：「（老聃）乘乎雲氣而養乎陰陽」，詳見第一章第三節）。

　　至於所謂上下、飛潛、遊於一氣，都已是具此運動性之「道體」的作用——陰陽之氣的流動。因此，〈山木〉篇的「一龍一蛇」自非「道」本身的譬喻，而是用以譬喻「陰陽之氣」。而「一上一下」即是對「氣」的運動狀態之描述。另外〈大宗師〉篇「遊於天地之一氣」，亦因而可理解爲：是描述「與陰陽之氣互相交通（遊）的狀態」，並因「交通成和」則將有「物生焉」，故言「與"造物者"爲偶」。那麼一個能了然於「物之生死，實是肇因於陰陽聚散」的人，當然也就能「安時處順」地「臨尸而歌」了。

　　但是，流貫於全天下的「一氣」，固有沖和爲一而生物之時，亦有獨顯一氣精純，而滲透他物的時候，正如「道」之運動是可深入物體內部（四達之皇皇）一樣。在這個現象上，「道」與「氣」並無二致。但「道」深入物體之內，乃是因「物」必在有所得於「道」後，始能成物形含物理（詳見第四章第一節），換言之，是「物理之必然」。而精純之氣沁入物體之內，則須在該物爲「非精純之氣」時才出現，所以只是「物象上之偶然」。

　　因此，筆者說「道」有運動性，是因「唯道集虛」的「集」，乃是類似「鳥類棲止於木上」的動作而說的，並以此作爲道有「運動性」這個名稱擬定的依據。另外又著眼於「四達皇皇」，乃指「道」是普遍地內在於萬物的，故以「內

〔註28〕「流動」一般來說，是只向某個（或某幾個）方向運動。但因「通」除了可以解釋爲「貫穿」外，亦可作爲「通達」解，而依第二章第四節的論述：「氣」的能動性，是包含著此二義的。

在於」「物」為其「運動」的內容（「集於虛」既是「集於心齋」，則亦是內在於物的一種型態）。

總之，「道」與「氣」在表象上，同樣具有四大特質，但每一特質都是同中有異，而其「異」又都指向一為「體」一為「用」。而且就是因為具有「體用」關係，便不免常有「所以跡」和「跡」混淆的現象。因此須在緊貼原文的理解下，來加以釐清，以免落入「莊子以為“道”即“氣”。」的泥淖中（見〔註17〕，按四）。

第三節　德

檢視莊子書中對「德」具有較明確之說明者，可發現幾個突出之現象：即常以「和」作為「德」的定義；又頗有以「不得已」作為「德」之具體表現；且喜以「水」的特色來譬喻「德」。故筆者將在一般所認知的「德，得也」〔註29〕之外，亦將上述現象，納入討論。其實以上諸現象，又分別突顯出「德與道」、「德與氣」的關係。故為使討論一氣呵成，將不為「德」單獨列一單元；只在敘述「德與道」、「德與氣」兩單元之前，分別先就與該單元相關之「德」，略作論述，以進行此節之討論。

壹、德與道

〈應帝王〉篇壺子破解鄭國神巫季咸的技倆，其中第一次見面時，壺子「示之以地文」，結果季咸認為壺子已如溼灰，毫無生意了。其實，壺子只是「杜德機」而已，也就是壺子「杜塞其自得之機兆」，〔註30〕因此出現「萌乎不震不正」的現象。而「不震」是不動的意思，「不正」的「正」則是「止」的誤字（見〔註30〕）；也就是說壺子雖將自得之機兆杜塞住，但機兆並不曾消失，而是處於「不動也不停止」的狀態，仍具有「萌生」的能力。〔註31〕〈德充符〉篇曾言：「德者，成和之修也」，而「成和」則是「物生焉」的契機。又〈天地〉篇亦謂：「物得以生，謂之德。」可見，壺子所杜塞的「德」，乃是其甫自「道」「取得」之

〔註29〕　《說文》：「德，升也。」段注云：「升當作登，……登讀言得，……得者德也。」
〔註30〕　《校詮》：「郭氏集釋引俞樾曰：『列子黃帝篇作『罪乎不誫不止。』當從之。……誫即震之異文，『不誫不止』者，不動不止也。……杜德機，謂杜塞其自得之機兆也。』頁292。
〔註31〕　《經解》：「將生機萌乎九地之下，若生而不生。」頁180。

生機，而此生機固已萌發，卻還只是個「兆頭」（機），尚未有所動，但也不是一無所動（亦即「不震不止」之謂也）。此一描述，所呈顯的「德」，雖是已得生機於「道」，卻仍緊緊貼著「道」。事實上，「德」確實是這樣的一個存在，唯須待稍後討論「德與道」關係的部分時再細述。

〈天地〉篇云：

> 夫王德之人，素逝〔註32〕而恥通於事，立之本原而知通於神，故其德廣。其心之出，有物採之。故形非道不生，生非德不明。存形窮生，立德明道，非王德者邪？

筆者認為文中三「生」字，第一個是「生成」，第二、三個則是「性」的意思。即：形之所以生者，道也。性之所以彰顯者，德也。其實無論是「形」或「性」，仍然應該都是「道之用」的問題，只不過「德」得於「道」，「性」得於「德」，故「德」比「道」更能具體而明確地影響著「性」，所以說「性非德不明」，而不說「性非道不明」。那麼下文的「存形窮生」始可解為：保存道所賦予之形，並極盡所能展現德所彰明之性。否則，若是解為「窮盡生命」，則只不過是「物散為氣」罷了，是無法以之彰顯「王德」的。至於「立德明道」句，富即是「立之本原而知通於神」的回映，因「本原」即是「道」，〔註33〕「知通於神」則是「德」的表現，因「知通於神」之意是說其「心」能虛靜如鏡，只在有「物」「採之」之時，才會「出」而應之。那麼，其「心」之認知功能，應即是已為精純寧靜之「神」所化，故能「知通於神」。但是「知通於神」為什麼就是「德」的表現呢？此則可由〈庚桑楚〉篇：「動以不得已，之謂德」而知；因此此段中特別提到：其「心」是在「有物採之」的情況下，才「不得已而動」（出）的，而「不得已而動」才可稱作「德」，可見其目的就是要說此人之「心」能符於「德」之特色，故謂之「王德之人」。總之，一個既能立於「道」又能彰顯「德」之特色的人，不是王德之人，會是什麼呢？（非王德者邪？）那麼「王德」者的「心知」所以能「通於神」，就是因為他能彰明「德」的「不得已而動」之特性。綜合來說，王德之人是恥於使心知外馳（恥通於事），而能立於「道」，並使心知通於神，以彰明「德」的不得已而

〔註32〕 《集解》：「蘇輿云：素逝即山木篇『晏然體逝』之意。」頁101。《經解》：「晏然體逝，安然體其日逝者。」

〔註33〕 《中國人性論史》：「道是萬物之所由生，（按：筆者則認為是“所以生”）有如樹的枝葉出自根本一樣，所以凡莊子一書中所稱的「根」「本」，也是「道」的意義。」頁368。

動之特性的人。

只是這樣分析下來，似應作「立道明德」才更貼切。關於這個文字倒置的現象，除了有傳鈔誤置的可能之外，也許也因莊子並不十分刻意去劃分「道」與「德」。例如陸西星便認為：「道與德非二也」。〔註34〕而且這個「道與德非二」的看法，在〈山木〉篇中亦曾出現：「道流而不明居，德行而不名處」王叔岷師云：「此言道之流行而不顯然居之，德之流行而不顯然處之。釋名：『名，明也。』。」另外，一般來說，「居」就是「處也」。可見，的確有以等同的態度來看待「道」與「德」的現象。

但道、德果真無所區分嗎？那麼又如何解釋：「德」是得之於「道」，這個公認的說法呢？其實說為「非二」，是著眼於「德」所得之於「道」的，乃是「整全的道」。「道」之所以為「道」的「特質」，皆為「德」所得。但這並不等於是說：「道」之所以為「道」的「價值」，亦為「德」所取代。例如，在〈徐無鬼〉篇中即言：「故德，總乎道之所一，……道之所一者，德不能同也。」「總」有動詞「聚合」之意，再加上「乎」，則帶有「方向」意味，故「總乎」可解釋為「歸向於」。而「所一」的「一」，則有「道」尚未有所萌的「始」的意思，故「所一」即「所始」，〔註35〕而道之所始，當即是「無」。那麼全句之意，可理解為：德，要歸向於道，且是歸向於「道之所始」；而這個「道之所始」固然還是可以為「德」所「得」，但就本然的（始）「道」來說，則不是「德」所能「同」的。

因此，德是有所「得」於「道」，而且又終須回歸於「道」者。所以「道與德」雖「非二」，然亦非絕對的「同一」。

另外，除了用前引的「動以不得已」來說明什麼是「德」之外，莊子還有以「不可奈何而安之若命」來說明「德」的。例如〈人間世〉篇：

> 天下有大戒二：其一，命也；其一，義也。子之愛親，命也，不可
> 解於心；臣之事君，義也，無適而非君也，無所逃於天地之間。……
> 知其不可奈何而安之若命，德之至也。〔註36〕

將「子愛親」視為「出自天然」，自然會衷心遵循（不可解）（以上略見於《成

〔註34〕《莊子翼》引陸西星云：「生我者，道也。明我者，德也。……然道與德非二也。」頁342。

〔註35〕《正義》：「總，歸根之意，道之所一，先天之樸。」頁421。

〔註36〕末句又見〈德充符〉篇，而略有不同：「知其不可奈何而安之若命，唯有德者能之。」

疏》），並認為「愛親」是「命」。而且「無論到裡都有所謂的"管理人民的君"，這是身在天地之間的人所無法逃躲的」，而認為「事君」是「義」。但是此二者，其實都透露出「愛親」「事君」乃是「必然」的事。〔註37〕所以，如果要反抗這種被決定的必然的現象，則不免於憂患哀樂，而如葉公子高一樣的有「陰陽之患」了（詳見〈人間世〉篇原文）。只有能「了解什麼是不可能有所改變（不可奈何）的事，抱持著安然處之的態度，並看作是"命定"的、是必然要遵循或接受的，才算是將"德"發揮到極致的人。」這種從「將必然要接受之事，看作是被決定的"命"」來說「德」的現象，使「德」也有了「被決定」的性格。被誰決定呢？自然是「德」之所從來──道。可是，「道」是如何來決定「德」呢？此則須由「德」是從「道」那兒"得到"了什麼來說；這正是下一單元要討論的。

貳、德與氣

「德」乃有所得於「道」者，又為「物得以生」之關鍵。但是，德「得」於「道」的，究竟是什麼呢？而「物」又是「得」到「德」的什麼而「生」呢？在前面幾章節的論述中，已知「物」乃「陰陽交通成和而生」的，所以，前述的問題也可以說成：「德」與「陰陽二氣和而物生」的現象，有什麼關係呢？〈徐無鬼〉篇云：

是以神人惡眾至，眾至則不比，不比則不利也。故無所甚親，無所甚疏，抱德煬和，以順天下，此謂眞人。〔註38〕

所謂「眾至」當即是「附和者多」或「靠近的人太多」之意。當周遭圍攏過來的人太多時，對其中任何一個比較親密，便很容易引起其他人的反彈，所以只有表現出對誰都不親密的樣子；但這又會顯得冷漠。（以下進入正文）因此神人不喜歡大家都來找他，最好是保持不與某人太親近，也不特別疏遠某人的態度（無所甚親、疏）。這樣便能不受人際關係的干擾，而「抱德煬和」，以順應天下之人。只是什麼叫做「抱德煬和」呢？何以能做到此要求，

〔註37〕　〈大宗師〉篇：「死生，命也。」〈德充符〉篇：「死生存亡、窮達貧富、賢與不肖，毀譽、饑渴、寒暑，是事之變，命之行也。」諸例皆可看出莊子對「命」的理解，是被決定的，是人所不能「奈何」的。

〔註38〕　《校詮》：「比訓親，利當訓和。人近則轉疏，故眾至則不親，不親則不和。……煬假作養。〈列子黃帝〉篇：『煬者避灶』……是煬亦司炊也。煬、養音義並同，故可通用。」頁980。

即可稱爲「神人、眞人」呢？「煬」的意思，依王叔岷師之解，乃是與「養」音義皆同的（見〔註 38〕）。而由〈德充符〉篇：「德者，成和之修也」〔註39〕看來，「德」就是指能修養成「和」的境界，而且〈繕性〉篇亦直言：「德，和也」。可見「和」是最能表現「德」之所以爲「德」的境界者。或亦可說：和是德的最佳狀態。那麼，「抱德養和」即可理解爲：「抱持所"得於道"者，並涵養著這個得自於道之"德"的最佳狀態——和。」

然而單就「德者，成和之修也」來看，「德」的最佳狀態，是必須通過「修」的工夫，始得以「成」的，但是是要「修」什麼，以使之成「和」呢？〈田子方〉篇：「兩者交通成和」，指出陰陽二者交通互動，可成其「和」。《老子·四十二章》：「沖氣以爲和」，亦言使氣涌搖激盪，可得爲「和」。〈庚桑楚〉篇：「兒子終日嘷而嗌不嗄，和之至也」（又見《老子·五十五章》），黃錦鋐先生云：「這是心氣和順的極至」，〔註40〕余培林先生云：「這是因爲和氣純厚的原因」，〔註41〕都同時指向能「和」的是「氣」。〔註42〕因此「德者，成和之修也」，是說：「德，是修養陰陽二氣成爲和合如一的意思」。換言之，「德」所得自於「道」的，就是這「陰陽二氣」。而「物」則又從「德」那兒得到此「和合」之氣，仔細地說，就是：「德」得「陰陽二氣」於「道」，得到的同時，便使之「交通」（修之）而成「和」。「物」又得此「陰陽二氣交通到最佳的狀態——和」而「生」。

但是，「德」雖然是指：修養陰陽二氣，使之成和的意思。卻並不是說，「德」是主動積極地、有爲地去「修」、去「使之成」。前面的敘述中，爲了分析出「德」究竟是得到了「道」的什麼，而刻意地強調了「修」什麼以「成」和。不免予人一個印象：「德」是有意志能力的。所以，必須再略予說明。所謂「使之交通」，

〔註39〕〈德充符〉篇：「平者，水停之盛也。其可以爲法也，內保之而外不蕩也。德者，成和之修也。」此段話先說「靜止至極之水面的"平"，足可作爲"法度"」，再指出欲得此「平」的狀態，則須有「內保之而外不蕩也」的條件。接著即循此以說明主題：「德」的意思，就是「成和」（一如水之「平」）；而此境界仍應是要靠「內保之而外不蕩」的工夫來修養。

〔註40〕《新譯莊子讀本》，頁 276。

〔註41〕《新譯老子讀本》，頁 91。

〔註42〕另有〈齊物論〉篇：「聖人和之以是非」「和之以天倪」，皆是以「和」爲動詞，而「和」的受詞（之），皆與論辯造成的對立之問題有關。而「成和之修」乃以「和」爲「修」的「成果」，並不相同。且此單元中，要追究的是「修」的受詞（對象），也就是「和」的主詞，故不將齊物論中的這兩條列入考慮。而莊子書中，可以同時作爲「修」之受詞，「和」之主詞的，則實在有限，故尚須補充《老子》之例。

其實是依順陰陽之氣的本質──沈滯的陰氣，往下降；蒸騰的陽氣，向上升；也就是聽任二氣在升降中交會、涌搖，而趨於平和。這個依順、聽任的意思，除了「動以不得已之謂德」和「知其不可奈何而安之若命，唯有德者能之」（〈德充符〉篇）之外，也還有從「氣」的角度來說的。如〈庚桑楚〉篇云：

> 欲靜則平氣，欲神則順心，有爲也。欲當則緣於不得已。不得已之類，聖人之道。

認爲希望得到「靜」、「神」，而去「平氣」、「順心」地作工夫，是「有爲也」。只有「緣於不得已」地依順著「氣」本然的平靜，「心」本有的靈明，自然能恰中關節、恰如其份（當）地獲得「靜」和「神」，故「緣於不得已」才符合聖人之道。可見不論是聖人或是有德者，都只是「安」於「氣」的本有特質，讓「氣」展現其本有的面貌和活動狀態罷了。

　　於此順便簡單地談「一」的問題。「和」既是陰陽二氣交通而獲致之狀態，也就是所謂互不偏勝的狀態，因此不再顯出其爲陰爲陽之性，此亦即〈應帝王〉篇以「衡氣」──平衡如一──稱之之因，故又有以「一」稱此「和合」之氣的。〔註43〕而且「和」既是「德」的最佳狀態，故亦可以「一」稱「德」。例如〈知北遊〉篇：「聖人故貴一」，〈庚桑楚〉篇：「衞生之經，能抱一乎？」兩處的「一」，便是和合不偏勝之和氣，並希望不要使此「和」受滑亂，如〈德充符〉篇中前曾引的：「事之變，命之行也……不足以滑和……使之和豫通而不失於兌。」（見第二章第二節），所以要「貴一」「抱一」。換言之，物既是得此「和合」之氣而生，故若能抱之貴之，才能符合護衞生命的大法，並臻於聖人之境，也才能稱作有德之人。

　　總言之，「德」在這個系統中，是個包含：得和氣於「道」的「過程」與得和氣所獲致之「境界」的總稱。

小　結

　　以上分別討論了「道」「德」及「道與氣」「德與道」「德與氣」諸命題。此處則舉兩段莊子書中較直接正面地敘及「道」在建構天地之外，並提供了

〔註43〕道、德，也有被稱作「一」的。但用於「道」是描述其爲「全也」；用於「德」，則指德是得到道用發揮之初，所起的「一」；且此「一」，又是「物」所得於「德」之最佳狀態──「和」，所以「和」也有稱作「一」的。

天地不墜、天體運行之保障的文字：

〈大宗師〉篇在言及「道」爲「有情有信」之段落後，列舉了幾個得此「道」之人的種種情形：

> 狶韋氏得之，以挈天地；伏羲氏得之，以襲氣母；〔註44〕維斗得之，終古不忒；日月得之，終古不息；……傅說得之，以相武丁，奄有天下，乘東維，騎箕尾，而比於列星。

其間諸事，雖然無法得到確解，但仍可清楚地看出，「道」在「生天生地」後，對於天地的維持（挈，說文：「懸持也」），仍然是有所得於「道」的。另如「星辰」「日月」等的運行不輟，持續不滅，亦是有所得於「道」的結果。換言之，天體本身，及天體的運動、存續，皆因「道」而發生；即如前引牟宗三先生所言：「道和萬物的關係，就在負責萬物的存在」（見〔註17〕）。再者，「道」在「神鬼神帝」後，鬼帝（如狶韋氏等）的神妙變化能力，亦是有所得於「道」而展現。於此，宜再強調一次，「道」創生「天地」，又「神鬼神帝」之後，便由「天地」、「鬼帝」來展現「道」的作用——陰陽之氣。所以是說：狶韋氏得於「道」，以維持天地，而不是說：「道」維持天地。這便是要區別開：「道」和「道的作用」。因此，此段中所說的：「某某得之」，都是得到「道的作用」。而得之之後「如何如何」，則是「道之作用的展現」。與此相仿的還有〈知北遊〉篇中的一段：

> 邀於此者，四肢彊，思慮恂達，耳目聰明，其用心不勞，其應物無方。天不得不高，地不得不廣，日月不得不行，萬物不得不昌，此其道與！

所謂「邀」，《說文》無此字，而一般多解爲「循、順」之意。〔註45〕其實勉強作此解，是因爲認爲「此」即指「道」，那麼，既是昏默無爲之「道」，自只能循之順之。卻不知此處之「此」已是「道之用」，而「邀」應是「邀天之幸」的「得到」之意。故此段前半應是言「得於道之妙用者，四肢彊……」，亦宜其爲〈大宗師〉篇中所述之傅說等人。而後半段便明言之爲「得」，天地、日月、萬物皆有所「得」於「道」之妙用，故展現其爲高、廣、行、昌。

〔註44〕《成疏云》：「襲，合也。」頁298。王夫之《莊子解》：「氣之母，謂神也。」頁163。

〔註45〕如《集解》即引俞樾云：「《說文》無邀字，彳部：『徼，循也。』即今邀字。……『循，行順也』然則邀亦順也。」頁188。

可見，莊子對於「道」與「道的作用」是區分甚嚴的。由其只說「生天生地」、「神鬼神帝」；只說「得之」「挈天地」，「得之」「襲氣母」（合於神）（見〔註45〕），並無淆亂，即可見一斑。

總之，「天地」乃為「道」所「生」，而前文已論及：「天地」實即「至陰至陽」之氣，沈降、升騰而成（見本章第二節「貳」）；而至陰至陽之氣，亦已通過論述，乃是「道的作用」的展現（同上）。故「道生天生地」，實即是「道」生「至陰至陽之氣」，而至陰至陽之氣之所以能展現「道的作用」，則是因「道」生至陰至陽之氣時，即內在於二氣中，故使之如「道」的化身一般，展現出種種道的妙用。因此，道，無不容也；氣則虛而待物。道，生天生地；氣則生萬物。道，神鬼神帝；氣則變化若神。道，四達皇皇；氣亦通貫天下。

而「德」則是通上通下的地位：「得」至陰至陽之氣於「道」，又「修」二氣「成和」，「和」則「物生焉」，而「物」即是「得」此「德之和」（〈德充符〉篇）以「生」的。

最後則藉〈庚桑楚〉篇中一段，將「道、德、生（物）」並舉的文字，來作全章的回顧，並作為下一章的引言：

　　道者，德之所欽也；生者，德之光也；性者，生之質也。

所謂「道者德之所欽也」乃因「道」是本體，而「德」則是得「道」的「至陰至陽之氣」者，所以「道」自為「德」之所欽。而「生者，德之光也」，乃因「道」內在於至陰至陽二氣中，而二氣因具有離合的運動性，而在其合而「成和」之時，則有「物生焉」，因此陰陽二氣（或言「天地」）之「生」物，乃是得到「德」的光輝（亦即其最佳狀態）——和——所照耀之故也。而「性」乃是「物」在成「形」後，由保護該物的「神」，所表現出來的「儀則」，也可以說就是該物與他物不同的標幟，故是該物的本質（生之質也）。最後一句的「性者，生之質也」，正是第四章第一節，談到「氣」如何創生物，又內在於物的內容，故待後文詳論。

第四章　氣與萬物的生成——由「人」的形、神、心（及「志」）觀之

第三章中曾指出〈大宗師〉篇談及「道」可以「生天生地」，而實際上即是生至陰至陽之氣，本章則進行天地——至陰至陽之氣——如何創生萬物的部分，並以最能表現「氣」創生萬物之活動的「泰初」段爲架構，再分別討論「氣」內在於萬物——特別是「人」——時，所呈顯的幾個重要面相，如「神、心、志」等，並討論這些問題與「氣」的關係。

第一節　形

在討論「氣」如何創生萬物之前，宜先說明此節所謂的「萬物」，乃是特別指「人」而說的，因爲在莊子的觀念裡，「人」本是「萬物」之一，如〈秋水〉篇即言：「號物之數謂之萬，人處一焉。」接著，宜先肯認莊子是有「形由氣生」之思想的。前文曾引數例，如〈田子方〉篇：「兩者（陰陽）交通成和而物生焉」。又如〈知北遊〉篇：「人之生，氣之聚也」（詳見第三章〔註 8〕）。而今所要討論的主題正是「形」的創生問題，故欲更進一步地將可能有疑義的地方，作一釐清。例如〈知北遊〉篇中的一段：

> 中國有人焉，非陰非陽，處於天地之間，直且爲人，將反於宗。自
> 本觀之，生者，喑噫物也。雖有壽夭，相去幾何？

其中所謂：中原有「人」，卻是「非陰非陽」。但這並不是說仍有非陰陽所生的人，因由其末句定義式地說：「生者，喑噫物也」的「喑噫」來看，成玄英、王夫之、宣穎、李頤諸家皆解作「聚氣貌」。而王叔岷師雖據《說文》：「噫，飽生息也」，而認爲「喑噫物」是「有聲息之物」；但如果連「生者」句合看，

便要說成：「生命，是有聲息之物」，實不若說成：「生命，是氣聚而成之物」來得合適。而且「生者」之上，莊子更言：「自本觀之」，故宜就「生者」的「根源於何處」來理解。那麼，「聚氣而生」應該比較具有說明該「物」之「本」的效果。因此，此處的「非陰非陽」，實應是指其乃「非偏於陰非偏於陽」的「陰陽和合而生者」，且此「陰陽和合而生」之「人」「將反於宗」亦完全符合「合則成體，散則成始」的思想。而且對這種「喑噫」而生，又將返於其所自來之處的現象，莊子認爲這是足以啓示人們，釋然於生命的或壽或夭的，畢竟「相去幾何」呢？

所以，莊子有「形由氣生」之思想，應當是可以確定的。不過，此節希望能更明確地探究「氣」是「如何」創生「物之形軀」的。另外，「氣」在創生一物時，便已承載著「德」，所以應該也要將「德」得自於「道」的「命」（道用以命物之「一」），與此「物」之所以爲如此這般之物，而非如彼那般之物的「理」等等，與「物形」有直接關係的命題，一起納入討論。

壹、天地以陰陽和氣生物

〈天地〉篇有一段文字對於「道」如何下貫，並創生萬物的活動（徐復觀先生云：這段話不是平說的，而是就創造的歷程說的），描述得頗爲完整而詳細：

> 泰初有無，無有無名，一之所起，有一而未形，物得以生，謂之德；未形者有分，且然無間，謂之命；留動而生物，物成生理，謂之形；形體保神，各有儀則，謂之性。性修反德，德至同於初。[註1]

〔註1〕《成疏》：「泰，太。初，始也。元氣始萌謂太初。言其氣廣大，能爲萬物之始本，故名太初。太初之時，惟有此無，未有於有。有既未有，名將安寄，故無有無名。」頁507。筆者按：王先謙《集解》作「泰初有無無，有無名。」今則採《成疏》之說，斷句爲「泰初有無，無有無名。」《郭注》：「一者，有之初，至妙者也。至妙，故未有物理之形耳。」頁507。《正義》：「一……萌於至無之中，故曰起。」頁194。《經解》：「物得此未形之一以生，則性中各有一太極，故謂之德。此是預先說一句。」頁240。筆者按：「一之所起」的「一」，筆者則採郭象之說。《經解》「（有分）分陰分陽。雖分陰陽，猶且陽變陰合，流行無間，乃天之所以爲命也。」（同上）《校詮》：「"且"讀爲"徂"，往也。……"然"猶"而"也。"且然無間"猶"往而無間"也。」頁436。《正義》：「夫天命本流行不滯，而動者偶有所留，則生機爲之一觸，物即因以生焉。」頁195。筆者按：《莊子因》於此，意亦相似：「造化之道，動則鼓萬物之出機。物者，動之留寓而成質者也。」頁249。《經解》：「形載神而保

這段描述，可說是莊子書中關於「道」創生萬物，最爲具體的一段，因此筆者參考諸家注釋，嘗試著將它作更清楚的闡述：

虛無矇昧謂之泰初，泰初之始，惟有此「無」，而尙未有「有」，自亦未有「名」。這個「無有無名」的「泰初」，即是「道」。「道」下貫而有個「一」，萌生於至無之中，故曰「起」。然此「一」只是「有」的萌動，還不是（未）已呈顯出物之理的「物（形）」（「物得以生，謂之德」句，宣穎認爲是「預先說一句」；依創生脈胳言，依文氣脈胳言，皆宜採宣氏之說）。

這個尙未呈顯出物之理的「一」，則隱然有陰陽之分。只是陰陽雖分，仍然相吸相斥，而離離合合地流行不輟（無間），此「一」於是隨著陰陽俎然無間地流行。而此「一」也就是「道」用來「命」物的。原本流行不輟的陰陽之氣，偶有所「留」，則生機爲之一觸，物即因而生焉（此處始宜言「德」）。「物」既是「得」此「一」，而生成爲某物的，故每一物皆各擁有一個「一」，以作爲其成爲此物之「理」。因此，內在於物中之「一」，就是該物「何以生成此物之理」，物亦只有「得」此「一」始有物之形、物之理，故此「一」亦被稱作「德」。

形體已成，就要保住「神」。因爲「陰陽」所載以流行的「一」，不僅能成就物形，同時也載著「道」所「命」於「物」的「理」，而這個「理」就是每一物所須遵循的「儀則」，而每一物展現此儀則，以顯示出與他物之不同時，則稱作「性」。由此可見，這個「一」是使物「成形、含理、展現儀則、彰顯其性」的「道」之化身，所以當「一」內在於「物」時，即成爲「道」在該物中的代表，亦爲該物之實質（指其與「形體」相對），而特稱之爲「神」，故須「保」之。〔註2〕

合之。視聽言動，各有當然之則，乃所謂性也。上所謂『得以生謂之德』者，此也。言性在形之後者，性須形載之，故曰形體保神也。」頁241。《莊子因》：「有形矣，必有形形者以主之，則神也。形體而保守其神，使視聽言動，莫不有自然之儀則，謂之性。」頁249。《經解》：「性修則復其所得於未形之一矣；德之至則同於太初。」頁241。《莊子因》：「故修性者，貴反於德，德者即物得以生者也。德之至則同初，初即泰初之初。」頁249。

〔註2〕在「泰初」段中的「一」的涵義，非常豐富，故莊子在其下貫的過程中，分別給予階段性的名稱。如下：就「道」由「至無」之中，有"一"萌生而起言，此"一"爲「至妙之有」；就一分爲陰陽，載「至妙之有」以流行，此"一"稱作「命」；就"一"爲物所得言，此"一"稱作「德」；就"一"內在於物，而爲該物實質言，此"一"稱作「神」；就"一"以或「至」或「非至」之陰陽，命於該物言，此"一"稱作該物之「理」；就"一"展現爲該物之視聽言

至於「性修反德，〔註3〕德至同於初」二句，則頗有「歸根復常」之義，故若欲將之解析清楚，實宜將上文再作一簡單回顧，故解此二句之同時，也可算是對上文的「簡言之」：

陰陽流行、聚散，而生「物」時，物即同時擁有了隨著陰陽流行的「一」，而當物得此「一」之時，實即是得到「德之和」，故此物亦同時擁有「道」所「命」於物的「理」。此時「物形」「物理」兼具，才是所謂可見、可聞、可觸、可知的「物」。然則此具象之「物」，尚須隨時保護著使該物「成形、含理、顯性」的「一」。只是此時的「一」，因已成為該物之實質，故另以「神」稱之。作為物之「實質」的「神」，遂使各物依循各自的「儀則」，而顯示出各物不同之「性」。因此只要能「修養」這個「性」，使「性」依著應該遵循的「儀則」，那麼便是順著「神」的要求了，也就能護持住「神」，保有著「理」；這就等於是使「一」完整得像是剛剛得到的「德」。這個「德」純和到極致之時，則又「同」於「最初」的「無」——泰初——（也就是「道」）。

接著來討論，何以陰陽之氣流動時，會有所「留」，且使生機為之一觸。首先，陰陽之氣既因相吸而有所動，故呈現出不斷流動的現象。其流動既起因於相吸引，自然是傾向於聚合，而就在「合」的那一剎那，便使「動」為之一「留」（停也），同時也開始「交通」，然後出現「成和」的狀態。成「和」時，也就是「德」的性質彰顯出來的時候，於是使偶「留」的陰陽之氣，秉此「德之和」以生物。因此就陰陽虛氣，一變而為有形體、有物理之「物」的過程來看，得此「和」實是重要契機。所以說：流動之氣，「成和」而「留」，留而「生」物，就好像是由這個「留」，觸動此契機而生物一樣。而這樣的契機，自然也成為「物」在陰陽不和時，散為「氣」的機轉。所以〈至樂〉篇末「種有幾」段之結語，便說：「萬物皆出於機，皆入於機」；實在就是將陰陽聚合而「和」，即有物生；反之，散為氣則物死的現象，看作是這個契機的有無；有此契機則物生，此契機一旦消失則物死。由此來檢視前章曾引陳壽昌之解：「機者，陰陽摩盪消長之機」亦能吻合，因此，陰陽「摩盪」正是「成和」的條件，即等於「出於機」；而「消長」則造成「偏勝」故而使物散為氣，或化為他物，等於「入於機」。

動的儀則言，此"一"稱作該物之「性」。（其中「實質」之謂，詳見本章第二節。「或至或非至之陰陽」之謂，見第一章〔註18〕）。
〔註3〕 《中國人性論史》：「勉強說性與德的分別，則在人與物身上內在化的道，稍微靠近抽象地道的方面來說時，便是德；貼近具體地形的方面來說時，便是性。」頁372。

前述以〈天地〉篇「泰初」段為主，呈現出莊子思想中，「道」如何以陰陽之氣創生萬物之過程，其中因原文未曾及於「天地」，不免有罅隙，今則略作補充說明：其實，陰陽初分時，陰，沈滯而降為地；陽，蒸騰而升為天。故「有分」一詞，即已是指「生天生地」的意思了。爾後，「（至陰）肅肅出乎天，（至陽）赫赫發乎地」，於是便出現陰陽二氣「徂然無間」地流行現象，這流行不輟的二氣，和合而生物之時，自然也可以說是「天地」生「萬物」了（即〈達生〉篇：「天地者，萬物之父母也」）。

貳、物以形質氣類相禪生

將「道」透過「氣」之和合而彰顯「德」，物得「德」而含物理、成物形之過程，略作陳述之後，仍有一個問題，隨之出現。那就是物與物之間的「生成」關係，並不適合前文之「氣和而生」的模式。例如某人甲，其生出一子，固有所謂「男女媾精」亦是陰陽和合之說；〔註 4〕然此「子」仍在「人」形的範疇內，終究不是前述之「留」的偶然性，而是有相當大的必然性存在的。那麼，已為某物，而此物又生物，該如何看待呢？〈山木〉篇中也曾談及此問題：

　　（顏回問孔子）「何謂無始而非卒？」仲尼曰：「化其萬物而不知其

　　禪之者。焉知其所終？焉知其所始？正而待之而已耳。」〔註5〕

顏回請教孔子，什麼叫做「任何的"始"，即已是其"卒"？」（即什麼叫做「沒有那一個"開始"，不就是他自己的"結束"呢？」）孔子的回答是：（陰陽之氣）化生萬物之後，便不知道這個「物」將「禪代」成什麼了。那又如何能知道那個「禪代者」是什麼時候（情形）開始、什麼時候（情形）結束的呢？所以只有守「正」地等待（或「對待」）這樣的現象罷了。

　　其實孔子所不能知的問題，〈寓言〉篇則恰似提供答案也似地說：

　　萬物皆種也，以不同形相禪，始卒若環，莫得其倫，是謂天均。〔註6〕

意思是說：萬物皆是「種」（各物各為其物之「種」），並以這個「種」，讓各物以各自的「形」禪代下去。每一形即為其所生之形的「種」，所生之形又成為後

〔註 4〕　〈知北遊〉篇：「形本生於精」下，《莊子因》：「形本之精，即《易繫》所謂男女媾精之精。」頁 426。

〔註 5〕　〈繕性〉篇：「危然處其所而反其性，己有何為哉？……故曰：『正己而已矣』」下，《郭注》：「危然，獨正貌」。此處的「正而待之而已耳」應可理解為：獨然正己而處，並返於本樸地來看待（等待）這種「無始而非卒」的現象。

〔註 6〕　《經解》：「倫，端也。天均，天理之均遍，無所不在者。」頁 478。

生之形的「種」。這樣每一形便正是上一形的「卒」，又為下一形的「始」，就好像是個「環」一樣，找不到其間的端倪頭緒（倫，理也，端緒之謂），而這正是「天均」的意思。可見「禪」乃指陰陽和而生物之後，內在於物的「德之和」，在使此物循行該物之儀則，而呈顯出各物之「性」時，不僅通過此「性」，標幟出物甲、物乙、物丙；且成為物甲、乙、丙……之「種」。故萬物皆受氣於陰陽，本非有異，〔註7〕然「受形」時之「留」，既只是偶然，〔註8〕自非同一時空，則所含之「理」遂有多寡，故其「性」遂有厚薄，而整個「神」亦自有深淺（所謂天機深淺之類也）；當然，「形」亦各各不同。然而各各不同之「形」，畢竟含「理」，也就是仍保有「神」。那麼，一個有「理」為「性」，有「神」為質，有「形」為「體」的「物」，實在已是一個完整而可獨立運作之主體，〔註9〕而且，「道」本來就內在於任何「物」中的，所以任何「物」，亦能如同「道」在生天生地之後，即由天地創生萬物一般，再由「物」來生物了。只不過所生之物，只能以原物之形、性、理為其形、其性、其理罷了。當然，只要這個「物」能一直保有著「神」，則這種「物生物」的形態，便能一直持續下去。而這個有著主體性，可生出同形性之物的個體，也就是它所生之物的「種」，而這個被生之物，又成為其所生之物的「種」，所以說：「萬物皆種也」，然萬物只是各自以己形生出同形之物，故又說是：「萬物各以不同形相禪」。

其實用「禪」字，可能就是要表達「物生同形之物」的關係，與「和氣生各種不同形之物」的關係是不同的。今姑且稱前者為「禪生」，後者為「創生」。關於禪生的形式，尚可由〈知北遊〉篇獲得更明確的了解。該篇在前曾引述的：「精神生於道，形本生於精」之後，接著便說：「而萬物以形相生，故九竅者胎生，八竅者卵生」，〔註10〕八竅、九竅指的正是各物有不同之「形」，

〔註7〕《正義》：「萬物芸芸，皆此生氣，本非異種，特一受其成形，遂各以不同形者，自相禪代也。」頁477。

〔註8〕故莊子特以「犯」字言人的「成形」情形。〈大宗師〉篇云：「今一犯人之形，而曰『人耳人耳』」下，《郭注》：「今一遇人形」頁316。《成疏》：「偶爾為人。」頁317。《經解》：「偶成為人。」頁64。同篇：「特犯人形而猶喜之」下，《內篇補正》：「犯人形者，偶遭遇或偶接觸而成為人之形也。」頁157。

〔註9〕如〈庚桑楚〉篇云：「性者生之質也，性之動謂之為，為之偽謂之失。」下，《成疏》：「率性而動，分內而為，為而無為，非有為也。」頁964。筆者按：足見物得生理而有「性」，即能率（循）性而為，且仍是「分內」之為。正可說明具有「性」之個體，已是具有主體性的行為能力者。

〔註10〕《集解》：「九竅，人獸也；八竅，禽魚也。」頁188。

而胎生、卵生指的則是不同形之物，所含的不同之「理」，及所顯現的不同之「性」。簡要地說，「物」之生同形之物，乃是以其「形質氣類相生也」。〔註11〕

參、物受精純之氣而化生

這一部分將再把第二章曾討論過的「化」的問題，與前述「創生」「禪生」二者並觀，以探討「物」何以又會生出與己形不同之物？這種現象常是吾人所難以理解接受的，但是在莊子書中，則將之與前述兩種生物的型態，等同看待。例如〈逍遙遊〉篇，肩吾說：傳說中的藐姑射山之「神人」能如何如何，是「不近人情」的，而連叔則認為是肩吾的「知」有盲點。另如許多至人真人的特異能力，莊子亦都藉得道、聞道之人，來提出合理的解釋。可見莊子並不以為「一物化生出另一物」是不可能的，只是有所異於多數的「物禪生物」的方式罷了。那麼，何以不同呢？莊子思想中的「氣」具有精純能化之特質，正是造成此不同的原因。「氣」的此種性質，已詳述於第二章中，今則因筆者認為此亦是「生」物的一種形態，故將「化生」型態亦列入此節中，以求更完整地觀察「氣」與「物」之間的關係。不過在此將只討論「甲物→乙物」的「外化」部分。至於「內化」則因涉及「心」的問題，所以準備留在第三節討論到「氣與心」時討論。

所謂的「外化」，即是「形身之化」，所以仍可分為「形身全化」與「形身部分化」兩類。而「全化者」尚可細分為：「形感於氣，全形化為他物，而本形不存者」、「形感於氣，化生出異形之物，而本形尚存者」。另外，「風化」也涉及了「氣」與「物形」的問題，所以一併列入討論，總計四種（加上「形身部分化」者）。

（一）關於「形身部分化」者，除了曾舉過的〈至樂〉篇中，滑介叔的左肘「俄而生柳」之例外，尚有〈大宗師〉篇子輿生病時，曾自言：

> 浸假而化予之左臂以為雞，予因以求時夜；浸假而化予之右臂以為彈，予因以求鴞炙；浸假化予之尻以為輪，以神為馬，予因以乘之，豈更駕哉？〔註12〕

〔註11〕　《成疏》：「有形之物，則以形質氣類而相生也。」頁888。筆者按：質、神也；類、性也。

〔註12〕　《校註》：「浸，侵也，漸進也。」頁245。《成疏》：「假令陰陽二氣漸而化及我左右兩臂為雞為彈。」頁312。

此段雖是假設之言，但如果不將之只視為子輿自我調侃之詞，應可說是莊子本即認為有此可能，故藉子輿此言來突顯「安時而處順，哀樂不能入」之理。〔註13〕而頗可注意的則是成氏解此段為：「假令陰陽二氣漸而化我左右兩臂為雞為彈……。」足見成氏亦知此乃假設之詞，但仍認為「化臂為雞……」等，是由陰陽二氣造成的（見〔註12〕）。這種「形身部分化」的例子雖不多，但在「化」的系統中，理論上是應該存在的；而莊子書中的實例則唯有此二例。

（二）「形感於氣，全形化為他物，本形不存」者，如「魚化而為鳥」。又如〈至樂〉篇「種有幾」段中：「胡蝶，胥也化而為蟲」「鴝掇千日化而為鳥」〔註14〕皆是例證。此則是因純陰或純陽之氣，籠罩了某物（如「魚」），並取代式地轉換該物為另一物（如「鳥」）（詳見第二章第二節）。

（三）「形感於氣，化生出異形之物，本形尚存」者，則如「種有幾」段中：「青寧生程」、「程生馬」、「馬生人」。這些化生的型態，正如第二章所言，乃是陰氣或陽氣偏勝，呈顯為純陰或純陽之氣，而具有精純細微的性質，故造成滲透。該物（如「馬」）在受到純陰（陽）之氣滲透後，其體內部分的「氣」即與之「交通」。換言之，該物受感的部分，已經「散而成始」了（散成「氣」），亦即所謂的「入於機」。在新的一次「交通」成「和」時，即有一「留」，留則觸動「生機」，此則是所謂的「出於機」。那麼，氣在「入機、出機」之間，已成就了另一個「形」。故待原物將之生出時，便與原物之形不同（如「馬」所生之「人」）。而此新的物形，將成為所禪代者的「種」。由此，亦可更清楚了解，莊子何以認為：「種」都是在「幾微」的變化中來的（「種有幾」）。以上的析論，雖無直接的文獻可資參酌，然仍能在莊子所提供的「訊息」下，得到一些佐證。可是對於（二）、（三）兩類化生型態何以不同之因，莊子則實未言及。所以只能由兩類型之例證的「背景」去著手。如由「魚化而為鳥」的上下文看來，其時之「魚」乃處於純陽的「時空」中（六月的南方）。而「青寧生程」等例，則未見此背景的描述。故疑此二型態之異，或即在：前者是在純氣的「籠罩」中；而後者則是因純氣的偶然出現，且並未持續下去，故只是「滲透」，而非如前者之被全面性地取代。

〔註13〕此乃子輿對生、死的看法。其上文為：「夫得者時也，失者順也。」《成疏》：「得者，生也；失者，死也。」養生主篇亦有類似之意的句子。

〔註14〕一般版本作「鴝掇千日為鳥。」《列子》則作「鴝掇千日化而為鳥」，今採後者。

（四）至於「感於氣，風化出同形之物，且本形尚存」者，如〈天運〉
篇：

> 白鶂之相視，眸子不運而風化；蟲，雄鳴於上風，雌應於下風而風
> 化。類，自爲雌雄，故風化。〔註15〕

此段的背景是孔子自以爲治詩書等六經已久，頗能「論先王之道，而明周、
召之跡」了，卻沒有國君肯重用他而感嘆不已時，老子即提醒他：「六經，先
王之跡也。」還不是先王的「所以跡」（跡，末也。所以跡，本也），接著即
舉「白鶂」等的風化現象爲例。並強調：

> 性不可易，命不可變，時不可止，道不可壅。苟得其道，無自而不
> 可；失焉者，無自而可。

由此可知，老子有以「白鶂」等的風化現象爲「所以跡」之意，並批評孔子
未曾注意這些「根本的」，卻去鑽研「六經」等「末」。而所強調的「性、命、
時、道」，則應該更是白鶂「風化」現象的「根源」（「跡」與「所以跡」，當
是「相對」而呈顯的）。換言之，如果能從「風化」現象去追索「所以」「風
化」的「本」，更容易接近先王的「道」。否則只是拘泥在六經等，末而又末
的「跡」上，便不免要到處跣躄了（無自而可）。

孔子仕聘教之後，不到三個月（與治六經「自以爲久矣」對比），再見老
子時說：

> 丘得之矣。烏鵲孺，魚傳沫，細要者化，有弟而兄啼。〔註16〕久矣
> 夫，丘不與化爲人。不與化爲人，安能化人。

也就是說，孔子接受老子的建議，用心去觀察「造化者」的種種「跡」。例如：

〔註15〕《正義》：「牝牡相誘曰風。風化者，蓋相誘而化生也。……此蓋喻之相感不
　　　　同，而各以神運。」頁247。筆者按：此乃從「風」的造字原理來說（《說文》：
　　　　「風，八風也。……從虫凡聲。風動蟲生，故蟲八日而化。」）段注：「此說從
　　　　虫之意。」），亦頗值得參考。《經解》：「山海經曰：『亶爰之山，有獸如狸，
　　　　名曰類，自爲牝牡。……此三喻言全以神遇。』頁289。《莊子翼》引司馬云：
　　　　「風化，相傳風氣而化生也。」頁439。筆者按：此說較接近本文看法。
〔註16〕《正義》：「孺，交尾而孕，此卵生者。魚不交，但傳沫而生子，此濕生者。
　　　　蜂取桑蟲，祝爲己子，此化生也。有弟則兄失乳，故啼，此胎生者。」頁247。
　　　　筆者按：其中「化生」的「細要者」，在〈庚桑楚〉篇亦有相關之記載：庚桑
　　　　子曰：「辭盡矣。曰（《集解》：引古語）：『奔蜂不能化藿蠋（《成疏》：細腰土
　　　　蜂能化桑蟲爲己子，而藿蠋不能化也），越雞不能伏鵠卵，魯雞固能矣。』」
　　　　可見得，今人所不易理解的「化生」現象，在古人看來，卻是常有的、自然
　　　　的，故成爲提撕某種道理的諺語。

烏鵲是孵卵而生，魚是以口中的唾沫相傳而生小魚，蜂（細腰者）則是將桑蟲祝爲己子。有了弟弟會分去父母之愛，哥哥便會哭。孔子認爲自己已經從中體會到：這種種的現象（包括老子說的，和自己觀察到的），皆是「造化者」所賦予各物的「性」、所給予各物的「命」。所以自責地說：「已太久沒有與造化者爲偶了（故未掌握「化」的道理），當然不可能"化"各國之君了。」所謂「安能化人」之「化」，則同於〈則陽〉篇「故聖人……或不言而飲人以和，與人並而使人化。」的「感化」，即如「感召」之意（見第二章〔註14〕）。

其實這個故事還可以分成兩個角度來看：一者是「道」（或不加細究地講成「造化者」）才是最值得吾人去掌握的。然而「道」不可見聞，故老子提醒孔子，可由白鶂等的「風化」現象（也就是「道」之「跡」），來接近「所以跡」的「道」。另一則是要孔子觀察「白鶂」等，是如何「不運睂子」地「鳴於上風」，即得以「化」及對方。通過這些觀察再來掌握「化人」（如國君）的要訣。如果從這個角度來解釋老子之意，那麼，就可以說成：莊子是認爲萬物相互之間的「化」，不論是感化、化生，其理皆同，是可以互相啓發的。因爲任何一種狀態的「化」，都是「道」的作用。只要不拘泥固守一端，便不會使「道用」壅塞住。當然，這兩個角度，最後還是通於「一」——道。

但是這樣的「道用」，與此單元「物受精純之氣而化生」的命題，有何關係呢？其實以上的析論，就是要論證「風化」仍是「道之作用」（即「道不可壅」的「道」，乃「道用」也）。而「道用」就是「氣」展現的種種現象。如「風化」之意，依其所舉三例言，當是指：借「風」傳遞某種可使對方感應之物，以使對方受感而「化」。而「風」據第一章第二節的討論，實即是陰陽之氣也。只因陰陽離合較劇烈而使氣的流動較迅速，故形成爲人所觸知的氣流——風。那麼，白鶂等透過「風」的流動，使對方因風中之「陽氣」（或「陰氣」）的觸動而「化」，故稱之爲「風化」，而事實上仍是「氣」在化。但是這樣的「化」，是否即表示「生子」呢？白鶂之例，較看不出來。但「蟲」與「類」兩例，則明白指出這個「風化」的現象，是發生在其雌、雄兩性身上的，那麼應該可以說：「風化」即是此三種動物的媾精方式。故此「化」可認爲是指「化生」。而且，風化的雙方既然是以己形之氣（此氣中自含有該形之理、之性），藉「風」傳遞給對方，所以不發生「出機、入機」的問題，也就沒有產生異於己形之物。

簡以言之，「道」生「天地」，故「天地（陰陽之氣）」能有「生」的能力。

但除了陰陽二氣和合而生成物之外，精純的陰或陽氣，亦有化生的能力。故總計其生物之型態，就莊子書中之資料看來，至少可分為：（1）陰陽和合而生物——創生。（2）物各自以形質氣類為種而生——禪生。（3）物因陰或陽氣偏勝而生成另一物，若不再細究其實際上的不同內容，則可統稱之為——化生。（4）物藉流動的風中的陰陽之氣相感，而使同種之物受化而生物——風化。通過這四種型態來了解莊子書中之「氣」是如何生物的，應該可獲得較周全的面貌。

第二節　神

　　神，在莊子思想中亦是一重要命題，而且與「氣」的關係直接而密切。故除了第一節所引〈天地〉篇「泰初」段已略涉及外，今更以專節討論。主要的討論內容，就是希望呈顯出「神」在「氣生萬物並內在萬物」的活動中，所扮演的角色。莊子書中有關「神」的資料頗多，今則儘量選擇較具涵蓋性、周全性的段落，來說明莊子所謂的「神」指的是什麼？神與「氣」的關係如何？達到何種境界的人才叫做「神人」？而「神人」與「氣」的關係如何？另外亦附論「精神」與「鬼神」二詞，可從何種角度來看待？……等等。

　　前節中指出「神」就是使該「物」成形、合理的「一」。只是此時之「一」已為「道」內在於物中的代表，[註17] 所以特稱之為「神」。這個「神」既是「道」所化身的「一」，那麼它在「物」中，居於何種地位？具有何種作用呢？

　　〈天地〉篇曰：

　　　　執道者德全，德全者形全，形全者神全。神全者，聖人之道也。

指出「形體的整全」，[註18] 是「神」能受護持而「全」的必要條件。而且由此段的敘述脈胳來看，其內在的語意邏輯，顯然是指：執道之人「得一」且

〔註17〕《中國人性論史》：「性好像是道派在人身形體中的代表。……所以"性"：更切就人身上說，即是虛，即是靜。」頁 373。筆者按：此雖與筆者之見略有差異。但一者，在基本上，「性」與「神」都是「道」隨「一」內在於物的，只是那一個始足資「代表」道，容或有疑義而已。二者，由其所論，可見亦是認為「物」中是有「道」的代表者存在的，而這個代表是有「虛、靜」之特色的。

〔註18〕〈德充符〉篇：「使之和豫通而不失於兌」下，《內篇補正》：「使和氣逸豫流通於內，而毋使散失於耳目口鼻之穴也。」頁138。則知「兌，穴也」。按：所以筆者認為此處之所謂「形全」，當指其：不使耳目口鼻成為「兌」的意思（也就是〈天運〉篇：「塗隙守神」的「隙」）。而非五官四肢之健全、殘缺之謂。

「保有此一之整全」，其人始能保全由「一」所命之「形」；而有了完整的形體，才能保有整全的「神」。如此形神俱全，才能成為「聖人」。其中要求先須達成「形全」，才能進而「神全」的看法，這幾乎是與「泰初」段將「神」列在「物成生理，謂之形」之後，再說須由「形體」來「保神」的意思是完全一樣的。所以頗予人一種印象：「神」必須「憑藉」著有固定軀殼的「形體」，來「保障」它的存在，類似於這個看法的，還有〈天運〉篇的一段。黃帝向北門成解說音樂予人之影響時說：

> 吾又奏之以陰陽之和，燭之以日月之明，其聲……在谷滿谷，在坑滿坑，塗隙守神，〔註19〕以物為量。

所謂「陰陽之和、日月之明」，或是對樂律、樂調的一種譬喻，但具有「和、明」之效的音樂，則能使天地間的「坑、谷」為之滿盈，使人的耳目口鼻等孔竅（隙）為之彌合，而得以固守其「神」。使坑谷滿盈，即無視於天地間的高低差別；而使耳目等彌合，則當是為了不使「神」由耳目溢散出去。因此「形體」之於「神」，頗有如汽球之「皮膜」之於球中之「氣」的關係。當氣嘴（如人之耳目）沒有繫緊，氣便一絲一絲地漏了出去，汽球就癟了。當然如果連皮膜都不完整而有破洞，更無法使氣留在皮膜裡了。所以由「形全而後能神全」看來，「形體」很重要的職責之一，就是在「保神」。否則沒了氣的汽球，也就不成其為汽球了。〔註20〕

其實「神全」也是保「形」的必要條件，例如〈在宥〉篇，黃帝問得至道之精的廣成子：「敢問治身，奈何而可以長久」時，廣成子說：

> 無視無聽，抱神以靜，形將自正。……目無所見，耳無所聞，心無所知，女神將守形，形乃長生。

「抱神以靜」是總說，「目、耳、心」三句是分說。亦即能將「耳、目、心」等「隙」塗起來（不使發用），就是使「神」寧靜的作法。而神「靜」則形「正」，也就等於是說寧靜的「神」可以「守形」，可以使「形長生」。綜合言之，形神是互相保障的。故通過這些例子的論述，對於「神」的了解，至少已可以確定不是「形軀」或「官能」。

〔註19〕《成疏》：「塗，塞也。閉心知之孔隙，守凝一之精神。」頁605。《正義》：「以人物言，使塞於耳目，使人杜其聰明。」頁234。

〔註20〕這個「汽球」的譬喻，乃是來自《孟子》：「氣，體之充也。」《管子‧心術》下：「氣，身之充也」的靈感，令筆者思及「人」的形軀，像「充氣」的汽球一樣。故以之為譬喻。

另外，〈天道〉篇在說明：「道」何以不可獻於君、進於親的原因時，說：「然而不可者，無佗也，中無主而不止。」也就是說「道」也未必眞的不可獻、進，只是因爲其人之「中」沒有「主」（郭注：「受道之質」），所以「道」無法棲止。而此「主」是什麼呢？

〈天地〉篇尚有一段言及「神定」始能「載道」的文字：

> 機心存於胸中，則純白不備；純白不備，則神生不定；神生不定者，
> 道之所不載也。（按：王先謙《集解》：「言不可載道」）

此言「機事」入於心，而使心中純白的虛氣受到雜染；受雜染的心，就會外馳（所以會有「機械」被製造出來）；外馳的心，引來紛擾——憂患、果敢知巧，那麼就會「神生不定」，而莊子認爲「神」不能定，即不能「載道」。意謂著寧靜的「神」是可以載道的。所以該篇此段稍後，即提出能使「神」寧靜的作法：「明白入素，無爲復朴，體性抱神。」所謂「明白入素」，即指不使「機事」入於心，而使心中純白的虛氣，回歸（入）於素樸；如此既無所鶩於外（無爲），即可復歸於淳朴（復朴），這樣就能體悟眞性，而「抱守」住「神」了。被「抱持守護」著的「神」，自是寧靜安定的，這樣才可以「載道」。所以前文言及之「主」，應該是此段談到的這個寧靜安定的「神」。爲驗證這個看法，我們還可藉助於「唯道集虛」的「虛」——心齋，一方面看看有道來集的「心齋」，與此處所言可載道的「神」，有無同質性。一方面則看看如此之「神」，何以能「載道」？前曾論及「心齋」是通過「一志」工夫所護致的，「一志」與「痀僂丈人」的「用志不分」是一樣的；與「梓慶」爲鐻前的「不敢耗氣（守氣）、齋以靜心」亦相同；也與使「虛室生白」的「徇耳目內通而外於心知」同；當然和「庖丁解牛」時「不以目視、官知止」的工夫也相當。而「用志不分」獲致「凝於神」；「守氣」、「靜心」則使成鐻「疑於神」；「虛室生白」則「吉祥止之」；「徇耳目內通而外於心知」則「鬼神來舍」；「不以目視、官知止」則「神欲行」……這些例子，已於前文論析過，並指出其中的「神」，都是在「心知官能」不起作用時，便自然而然地運作起來的「東西」，就如〈刻意〉篇所言：「養神之道」須「純粹而不雜，靜一而不變，惔而無爲，動而以天行。」（詳見後文）。可見，欲獲致寧靜安定之「神」，與達到「心齋」境地，都是要透過返視內聽、不動心的工夫，故二者是有同質性的。而且在上述的論述中，亦可知這個「神」是純粹不雜，靜一無爲的，但又是使庖丁等人的技藝，展現出神奇奧妙作用的原因。而且莊子還曾直接以「道」指稱之（如丈人曰：「我有道」，梓慶曰：「以天合天。」

庖丁曰：「所好者道也，進乎技也。」）（以上略見第三章第二節、參），故可以說「神」因爲既可符應「道」的昏默無爲，又能展現「道用」的無不爲，所以可以「載道」。

　　而在第一節，論析〈天地〉篇「泰初」段的「形體保神」句時，即已提及「泰初」（道）下貫，乃有「一」起於至無之中，此「一」即是「道」內在於物的代表，而由「形體」保護著，並特稱此「一」爲物之「神」，而此「一」又是「道」用以建構天地，及天地生成萬物的「氣」。所以「神」的具體內容，就是「氣」，且是參與成就物形、物理的「氣」。

　　那麼就「氣聚而生」的人來說，這樣的「神」居於人之形構中的什麼地位呢？如前所言，神自非形軀，而是須藉形軀來保障其存在的；所以似是可散溢出形軀之外的、一種輕盈流動狀態的存在體；且在「抱神以靜」時，則能守形，使形長生；因此它也不是器官義的「心」。而若以今日普遍使用的「精神」之意來理解，仍恐有誤差；在莊子書中，亦有類似於今日使用的「精神」義之詞，即〈養生主〉篇：

　　　　澤雉十步一啄，百步一飲，不蘄畜乎樊中。神雖王，不善也。

所言乃謂澤雉寧可艱困地在沼澤中求生，也不願被畜養在樊籠中。因爲被畜養固可整天吃得飽飽的，羽毛也是光鮮的，頗顯得精神飽滿旺盛狀，（釋文：「王，于況反。」）可是仍覺得不夠愉快（不善也）。此處的「神」，是即使在「旺盛」的狀態下，都還可能令人有「不善」的遺憾，想必不是爲「道」所集的「神」，而比較像是今日所謂的具有心理學意義的「精神」。所以二者並不相同。

　　依筆者的理解，莊子頗爲看重的「神」，正是「唯道集虛」的「虛」。這個「虛」基本上仍是「氣」（聽之以氣），但這個「氣」是較一般的「氣」更爲精緻的。因一般的「氣」是「虛而待物」，而這個「氣」就只是「虛」（詳見第二章第一節）。但這樣的「虛」之氣，在人的形構中，居於何處呢？就其後文言：「虛者，心齋也。」觀之，這個「虛」之氣，是居於「一志」之後的「心」中的（只是因爲此時之「心」，就像是齋戒者之心一樣，故特稱之爲「心齋」）。亦即在一般人的心中，所川流著的「虛而待物」之氣，通過一志後，雜染淨盡，而呈顯爲「虛」之氣。換言之，是因爲「心中之氣」，由可「待物」，而「了無一物」（故唯道集之），故特稱之爲「虛」。而筆者又稱此虛爲「神」，一方面是因爲這樣的「虛」，既是精微無形，純粹無雜，雖有而似無，至虛而若無（不是眞的「無」，也非「無」本身）狀態的「氣」；而這種精純至極之

氣，是有滲透與轉換物的神妙之作用的。另一方面則因本章第一節「泰初」段中論述過的：神即是「道」所起之「一」，〔註21〕而此「一」內在於物，成為道的化身，擁有道無不為的作用。也就是說，「神」「虛」二者皆有相似的作用，故而將「虛」又稱為「神」。

在此，宜將第二章談及「氣」精純能化的性質，與此處指「神」為「精純之氣」的問題，作一說明；並進入「神人」的問題。所謂「精純」，是就「氣」之「至精無形，至純無雜」的精微純粹而言的。並因為它是最細微純粹，故具有滲透他物之可能（詳見第二章第三節）。然而不管是陰氣或陽氣，都至少還可分為「至陰至陽」和一般之陰陽（即非「至」者）。〔註22〕如〈田子方〉篇中的「至陰肅肅，至陽赫赫」，便與〈大宗師〉篇的「陰陽之氣有沴」應有所區分；前者即所謂精純之氣。這就像是「心齋」中的「虛」氣，與「虛而待物」的氣，是有所差別的一樣；而且更是：「心齋」之虛氣，何以「唯」有道集之，而他物則不能集之之因。因為「心齋」之「虛」，乃是至陽之氣（精純之陽氣），而精純之氣具有「化」物的作用，他物若來「集」，則將被滲透，或被取代式地轉換而化。在這種他物入則被轉化為精純陽氣的情況下，便無所謂「他物集之」的時候。而「道」則無化不化的問題，故只有「道」集於此心齋之虛氣中。而且「無介容也」的「道」，既是「不欲雜」的；而埋論上，則只有集於精純之氣，才能不為他物所雜。

將「神」視作精微純粹的至虛之氣，固是理論上的推演，並不容易在莊子原典中找到直接的例證。〔註23〕但「神」這個字，在莊子全書中，除了作

〔註21〕　當「一」內在於人，而駐於人心，其時之「心」乃如齋戒者之心，充滿了「虛」之氣，而能展現神奇奧妙之作用。因此老子、莊子也都重視這樣的「一」。且喜歡以甫得氣而生的嬰兒，來說明有此「一」的種種現象。如《老子‧第十章》：「載營魄抱一，能無離乎？專氣致柔，能嬰兒乎？」〈第二十八章〉：「常德不離，復歸於嬰兒。」〈第二十章〉：「我獨泊兮其未兆（按：有「一」而「未形」也），如嬰兒之未孩（咳笑也）。」《莊子‧〈庚桑楚〉篇》：「衛生之經，能抱一乎：能兒子乎？兒子終日嗥而嗌不嗄，和之至也。終日握而手不掜，共其德也。終日視而目不瞬，偏不在外也。」皆可資參證。

〔註22〕　《內篇補正》：「《天元紀大論》：『陰陽之氣，各有多少，故曰三陰三陽。』頁14。筆者按：在莊子原典中，雖未見分陰陽為三陰三陽者，但是就其使用的系統觀，至少有稱之為「至」者，和直接稱陰、陽者一組；與「虛而待物」和「虛」的一組。此兩組系統的關係應該是：「虛而待物」的為一般陰陽之氣；「虛」則是指「至陰至陽之氣」。後有詳論。

〔註23〕　〈天地〉篇：「神生不定者，道之所不載也」仍不能視作直接證據。一者，採

爲形容詞的之外，作爲名詞的三十多例中，有十四例要求「凝、守、抱、全
（不虧）」之（對於「一」也常以「貴、抱、守」言之，如果再加上「精」，
則例子更多）。很明顯地是將「神」視爲形構上須極力抱持守護，使其全而不
虧者。此數據或可作爲「神」即是「道」所集之「虛」的間接佐證。另，莊
子對藐姑射山之「神人」的肯定，已如前述（見第二章第三節）。而此神人，
正因能「凝」其「神」，故「使物不疵癘，而年穀熟」的，甚至還無懼於「大
浸稽天，大旱金石流、土石焦」。此亦恐是在其凝聚精純陽氣時，一則守形，
一則化洪潦、高溫爲無所傷於己者。而〈天下〉篇所云：「不離於精，謂之神
人。」這個「精」，依〈秋水〉篇：「精者，小之微也⋯⋯無形者，數之所不
能分也。」的定義來說，亦只有「氣」才能符合（詳見第二章第三節）。故此
句亦應可理解爲：愼守而不稍離於精純之氣的，稱作神人。故今將「神人」
視作：守「神」至嚴，並可使「神」發揮出無不爲（如「化」）之作用的人，
應是可接受的。

　　但是這樣的精純之氣，應該還可以仔細地分成「化物的純陰或純陽之氣」，
與「爲"道"所集的虛氣」。關於這個問題，我們可用具體的陰陽組合方式來說
明。例如一組「至陽、陰氣」的陰陽之氣和合，即有物生焉；一組「陰氣、陽
氣」的和合，亦有物生之。然二物便是「受命」不同，〔註24〕故會成就不同之
「理」，循不同的「儀則」，顯不同的「性」，而爲不同的「物」。再如陰陽離合
消長過程中，因所處環境（如方位，或靠近天、地等），在某個偶然中，有「陽
氣、陽氣（或「陰氣、陰氣」）」的組合出現，即非「和」而爲「純」，如此即能
「化」物（但就陰陽相吸的定律觀之，此種純爲陽氣或陰氣的組成，固會因所
處之地的影響而出現，如滑介叔所觀的「冥伯之丘，黃帝之所休」，卻應該不是
常見的。而且也應該在「化」（滲透）物之時，即與該物之氣重組，又以「和」
的狀態出現，只是已使原物有所改變了）。另外，也可能是「至陰、至陰」或「至
陽、至陽」的組合，這樣的組合，當然也能「化」物，但便應該是全面性取代
式的轉換。而其中「至陽至陽」的組合，更是「道」所集之氣（理論上，「至陰、

　　　　用反面用詞：二者，「道之所不載」與「不載道」仍有距離。不過，由同爲〈天
　　　　地〉篇的稍前一段所言：「夫道，覆載萬物者也。」看來，此處不宜又說：「道」
　　　　「不載」「神生不定者」。所以王先謙之解，應該可信。但是終究缺乏版本，
　　　　訓詁等的佐證，尚有缺憾，故不宜視之爲直接證據。
〔註24〕由此進入，來了解莊子對於「命」，採取「被決定的」之態度，亦是一種可嘗
　　　　試的角度。

至陰」的組合，即是「鬼」，當非「道」所「集」者）。換句話說，「道」的作用
——陰陽之氣——在命物成形的同時，「道」即隨其所起之「一」而內在於物
中。但因「道」不僅昏默杳冥，且不欲雜，故內在物時，即是集於他物所不能
入的精純的至陽之氣；而此精純的至陽之氣，即承載著道，故爲該物之實質（非
和氣所生之「形軀」），而稱爲「神」，那麼自須謹守此神。即如〈天運〉篇「塗
隙守神」句，更把「神」的可貴程度，用非常具象的動作——將所有縫隙都塗
滿彌合——來表達。因任何物若能保守此神，才能固守道，才能發揮無不爲之
效，而成爲「神人」。藐姑射山之神人，之所以能使自身之形軀，變得「肌膚若
冰雪」，又能「遊乎四海之外」；且待其神專一凝注之時，更能使物不疵癘而年
穀豐登等，即是守神之效。但此處亦要指出：如此之化物現象，並不是神人的
刻意作爲，而是其神凝之時，精純的至陽之氣，必然產生的種種效應。所以連
叔也說：神人「孰弊弊焉以天下爲事」〔註25〕、「孰肯以物爲事」。又如〈在宥〉
篇在「抱神以靜，形將自正」之後，又說「愼守汝身，物將自壯」。意即「神」
靜「形」即自正，「形」守身中之「神」，「物」即「自壯」；都說明了「神」本
具有這種必然性，而非神人有意的作爲。

　　至於「眞人」「至人」的境界，是否亦如「神人」一般，也是因爲能「守」
此「精純至陽之氣」而獲致的呢？我們先從〈刻意〉篇的「養神之道」看起：

　　　　純粹而不雜，靜一而不變，惔而無爲，動而以天行，此養神之道也。

此種描述頗可與已「養神」有得的藐姑射山之神人，互相啓發：如以「純粹
而不雜」言「形」，則有通體澄澈之意，故能「肌膚若冰雪」。而純粹不雜之
因，則端在「不食五穀，吸風飲露」；而「風、露」皆是陰陽之氣的不同表
現（詳見第一章第二節）。故攝食風、露的陰陽之氣，神人所嚴守之「神」
便能不受汨雜。以「靜一而不變，惔而無爲」言「性」，則能「淖約若處子」；
「淖約」即是《老子》所謂：「弱者道之用」的「弱」，而「道之用」則已討
論過，正是顯現出「虛柔，和合、精純、運動」的「陰陽之氣」。換言之，
若處子一般的柔弱淖約，看似靜一無變，惔而無爲，卻藉著陰陽之氣，發揮
著「無不爲」的「道之用」。以「動而以天行」言，則正是「乘雲氣、御飛
龍，而遊乎四海之外」的表現。然則「雲氣」者，亦陰陽聚合者也，「飛龍」
在古人觀念中則象徵「純陽正盛」。〔註26〕總言之，養神過程中，不論是靜

〔註25〕　《集解》：「簡文云：『弊弊，經營貌。』」頁 6。
〔註26〕　《內篇補正》：「易乾卦言陽氣在六位中之變化。故設六龍以喻之。……飛龍

態或動態，一皆與「陰陽之氣」的吸收、調攝、運作有關。通過這樣的凝之、養之的工夫，可想見「神」的境界，已臻極至。故〈刻意〉篇稍後，即特稱之為「精神」（詳見後文）。而言其「四達並流，無所不極，上際於天，下蟠於地，化育萬物，〔註27〕不可為象，其名為同帝。」這種四通八達，上下無所不可至，化育萬物，又無跡（象）可尋的「精神」，的確已與「道」極其接近，所以稱之為「同帝」，即認為它幾乎是與「道」相同了。這應該就是因為「精神」是為「道」所棲止者的緣故吧！

而「真人」「至人」實亦有養神守神的工夫，例如〈刻意〉篇又提到：「能體純素，謂之真人。」而「純素之道」即是「惟神是守，守而勿失，與神為一，一之精通，合於天倫。」〔註28〕這樣說：謹守著「神」而一無所失，即可使形與神為一。形神如一地到了精通的境界，便合於「道」之「理」（天倫）。接著莊子還說：「素也者，謂其無所與雜也。純也者，謂其不虧其神也。」這不正是前曾言及的純粹無雜之氣的現象嗎？如此觀之，「守神（守精純的至陽之氣）」的真人，實亦是「凝神」的「神人」。

再看〈達生〉篇：「潛行不窒，蹈火不熱，行乎萬物之上而不慄」的「至人」。這樣的描述，一如藐姑射山之神人：「大浸稽天而不溺，大旱金石流、土山焦而不熱。」而關尹說明至人「何以至於此」時說：「是純氣之守也，非知巧果敢之列。」並在最後總結式地說：「夫若是者，其天守全，其神無隙，物奚自入焉？」而之所以能「其神無隙」，自是守之之效。而在守至「無隙」時，則「水、火、萬物」之「深、熱、高」皆不得「入」之。由此可見所謂的「純氣之守」的「純氣」，當是指精純的至陽之氣──神。又如〈齊物論〉篇對「大澤焚而不能熱、河漢沍而不能寒，疾雷破山海而不能驚。若然者，乘雲氣、騎日月，而遊乎四海之外。」的「至人」之描述，其實與藐姑射山之神人並無二致。且此段對此至人，就是以「神矣」來形容、來讚歎的。

最後，要談一談「神」這個字，在莊子書中亦不全然像：「道」所棲止的

應五爻而當五位。其上上九，則陽過亢；其下九四，則陽未盛。……惟九五之飛龍，純陽正盛，無過不及，非老非嫩，控御此氣，所以為神人。」頁21。

〔註27〕《莊子翼》引諸伯秀：「養神之極者，非唯自全而已。又足以贊天地之化育，輔萬物之自然。」頁51。

〔註28〕《成疏》：「純精素質之道，唯在守神。守神而不喪，則精神凝靜，既而形同枯木，心若死灰，物我兩忘，身神為一也。倫，理也。既與神為一，則精智無礙，故冥乎自然之理。」頁655。

「精純的至陽之氣」，並因爲內在於物中，而成爲該物之實質的意義；而有作爲描摹「精純陽氣」的神妙作用的形容詞彙的。另外又有以「精」字來形容名詞的神，並轉而以「精」字，來代稱名詞義的「精純陽氣」者。換言之，名詞的「神」轉品爲形容詞；形容詞的「精」轉品爲名詞（以代稱「神」），而出現「精」「神」混用互通的現象了。其原因或許是「神」實即是「精純至極」的陽氣；而這個精純陽氣又唯「道」可棲止，自是具有極神妙之作用的。今舉數例以說明。同時亦作爲對「神」之種種論述的檢證。〈天地〉篇：

> 視乎冥冥，聽乎無聲。冥冥之中，獨見曉焉；無聲之中，獨聞和焉。

> 故深之又深，而能物焉；神之又神，而能精焉。

所謂「冥冥、無聲」乃是對「道」本身的描述。而在冥冥中，只見到一個「曉」；那麼這個「曉」應即是「泰初」段，「一之所起」的「一」。而何以「曉」爲可見呢？正如「泰初」段接著所說的：「有一而未形」，可見雖是「未形」，然既是已「起」而「有」，故不再是「無」，因而可見。而在「無聲」中，則只聽到「和」；「和」又何以能聽到呢？因爲「和」是陰陽涌搖激盪而「成」的，故聽到的就是二氣「沖」而至於「和」的聲音。而兩個「深」字是分別「形容」「曉、和」固爲「有」，然仍是深邃、靜寂的。而「深之又深」則希望藉詞彙上的迴複，達到詞意上互相加強之效，以極言深邃、靜寂的「曉、和」，就是「物」所得的「一」（曉），與「一」所「分」（「泰初」段：「未形而有分」）的陰陽和合之氣（和）；既有「一」，又有陰陽之和氣，故而「能物焉」（能生物也）。「神之又神」的句法相同，兩個「神」字，則分別「形容」「曉、和」的神妙現象，因爲「曉」（「一」也，「神」也）的精純能化，是神奇的；「和」的生成萬物，也是奇妙的。故藉「神之又神」之強調效果，以極言其神妙，故而「能精焉」（能化、生萬物也，《成疏》即言：「欲明從體起用，功能如是也。」頁 412）。〔註29〕此例中之「神」即是作爲形容詞使用；而「精」則借爲「神」，又轉爲「能發生神妙作用」的動詞了（就像「能物焉」的物，即是「生成物」的動詞）。

　　另外，「精」作爲名詞以代稱「神」者，如〈德充符〉篇末，莊子批評惠子

〔註29〕〈達生〉篇：「形精不虧，是謂能移。精而又精，反以相天。」《成疏》：「相，助也。夫遣之又遣，乃曰『精之又精』，是以反本還元，輔於自然之道也。」頁 763。筆者按：《成疏》由「遣之又遣」言精之又精，正與筆者以「神」爲最「純粹無雜」的意思吻合。遣去任何雜染，即恢復爲精純之氣，故「精而又精」即能「神之又神」也。又如《中國人性論史》：「此一 "精" 的存在，就其妙用無窮之作用而言，則謂之神。」頁 387。

的話：

> 道與之貌，天與之形，無以好惡内傷其身。今子外乎子之神，勞乎
> 子之精，倚樹而吟，據槁梧而冥。天選子之形，子以堅白鳴。〔註30〕

這是說惠子終日高談闊論以自鳴（有如公孫龍之言「堅白」），實是一種會因有所好惡而內傷其身的作法。因爲惠子的好論辯，會使「心」外馳，心中的「虛」氣（神）亦因而有了「隙」，故隨之外馳；馳而不返，自然「勞」弊不堪。所以「外子之神」就是「勞子之精」，只不過爲了要強調「神」在「外馳」後，會「勞」而損，則不能全了；所以說成兩句，並變化詞彙而已。就如〈齊物論〉篇，即有不說成兩句，而無須變換詞彙的，如：

> 唯達者知通爲一，爲是不用而寓諸庸。……勞神明爲一，而不知其
> 同也，謂之朝三。〔註31〕

意思是說，只有「達者」能「通觀萬物，而知萬物是一樣的」，因此不用己見，而皆寓之於平常之理。……但如果不知萬物本同一，而「勞」己之「神」去使萬物成爲同一，那便像是狙公之怒朝三而喜朝四一樣（不知朝三暮四，與朝四暮三之本同也）。此段旨意與前段同，也用了「勞」，但一用「精」，一用「神」，原因就在二者可互稱。

又如〈達生〉篇：「棄事則形不勞，遺生則精不虧。夫形全精復，與天爲一。」言：不任事則「形軀」不會勞頓（按：此句當非莊子鼓勵人不勞動四肢，而應是用一般人最有經驗的情形來作例子，以助下句「遺生……」的說明。至少，此處之「不勞」，宜由「不使勞頓」解之，而非「不使勞動」）。「遺生」則謂不以生命壽夭爲意；不以之爲意，則不會勞「精」去追求養生之道，所以能「精不虧」。正如〈刻意〉篇所說：「形勞而不休則弊，精用而不已則勞，勞則竭。」亦可對前段「不勞」宜解爲「不使勞頓」（勞而不休），提供最佳的註腳。而如果不能「遺生」，則使「精」「用而不已」，便會「虧」（勞則竭）。二段文字一正一反，正可互足其意。〈刻意〉篇又曰：「平易恬惔，則憂患不能入，邪氣不能襲，故其德全而神不虧。」即謂：無所在意的人，其心無憂無患，平易恬惔，故能使「得於一」者（德也），保全完整（「形」自

〔註30〕 《成疏》：「槁梧，夾膝几也。言……行則倚樹而吟詠。坐則隱几而談說。形勞心倦，疲怠而眠。」頁267。

〔註31〕 上「爲」字：是也；知萬物都「是」一樣的。下「爲」字：成爲也；使之「成爲」一樣。「神明」是說「神」是極靈明的，並非又是另一種意思。

亦在保全完整之中）；而其心既無所旁騖，心中虛氣（神）即無所虧。如此形
全、德全、神全者，正是〈天地〉篇：「執道者德全、德全者形全、形全者神
全」的「執道」者。亦正是〈達生〉篇謂「形全精復」，能「與天爲一」的意
思。因此「形全精復」者，「形全神復」也。〔註32〕

　　總之，精與神二字在莊子書中，混用不分之例甚夥，因此「精神」連用
時，〔註33〕無論是視之爲：以「精」形容「神」的奇妙，或視之爲同義複合
詞，皆無礙於莊子之意。最後再以〈刻意〉篇爲例：

　　　　精神四達並流，無所不極，上際於天，下蟠於地；化育萬物，不可

　　　　爲象，其名爲同帝。

前半段將逍遙篇「神人」「遊乎四海之外」的情形，作了更具體的描述，後半
段則一如神人凝神後的「使物不疵癘，而年穀熟」的意思。所以，「精神」就
是「精純的至陽之氣」，就是道所棲止而內在於物的「神」。

　　但「神」還有作爲動詞義者，如「夫道……神鬼神帝」（帝，神也。見第
三章〔註22〕）的「神」，即是「使之神」。此則可說是「道」由其作用——陰
陽之氣——使「鬼、帝」具有神妙之能力。但「鬼」所具有的神妙能力，會
是如「神人」一般嗎？此則宜由「鬼神」一詞在莊子書中使用的狀況來了解。
莊子書中「鬼神」一詞凡六見。而當此二字連用時，依複合詞的組合法則言，
可有三義：（甲）鬼與神——並列複合詞。（乙）鬼——偏義複合詞。（丙）
神——偏義複合詞。檢視六組「鬼神」如下：

　　（一）〈天地〉篇：「通於一而萬事畢，無心得而鬼神服。」言「通觀萬
　　　　　物如一」又能「無得之之心」者，宜爲得道者也，〔註34〕故應是
　　　　　鬼、神皆服者；當屬甲類。

　　（二）〈天運〉篇：「是故鬼神守其幽。」《成疏》云：「各得其所，而不
　　　　　相擾」；亦應屬甲類。

　　（三）〈繕性〉篇：「陰陽和靜，鬼神不擾，萬物不傷，群生不夭」。《說

　　　────────────────

〔註32〕《成疏》：「形神全固。」亦視「精」「神」爲一義。頁762。

〔註33〕《中國人性論史》：「在莊子以前，精字神字，已很流行。但把精字神字，連
　　　　在一起而成立"精神"一詞，則起於莊子。」頁387。

〔註34〕〈齊物論〉篇：「唯達者知通爲一：爲是不用而寓諸庸，……已而不知其然，
　　　　謂之道。」下，《經解》云：「已者，既通爲一，不知其然，未嘗有心也。謂
　　　　之道，所謂『適得而幾』也。」頁64。筆者按：「未嘗有心」即「無心得」也。
　　　　而「適得而幾」之意，應是：恰在可否得道的微妙已極之狀態中，而終能得
　　　　之。故筆者認爲〈天地〉篇此段之描述，當是指能「得道」之人。

文》云：「人所歸爲鬼。……鬼陰氣賊害，故從厶。」而《大戴禮・曾子天圓》亦云：「陽之精氣曰神，陰之精氣曰靈。」《諡法》曰：「極知鬼事曰靈」，則「靈」在此亦可說是「鬼」。而且陰主「殺」，陽主「生」；那麼會「擾」而使萬物群生「傷、夭」的，亦當是「陰氣」。而「神」已如前述，乃精純至陽之氣。則相對於「神」的「鬼」，應即是「精純至陰之氣」。總之，「鬼神不擾」句，就文意來看，當是「鬼不擾」；故屬乙類。

（四）〈達生〉篇：「鐻成，見者驚猶"鬼神"。……器之所以疑"神"者，其是與？」因此推論前句之「鬼神」，乃偏義複詞，而屬丙類。

（五）〈外物〉篇：「任公子……投竿東海……大魚食之……白波若山……聲侔鬼神。」侔，類也。乃敘大魚吞食魚鉤，故其聲當驚惶恐懼憤怒交雜，宜類於「鬼吼」；故當屬乙類。

（六）〈人間世〉篇：「徇耳目內通而外於心知，鬼神將來舍。」「耳目內通而外於心知」前已論述甚詳，乃是使「虛室」生「白」（虛氣也）的工夫，故不僅是精純陽氣之「神」的居所，更將有「道」集之。〔註35〕

故此處之「鬼神將來舍」當爲「神將來舍」。而且〈知北遊〉篇：「若正汝形，一汝視，天和將至；攝汝知，一汝度，神將來舍。」亦只有「神」字，可見〈人間世〉篇之「鬼神」，當屬丙類。〔註36〕

總之，莊子書中之「精神」即是「神」，精純的至陽之氣。而「鬼神」之意，雖不一而足，但作爲偏義複詞，而只取「鬼」之時，則即是「精純的至陰之氣」，且因皆爲「道」所「神」，故二者皆有神奇奧妙之效。只是「鬼」的「神奇」，既是在於使物弱、疵癘、死等，故較少被莊子提及。

第三節　心（兼及「志」）

由〈人間世〉篇「心齋」段：「無聽之以耳而聽之以心，無聽之以心而聽

〔註35〕雖然「道用」乃由陰陽之氣展現，然「陰」既主「殺」，故將使物弱、死；而「陽」則主「生」，則將使物壯、生。所以若是同時「來舍」，自然會有一番涌搖激盪，那就不能符應「道」的昏默無爲了。故不僅唯「道」集於「虛」，理論上，道亦「唯」「虛」是集。

〔註36〕《管子》心術篇：「虛其心，神將入舍；掃蕩不潔，神乃留處。」亦可作爲旁證。

之以氣。」的語意脈胳看，已明顯地看出「形——心——氣」是遞升的關係。
「形」是陰陽二氣和合而生，具有物形、物理的「物」，也可以說就是「百骸、
九竅」。「氣」則是指能「虛而待物」，且可因「一志」的工夫，而具精緻義的
「至陽之氣」，並成爲「道」所集的「神」。但是「心」是什麼呢？就其同爲
「五藏」（心、肝、脾、肺、腎）之一，則應是與九竅百骸同層級的，故亦應
是「泰初」段中的「形」。可是，莊子思想中的「心」，實非物質性的。至少
依「形——心——氣」的架構，便可見得「心」是有所異於物質性的「形」
的。又如〈人間世〉篇蘧伯玉告訴顏闔曰：「形莫若就，心莫若和」，〔註37〕
指出心是以「和」爲優先，而與對舉的「形」之宜於「遷就」不同。再如〈大
宗師〉篇孟孫才之母死，而「哭泣無涕，中心不戚，居喪不哀。」孔子認爲
這是因爲孟孫才已領悟了其母之死是「有駭形而無損心」；〔註38〕也是以「形、
心」相對而言。尤其尙有頗多「乘物以遊心」「遊心於物之初」「遊心於德之
和」等，將「心」視爲具超越義的說法（按：因「物之初」可以說就是「泰
初」段中的「一」，而「德之和」則正是德的最佳狀態——和，而爲物所得者）。
總之，「心」確實有超越物質性的意義。最明確的例子是〈外物〉篇：

> 胞有重閬，心有天遊。室無空虛，則婦姑勃谿。心無天遊，則六鑿
> 相攘。〔註39〕

是說軀體只像一層脬膜（胞），其中是空曠的（閬），故可以容納五臟六腑。
而臟腑之內也是中空的（重閬），才能容納血液、食物。「心」也是一個空間，
但不容任何物，而只有純白的虛氣，因「心」之「遊」，乃是從容自然的「天
遊」。並舉例說，一個家庭，沒有足夠的空間，那麼婆媳則起爭執。相同道理，
「心」不能從容自然地「天遊」，便會使六根（耳目口鼻心知）成爲鑿傷本性
的「六鑿」，而且還互相擾攘（相攘）。在此，可以話分兩頭：第一、心與形
軀（胞）仍有同樣的性質——要求擁有空間。但「胞」有所容，「心」則不欲

〔註37〕《內篇補正》：「身日與親近而順應之。……（和）即不上不下而處其中也。」
　　　　頁107。《校註》：「外形莫若遷就，內心莫若寬和。」頁147。
〔註38〕《內篇補正》：「言彼死者有駭變之形，而無損於心。」頁174。
〔註39〕《莊子因》：「胞，人身脬膜也，重閬，空曠之地，所以行氣者。人心亦然。」
　　　　頁543。《經解》：「勃谿，逼塞相乘也。蓋勃，爭也；谿，空也。爭踐空處也。
　　　　謂無餘地則尊卑逼塞相乘踐也。六鑿，六根之鑿性者也。無閒適處，則六根
　　　　用事而奪性。」頁473。《莊子翼》引呂吉甫注：「六鑿，即耳目口鼻心知也。」
　　　　頁770。馬其昶引張琦曰：「人恃息而生，息恃虛而王；虛者，道之所集也。
　　　　故虛，六根爲我所用；不虛，則六根爲我賊。」《定本莊子故》，頁196。

容物，而欲「遊」；且又與形軀的種種官能（六根）有相對性（心不得其所求，則可使六根鑿性、相攘）。換言之，心雖是「形」之一，卻與其他的形軀——百骸、九竅、四臟（只具有物質性）——不同。第二、心要求從容自然的天遊，否則則使六根鑿性，那麼一方面可說「心」的層級優於「六根」；一方面亦可說「天遊」是「心」的本質之一；固宜再就「天遊」之意來探討。這可以從〈德充符〉篇來看：

> 魯有兀者王駘，……常季曰：「彼兀者也，而王先生，其與庸亦遠矣。若然者，其用心也，獨若之何？」仲尼曰：「死生亦大矣，而不得與之變，雖天地覆墜，亦將不與之遺。審乎無假，而不與物遷，命物之化，而守其宗也。常季曰：「何謂也？」曰：「自其異者視之，肝膽楚越也；自其同者視之，萬物皆一也。夫若然者，且不知耳目之所宜，而遊心於德之和。物視其所一，而不見其所喪，視喪其足，猶遺土也。」
>
> 常季曰：「彼爲己，以其知得其心，以其心得其常心。…」〔註40〕

段末常季之言，乃是對孔子所說之內容的概括，所以可以由此來著手。關於「知——心——常心」的這段話，王叔岷師言：「此謂王駘內通之修養，以其分別作用之知，得其起分別作用之心，更以其起分別作用之心，得其無分別作用之常心」。〔註41〕然而如何能以其「知」得其「心」呢？孔子於後續說明中指出是「一知之所知」，也就是將「起分別作用」之「知」，與「所知對象」，都「等同」看待（其實也就是此段之前文：「自其同者視之，萬物皆一也」），然後，本具有「起分別作用」的「知」，便可將最大的變化——死與生，和最大的不同——天與地，都等同看待。而「心」，也在一切都被等同地看待時，成爲被等同看待者，故被已「齊一」的「知」所得。如此的「知」，因爲已經不起分別作用，反而能審究出物象之眞貌（皆「一」也），而使此本具分別能力的「心」，不再隨「物」遷化，因萬物既一，物之遷化與否亦一，「心」已無從發用其分別之能力，如此即達到「命物之化，而守其宗」的境地。而

〔註40〕《內篇補正》：「故夫官骸百體者，物也。命物順化以待盡，惟遊心於德之和，不隨物以俱化。……此所謂"命物之化"者，外化也，與物化也。所謂"守其宗"者，內不化也，一不化也。……守其天也。」頁124。《經解》：「彼爲己，自修也。」頁121。

〔註41〕《校詮》，頁175。筆者按：起分別作用之知，謂「自其異者視之」；起分別作用之心，謂「審乎無假，而不與物遷」；無分別作用之心，謂「命物之化，而守其宗。」「遊心乎德之和」也。

這個能令物自化（命，令也。使物自化也。見〔註42〕），且仍能自守其宗的「心」，即提升爲「常心」了。因爲，所謂「自守其宗」的「宗」，即「本也」。就一個人的「本」來說，就是其得於「道」的「一」。故「自守其宗」是說：守其心，使心成爲生「白」（虛氣也、神也）的「虛室」（心齋也），而如此之「心」，才可以說是「常心」（有「道」集之，始能「常」而不變也）。也才能「遊於德之和」。而這裡的「遊心於德之和」之意，應該就是〈外物〉篇所謂的「心有天遊」之意；相反的，「心無天遊」乃指「心」外鶩於天地之覆墜、死生之變、萬物之遷化。並很快地爲外物所入、所壅，自然不再是一個「虛室」，而無法生純白的虛氣，不僅談不上「遊心於德之和」，還會因此而帶動了耳目等，爲求「所宜」而互鑿（亦即「知耳目之所宜」了）。

這樣的「常心」還可以和〈知北遊〉篇「內不化」問題並觀：

> 顏淵問乎仲尼曰：「回嘗聞諸夫子曰：『無有所將，無有所迎。』回敢問其遊。」〔註43〕仲尼曰：「古之人，外化而內不化；今之人，內化而外不化。與物化者，一不化者也。」

此乃說古人能「內不化、一不化」，是因其心對物「無有將、迎」；也就是說，心對於物的去來，猶如明鏡雖映照萬物，卻並不納藏之（見第三章第二節、貳，有關「至人之用心若鏡」段）。則其心即是能「守其宗」地護守住其神，故而不隨萬物而遷化。至於古之人之所以會「外化」，是因古人將自己的「外」（形身）與萬物等同看待，故聽任其形身與萬物遷化（與物化者）；這和王駘視「喪其足，猶遺土也」是一樣的意思。所以古之人和王駘，都是能視喪足如遺土般地聽憑其與物化，因而有「外化」現象；然而最重要的是彼等皆能「令物自化，而守其神」，故能「遊心於德之和」，而使其「內（心）不化」。

另如〈在宥〉篇，雲將遭「天難」，鴻蒙告訴他，以「心養」來避難：

> 心養。汝徒處無爲，而物自化。墮爾形體，吐爾聰明；倫與物忘，大同乎涬溟。……萬物云云，各復其根而不知，渾渾沌沌，終身不離，若彼知之，乃是離之。〔註44〕

〔註42〕　筆者將「命物之化」解爲「令物自化」，乃是著眼於〈在宥〉篇有謂：「汝徒處無爲，而物自化」句。詳見下文。且此「使」、「令」皆非「役使」之謂；而是「聽憑」之意，否則便又是原來的「起分別作用」的心了。

〔註43〕　《經解》：「遊心何處？」頁399。

〔註44〕　《郭注》：「夫心以用傷，則養心者，其唯不用心乎？」頁465。《集解》：「人倫庶物，皆泯其跡也。」頁96。《正義》：「元氣渾然，無朕無兆，謂之涬溟。」

所指出之「養心」的具體作法，概略言之，即「只是一無作為」（徒處無為）；而細以言之，就是要忘四肢形體（包括其官能），忘耳目之聰明，忘人倫與庶物。而其成效，淺言之，是能使萬物自遷自化；深言之，則能同於自然的渾融之氣（大同乎涬溟），進一步還能使紛紜眾多之萬物，都回歸於本根（根，道所起之「一」）。那麼，養心所獲致之效，就不止是能使自己同於渾然之氣（「一」也），又能因己心收斂心知，故不擾於物，物亦自遷自化而歸於本根。這種現象，實與「徇耳目內通而外於心知，鬼神將來舍。」和「惟神是守、守而勿失，與神為一，一之精通，合於天倫。」已無二致了。細繹其中之因，可知：「心」在杜閉「心知」，又使耳目返視內聽之後，其心之「氣」由「靜」（徒處無為則靜），而漸臻於「純」（墮之、吐之之後，不再有雜染），再由「純」養之而臻於「至」（涬溟，渾融之氣，神也，一也）；故能與「來舍」的「精純之陽氣」渾然融合，並能成為「道」所集之「心齋」。此時之「心」自已不只是陰陽和合而生之物質性的「形」，而是充滿純陽精氣的「神」了。然以其仍保有「知」——知「萬物皆一也」的真知——之功能，故特稱之為「常心」或「心齋」。而且這樣的「常心」一旦不再攝持，竟然聽憑「知」的功能運作起來，便又會落回原來的「心」。所以鴻蒙接著說云云之眾物，在「養心」者「大同乎涬溟」之後，因其心不再與其他之「心」或「物」知知識識，故皆如各復其本根一般，只要永遠「不開其知識」（宣穎解：「渾渾沌沌」句），則終身不離於涬溟（萬物亦自不離其根）。但如果讓「心」（彼）發用認知能力，又用「知」（起分別作用），於是就又離開那等同於「道」的涬溟了。這也就是說，即使已「養」心至「常心」的境界，但只要一用「知」便又只是「心」而已。所以「常心」還是「心」，但比一般義的「心」更為精緻化。就如「虛而待物」之氣，與「心齋」之「氣」的關係一樣；也與一般的純陽之氣，和精純的至陽之氣的關係相同。

但是「心」為什麼能通過「養」而成為「常心」呢？此則完全在於「心」的本質是「靜」且「柔」的，即使有所「遊」，亦是一種任由純白虛氣流通的「天遊」。關於這個本質，在〈在宥〉篇中有最具體的描述：

> 崔瞿問於老聃曰：「不治天下，安藏人心？」老聃曰：「汝慎無攖人心。人心排下而進上，上下囚殺；綽約柔乎剛強。廉劌彫琢，其熱焦火，其寒凝冰；其疾俯仰之間，而再撫四海之外，其居也淵而靜，

頁178。《成疏》：「云云，眾多也。」頁465。《經解》：「渾渾沌沌，不開其知識。」頁227。

　　　其動也縣而天。憤驕而不可係者，其唯人心乎！」〔註45〕

此段文字的基本預設是：人心本是沈靜、綽約柔弱的，因此人心是不可攖的。
所以開頭便說「慎無攖人心」。因為所謂的「排下而進上」乃言：排抑之則能
使之下，推進之則能使之上；可見「心」是綽約柔弱的。然不論是「排」或
「進」，皆已是攖動之，於是使本來柔、靜之心，在「上下」之間，或如受囚
繫，或如受傷殺（上下囚殺）。在這種情形下，原本柔弱之心，則將勝過任何
剛強之物，而如稜角般銳利刻削，如焦火般熾熱，如凝冰般寒瑟；而且一旦
觸動、違逆人心的靜柔本質，它就或是疾速地在俯仰之間，便來回了「四海
之外」兩趟（再撫）；或是候而深伏如居靜淵，或是候而遠揚如飛升懸天。總
之，人心之本質既是又靜又柔的，所以在受到不當的「攖擾」後，反而會亂
且彊傲而不可禁係。例如〈天運〉篇中，便藉老子提了許多具體的例子：「黃
帝之治天下，使民心一。」故人皆淳，一而不獨親其親，子其子。堯以後則
「使民心親」而使人有親親、子子之偏私現象。舜則「使民心競」，故人始有
「早夭」現象。至禹則「使民心變」，造成「天下大駭」。到了當代，竟出現
「丈夫而有婦女之道」；〔註46〕所以老子下結論時說「名曰治之，而亂莫甚
焉」，這種治之反亂的原因，即在「使民心親、競、變」地攖擾了人心；正亦
可說明前引之老聃認為對於人心，若是欲藏之則反是攖之的原因是一樣的。

　　　以上是就「心」的本質言：心是沈靜、綽約而柔弱的，所以只要能「徒
處無為」「墮形體，聰明」「忘人倫、庶物」，則可以「養」而至於「常心」，
而為「神」所舍，以遊於德之和而不化。但是如果使心的功能——知——發
用起來，使之起分別作用，而有所親、競，便要犯害種種了，〈庚桑楚〉篇即
有從這個角度談「心」的，如：

　　　兵莫憯於志，鏌鋣為下，寇莫大於陰陽，無所逃於天地之間。非陰

　　　陽賊之，心則使之也。〔註47〕

這是說陰陽之氣若有沴亂，即成邪氣傷人；而天地之間莫非陰陽之氣，根本

〔註45〕　《經解》：「遭排抑則降下：稍進步則亢上。上下之間，係之若囚，傷之若殺。」
　　　　　頁219。《郭注》：「能綽約則剛強者柔矣。……夫焦火之熱，凝冰之寒，皆喜
　　　　　怒并積之所生。」頁445。《校詮》：「竊疑此文本作『其居也而淵靜，其動也
　　　　　而縣天。』"而"猶"如"也。縣天猶遠天。言其深伏，言其遠揚。」頁382。
〔註46〕　《集解》，頁130。
〔註47〕　《成疏》：「寇，敵也。……夫勍敵巨寇猶可逃之，而兵起內心，如何避邪？……
　　　　　此非陰陽能賊害人，但由心有躁競，故使之然也。」頁950

無法逃躲，所以陰陽之氣可以說是最大的敵人（寇）了。但是事實上，陰陽並不會無故而「渗」、而傷害人的，實在是「心」役使陰陽之氣，才造成傷害的。這就像是兵器固然是慘毒人的工具，可是兵器並無傷人的必然性，而是因有人「存心」（志，心之所之也。下文有述）以兵器傷人。所以，傷人的禍首是「志」，鎮鋣等兵器其實不是主因。同理，人之形構中的陰陽之氣，本是得「和」而生的，但如果「心」有所旁騖，而使心中之氣躁動起來，便違逆了心的本質，而使心中之氣寒凝如冰、焦熱如火，倏起倏落，或剛強如稜利之刃（《老子・五十五章》：「心使氣則強」）。所以《成疏》即謂：「兵起內心，如何避邪？」可見應該對治的是「心中的陰陽之氣」，而不是天地之氣。但是，是什麼原因，使本質靜、柔的「心」，竟然「使氣」起來了呢？是不是「心」的功能——知——發用起來所造成的呢？關於這個疑問，宜由「知」是如何運作的（即「心」何以能「知」）來探究。〈外物〉篇云：

> 物之有知者恃息，其不殷，非天之罪。天之穿之，日夜無降，人則顧塞其竇。〔註48〕

原來，「物」是依恃氣息與心以外的部份（包括形軀之內）交流而有「知」的，因此擁有這個功能——知——的「心」，須是一個「空間」，〔註49〕而且也要有可供氣息流通的「竇」。但是如果聽憑其功能外馳，使外在事物紛紜來赴，則心的空間必受撐觸，且亦將堵塞其竇。那麼原本「日夜不停地在竇內外穿梭著」的「天地之氣」，〔註50〕便被阻絕在外，而已入竇的天地之氣，卻又因「鬱閉而不流，亦不能清」；〔註51〕那就會像第一章提過的「忿滀之氣……不上不下，中身當心則為病。」而且，心也會因「困焉而不能知」了。〔註52〕由此可知，「心」的功能，也是因其中之氣（息）的流動而產生的。而且這樣

〔註48〕《莊子因》：「凡物之有知，皆恃其息之周流。」頁 542。馬其昶云：「廣雅 "降" 與 "厁" 同，云：『減也。』天人氣息，日夜相通，未嘗有減。其不肶殷盛者，人特以聲色自戕耳。」《定本莊子故》，頁 196。《成疏》：「竇，孔也。」頁 1106。

〔註49〕此所謂之空間，實即是前曾引：「心有天遊」的意思。宣穎即言：「心必有閒處以適天機。」所謂閒處，即此空間也。參見〔註39〕。

〔註50〕《莊子翼》引褚伯秀云：「夫生物之有息，所以通一身之氣。交天地之和，作為（筆者按：如有所作為）以壅閼之，則非與天地元氣流通之道。」頁771，足見將「天之穿之」的「天」解為「天地元氣」。

〔註51〕〈刻意〉篇：「水之性，不雜則清，莫動則平，鬱閉而不流，亦不能清，天德之象也。」筆者按：天德，也可以說是：得天地元氣者，故引之以說明。

〔註52〕〈田子方〉篇：「心困焉而不能知，口辟焉而不能言。」

的流動，是有其必要性的，如果反而（顧）壅塞其竇，不使流動，就不能引天地之氣穿透、川流而入了。所以由此段觀之，莊子並不排斥「心」藉「息」之穿、流而能「知」，並且認爲這是「心」的特色，不宜「塞其竇」（例如爲了不使外物紛紜來赴，而去壅塞它），甚至還希望這樣的「息」能「殷盛」。

可是這樣的說法，似乎與吾人對莊子是希望「離形去知」的了解有所牴觸（如前引〈在宥〉篇：「墮形體、吐聰明」「若彼（心）知之，乃是離之（滓溟）」）。但是，這些應只是方便說，因爲也有很多例子，對形、心的官能，並沒有排斥的意思。例如〈天地〉篇在言及盜跖與曾史，所行雖異，「然失其性均也」時，列舉出失性的五個原因：

> 且夫失性五：一曰五色亂目，使目不明；二曰五聲亂耳，使耳不聰；
> 三曰五臭薰鼻，困惾中顙；四曰五味濁口，使口屬爽，五曰趣舍滑
> 心，使性飛揚。此五者，皆生之害也。

細繹其意，應是認爲耳目心等器官，各有其性，卻因「五色……，趣舍」等而失其性。故眞正應予摒棄的，是使之失性的五個外因，而不是否認各感官的官能，更不是否認各感官的本身。再如〈外物〉篇：「目徹爲明，耳徹爲聰，鼻徹爲顫，口徹爲甘，心徹爲知，知徹爲德。」，〔註53〕則顯然不僅「心知」不是必須要摒棄的，即使耳目等的功能，如能徹底發揮，還是可得到「德」的，〔註54〕可見「耳聰、目明、心知」等，實非「離形去知」的對象，其對象應是使耳不聰……心受滑的「原因」。而這些原因都是「外來事物」過多地侵入，才造成的。當外物過多地侵入時，耳目等與外界溝通的管道，便被阻塞了。如〈天地〉篇後文即言：「且夫趣舍、聲色以柴其內。」就是說「聲色、趣舍」（舍，捨也。取捨，指心知的作用）等，如「柴」般，堵塞其心了，而不是說「耳目口鼻以柴其內」。所以，莊子並沒有將「形」視爲必黜之之「惡」的意思。

由這些例子和分析看來，讓「心」「使氣」的，確實還是因其功能（知）的發用，而與外物交流，才讓外物過多地進入心中；讓心不僅受攪擾，且被壅塞；才反而「使氣」，而讓氣傷害人的。但「知」的現象，又是「心」要保持其「竇」暢通，以得天地之氣的必然結果；那麼，豈不成了「零和」的狀況嗎？換言之，人心既須保持「知」的功能，卻又有要求「靜且柔」的本質。

〔註53〕　《集解》：「下知音智。」頁424。
〔註54〕　《成疏》：「聰明不蕩於外，故爲德也。」頁1105。《集解》：「按智慧通，則能自得也。」頁424。

所以莊子提出了許多看法，來解決其間的衝突。基本上，莊子認為「離形去知」的最好方法，就是「全生養知」。例如〈繕性〉篇即言：

> 古之治道者，以恬養知。知生而無以知為也，謂之以知養恬。知與
> 恬交相養，而和理出其性。〔註55〕

所謂「恬」即「靜」也，靜則無所偏好，無所偏好之下的知，只是如如地知之（知生），並不起分別作用，也就是不生好好惡惡之分別（「無以知為」），故即使知之亦不累其靜。這也就是「恬」在養「知」之後，不防礙心仍保有恬靜本質的道理。以恬所養之知，因能無所偏好，故能愈養愈明白天下本無可好者，則愈能靜矣。此則「知」雖「生」，卻無所作為，這則是「知」在養「恬」之後，並不影響心發揮知的功能的原因。那麼「心」所具有之本質，和所擁有的功能，便不是必然牴牾的。並在前述意義下之「知」與「恬」的「交相養」之下，而能得「真知」「常心」。那麼就有「和理」自其性中出矣。同篇後文亦指出：「古之人在混芒之中，與一世而得澹漠焉。當是時也，陰陽和靜，鬼神不擾，四時得節，萬物不傷，群生不夭。人雖有知，無所用之，此之謂至一。」古之人因所處時代環境的單純樸實，故一世之人皆得以澹漠相處，如此即不擾陰陽，和靜的陰陽亦不傷萬物。而且即使有「知」，亦因「無所用之」，而可達「至一」之境，那麼不僅「知」得「養」，「生」亦得「全」。接著又指出：

> 古之行身者，不以辯飾知，不以知窮天下，不以知窮德，危然處其
> 所而反其性，已又何為哉……故曰：「正己而已矣，樂全之謂得志」。
> 〔註56〕古之所謂得志者，非軒冕之謂也，謂其無以益其樂而已矣。

所謂「行身」當是「修身養生」之謂，而欲修身養生之古人，是「獨然正己」（危然）地處於恬靜之本性中，使「知」無所用，並避免使「知」成為「窮天下」「窮德」的媒介、工具；那麼即使自己一無作為地，只是「危然」地「正己」而已，卻能「得」到全其性之「志」。至此，則可以討論所謂的「志」，及「志與心」的關係，以便處理「未嘗敢以耗氣」「用志不分」「一若志」與「齋心」等，幾乎是同義的現象。莊子對「得志」所作的說明是：「非軒冕之謂也，謂其無以益其樂而已矣。」但是那一種快樂，才是無以復加之樂呢？

〔註55〕《成疏》：「恬、靜也。……是故恬由於知，所以能靜。知資於靜，所以獲真知；故知之與恬交相養也。斯則中和之道，存乎寸心，自然之理，出乎天性。」頁 660。

〔註56〕《郭注》：「危然，獨正之貌。」頁 670。

其上下文雖未有所明言，然就其強調的「非軒冕之謂也」，亦可得其正面之消息：因「軒冕」乃是指外求之名，而〈人間世〉篇曾指出，使「德」流蕩不歸的，即是「名」。〔註57〕那麼，此處既言「非」軒冕之謂，則應該可以說「是」德之謂了。而「德」乃是「物得"一"，故能含理成形」者；故此「德」當是與外求之名相對的「內具之實」。則此無以益之之樂，應正如《郭注》所言的是「全其內而足」的感覺。也就是說，一個人若能保全其「內」，即是最大的滿足，而且沒有比這個更快樂的事了。但何以「全其內」便是一個令人「得志」的可樂之事呢？〈庚桑楚〉篇：

> 徹志之勃，解心之繆。……富貴顯嚴名利六者，勃志也；容動色理氣意六者，繆心也。〔註58〕

呂吉甫云：「志者，心之所之」，〔註59〕也就是說這個既靜且柔的心，畢竟有知的作用，所以不免有所「之」。此乃心的本質暫隱，而作用突顯之時，故另稱作「志」。那麼所「之」若在「富貴……」等外物上，不僅無法使「心」的本質——獨然而正地、靜柔地處於其所（危然處其所而反其性也）——展現出來。還會讓「心」受到「容、動、色、理、氣、意……」的攪動和束縛，久而久之則將會「塞其竇」（見〔註48〕），而使心竇中之氣，鬱閉不流而不清。所以如果在「心有所之」時，能夠「一」之（也就是「不分」），而使之只通向形軀之內，那麼「恬息」而與心之外（形之內）交流的「知」，也就仍在形軀內流通。這便等於「徹」去「勃志」之「富貴」等形軀之外的事物，而使「心」免於「容、動、色、理、氣、意」之糾繆。這樣既保有由恬靜所養之「知」的功能——繼續有「息」穿梭於心之竇；又保有了由真知所養的「靜、柔」的本質——無外事外物攪之繆之。而在「恬知交相養」下，使此心成為「常心」，而心中穿梭之「日夜無降」的氣息，也就由靜而純而精。然後，才可以再使心知與天地之氣交流（這就是神人、至人、老子「乘雲氣」而調攝陰陽之氣的階段了）。因為此時心中之「神」具精純能化的作用，故即使有外物隨「知」而入，也因一方面已由「真知」等同視之，一方面亦將為「神」所化，而仍能不使「神」勞弊而虧。這就是「用志不分」的承蜩丈人

〔註57〕〈人間世〉篇：「且若亦知夫德之所蕩，而知之所為出乎哉？德蕩乎名，知出乎爭。」
〔註58〕《成疏》：「徹，毀也。勃，亂也。繆，繫縛也。」頁963。
〔註59〕《莊子翼》頁664。

能「乃凝於神」而「承蜩猶掇也」;「一志」的顏回,可以達到「心齋」而有「道」來集;而「未嘗敢以耗氣」的梓慶,可以「齋以靜心」而「忘四肢形體」的原因。而且,能「抱神以靜」者,亦能守形,而使形長生。如此形神俱保,又能得「道」,自是「無以益之之樂」了。所以,「得志」也者,得以掌控心的方向之謂也;也正是「得道」之入手處。

　　總言之:「心」所以有物質性,乃因其亦是受形於「氣」者,故與耳目等同層次;不過即使五臟、九竅、百骸,仍各自有不同的功能,如耳目之於視聽,心之於知,皆擁有自己的地位。至於心又具超越物質之性,此則因「心」本即是「神」所舍之虛室,只要守其神而勿失,即可攝住「心之所之」(使之用志不分),使心免於受糾繆羈絆,而保持其平靜綽約之本質。再以梓慶為例,其所謂「必齋以靜心」的「齋」,具體來說,就是一方面「未嘗敢耗氣」;因心中之氣,乃為道所棲止之「神」,故須嚴守之。另一方面即是「不敢懷慶賞爵祿,非譽巧拙」;此則是收斂住「心」的功能——知。使本來就外於「心」的慶賞非譽,不能藉「知」為管道,來干擾心。加上「形體四肢」亦因「齋」之日久,而為心中之「神」所化(所謂「忘」,乃是因「形體四肢」已非原有之形軀,故不再發用其功能)。如此通體為精純陽氣,才是莊子所認可的「全生保真」。

結　語

在本文結語部分，先簡單回顧全文的結構：

一、簡述「氣」概念的產生、發展，及「氣論」的萌芽。

二、筆者所引篇章中有三十五處，提到「氣」；筆者依其上下文意，略作分類，得到四個類型：（一）與形軀、生理健康相關者。（二）與自然、天地相關者。（三）與工夫修為相關者。（四）具有哲學義涵者。

其中第四類，可說是莊了氣論思想的基礎；而第一類又常受第二、三類影響。所以，敘述的方式，是先說明二、三兩類對第一類的影響；並適時指出這些情形，如何呈顯了第四類的「氣」概念。

三、將所有的「氣」概念，再作分析，則獲得四大特質：（一）虛而能容。（二）和而能生。（三）精純而能化。（四）聚散而能動。

其中，氣的「能動」性，又是前三大特質之所以能展現的原因。不過，因一般對於莊子思想中「化」的觀念，多有不明究理之憾，故本文特別著重於這個單元的析論。

四、通過以上四大類型和四大特質的了解，又進一步討論這樣的「氣」，在莊子的宇宙論和身體觀中，扮演什麼樣的角色。對此，筆者的心得為：莊子是將「氣」視作「道」的作用，而由「氣」來建構天地，創生萬物；且又內在於萬物，以展現出各物之「性」。而為求突顯「氣」內在於萬物——尤其是人——的情形，故藉人的「形」「神」「心」與「氣」的關係來說明。至於前言部分所提出的幾個問題，今則以「化」和「遊」為敘述綱領，簡述如下：

（一）「化」的問題，應是建立在莊子思想中的「氣」概念上。這「氣」具有「滲透沁入」，甚至「全面性替代式地轉換」的性質。例如「（魚）化而

為鵬」（〈逍遙遊〉篇），即是受到「肅肅出乎天、赫赫發乎地」的至陰至陽之氣所「化」。另外，人亦可通過「一志」、「齋心」的工夫，而使心中之氣，由「和靜」而「純淨」。此時之「心」，莊子或名曰「心齋」、或稱為「虛室」、或指為「常心」；而此時的心中之「氣」，莊子則或以「虛」稱之、或以「純白」名之、或以「吉祥」謂之、或以「神」稱之。而當「心」中之氣為「虛」為「白」……時，則有「道」來集。

因此，當心中之氣是「虛」、「神」、「純白」……之時，實亦如天地之至陰至陽之氣一般，具有極其精純無雜的性質（故有「道」集之），而能展現其神奇玄妙的作用。故能「化」己身形軀，且進而「化」周遭他物，而在臻於終極之境時，當亦能「化」及萬物，所以莊子並無「以形軀為惡」之觀念，而是追求全身──形、心──皆能轉化為精純之氣，以與「天地」為一。而且，莊子書中諸多「神人」、「至人」的特異能力，若由此角度去理解，亦未必是莊子的語言藝術、文字技巧，或只是受古代宗教、神話的影響而已。

（二）「遊」的問題，則基因於莊子的「通天下一氣」之思想。因天地萬物皆為「氣聚而生」，故若能一方面凝定護持心中之氣，使之虛廓純白；一方面引天地間川流不息的至陰至陽之氣，以攝調涵養己身之氣（即〈外物〉篇：「天之穿之，日夜無降」之意），即可達到一種「形軀之氣」與「天地之氣」互相交通、互相涉入之境。對此，莊子即稱之為「遊乎天地之一氣」。故「遊」實亦是建立在莊子的氣論思想上的。而且在此思想基礎上，〈齊物論〉篇「莊周夢蝶」段的「此之謂物化」句，當可了解為：人除了可以與天地之氣互相交通外，亦可與天地間其他「氣聚而生」的任何物，互相涉入；而且就像是作一場夢一般的自然。那麼再以此思想為背景，來了解莊子「通物我」之主張，則當不只是莊子心靈上的嚮往；或是為了追求精神上徹底的自由解放，所憑空架構起來的一套理論性系統而已。

所以莊子的「化」、「遊」二命題，可以說是站在相當真實之身體觀──氣聚而生、氣散而死──的實相上去思考；並通過對天地萬物的觀察，又體察到萬物亦是「合則成體、散則成始（氣）」（〈達生〉篇）；再加上許多莫測如諱的變化，更令莊子思索到：「氣」應只是一種「作用」，當有使此作用發生的「本體」存在。所以，莊子所謂的「墮四枝、黜耳目」，則應該是為了凝守心中之「氣」，使臻於至虛、純白，以求轉化形軀，並使形軀與心皆歸於所從來的本根──道。

　　以「道」爲體、以「氣」爲用，並由「氣」建構天地、維繫天體、形成四季、創生萬物、內在於萬物的這個思想系統，不僅能使莊子的身體觀與宇宙論相容，更可說二者是渾融爲一的。

　　最後，筆者準備藉著討論莊子爲何要在「道」與「萬物」之間，加入「氣」這一環？來說明莊子的氣論思想，在其哲學系統中的意義；以及在整個氣論發展史上的地位。關於這個問題，也可以換個角度來說：窈冥昏默、無爲無形的「道」，固不生生、不殺生；但何以不由「得道之一」的「德」，來展現「道」的作用呢？依筆者至今所獲得的了解，莊子可能有如下幾個原因：

一、純粹爲了理論架構上的需要

　　「德」所得於「道」的，乃是「未形」的「一」。但是「未形」的預設，即是「可形」、「將有形」，而且「物」也的確是有所得於「德」始生焉。所以如果不在「德」與「物」之間，再加上「陰陽二氣」，而是由「德」直接「生」物，那麼，就等於是：「德」以所得之「一」生成「萬物」，「一」與「萬物」的懸隔太大，較缺乏說服力。另外，生成「物」者，應該是「物」的「元素」——構成萬物的材料——，即應是具有「物質」的性質。那麼，如果由「德」直接生物，不僅「德」成了「物質性」的概念。其所得而生物的「一」，也很難不將之說成是「物質性」的存在；如此將難以維持「道」爲「先驗性」之「無」。所以爲了避免直接衝擊到「道」，並降低「一」與「萬」之間的懸隔，自然是多加上一環較合宜，所以在無形之「道」，與「德」得於「道之一」後，再加上「有所分」的「二」。這樣就可以使整個理論架構成爲：「道」（無）→「一」（有）→「二」（分）→「萬」，自然是比「道」（無）→「一」（有）→「萬」，合理得多。

二、需要具有物質性的「東西」來生成萬物

　　萬物的存在是事實，而「道」的先驗性之「無」，又不能作爲生成萬物的材質，因此須在其架構中，安放上一個具有物質性的「東西」。而在莊子當時的觀念中，能成爲一物之材質者，除了「五行」（金、木、水、火、土）之外，就是與之相對的「六氣」（或曰「陰陽春夏秋冬」，或曰「陰陽風雨晦明」）。而「五行」的成員，除了「火」以外（「火」在上古史中，曾有過極尊崇的地位，也許因而被認爲不宜作爲最「基本」的材質）。都太具體了。無法解釋「固態」「液態」之外的存在現象（如「風」、呼吸之間的「氣息」、燃燒後的「煙」

等）。而「六氣」的「氣態」概念，正可彌補這些缺憾。尤其「陰陽」在「六氣」中，又自成一組，恰好可以作爲「有分」的「二」。

三、希望表達萬物底層相同的思想

　　莊子對於「受"道所命之氣"而成形生理」，雖然是抱持著「不可奈何」而「安」之的隨順態度。但是如何才能使「不可奈何」的那種「被迫的、必須接受的」情緒，轉化爲「了解後所作之選擇」的理性，而「安」於所有已被安排的一切？那麼勢必要能將人們自認爲最沒有選擇餘地的「生、死」問題破解掉。因此須建立「萬物底層相同」的思想，來作爲「安」的理論基礎。並在「萬物底層相同」的意義下，使得萬物之間的轉換成爲可能；而將生、死理解爲萬物互相轉換的情形之一。而「生物」皆有「氣息」，且「氣息」之有無，又是該生物的生、死指標，所以使得「氣」成了最適合於用來說明「萬物底層相同」的觀念者。那麼，萬物既然都是以「氣」爲生存依據，都是由「氣」聚合而生，離散而死。所以，萬物之間可以互相轉換之理念，足以成立。

四、解決老子思想中的困境

　　老子之「道」乃是「無爲而無不爲」的，然則「無爲」者又何以能「無不爲」呢？這在老子道德經中，並未有所說明；也可以說是老子思想中的一個困境，那麼作爲繼起者的莊子，即須建立起足以體現「無不爲」概念的系統。那麼，細微、流動、不具象的「氣」，最足以負擔、容納所有能被設想到的現象，而落實「道」的「無不爲」的作用。

五、建立連續性的概念

　　這個問題，也許不是莊子納「氣」入思想系統中的原因。不過，這種沈而降、輕而升，又互相吸引，故而「通」於天地四方之間的「氣」，已然將全宇宙連繫成一個有同質性的整體，不僅將《國語‧楚語》中所提到的「絕地天通」問題解決了（上天因人們荒淫，而斷絕了與下土的溝通管道）；而且「氣」又是載「道」以內在於物中的，更將形而上的「道」與「形而下」的「物」，也連繫起來了。所以這種足以貫穿所有實體，並以「數之所不能分」的細微，填滿所有的虛空的「氣」，一方面區分出了東西方哲學思想的差別：西方原子

論認為「原子」是一個個被「虛空」所間隔開的、有形的、不可分的、不可入的微小粒子。而「氣」則是充盈無間、至精無形、能動的、可入的、無限的存在物（以上略見李志林先生《氣論與傳統思維方式》，頁5）。另一方面則成為現代量子力學的重要概念 —— 場（與「原子」是有間斷之概念的相對者）—— 的先驅。雖然這並不是莊子的初衷，但這畢竟仍是莊子氣論思想所提供的貢獻之一。

參考書目

1. 《南華眞經》，莊子，《無求備齋莊子集成》初、續編，藝文印書館。
2. 《南華眞經注》，郭象，同上。
3. 《莊子注》，司馬彪（黃奭輯），同上。
4. 《南華眞經注疏》，成玄英。
5. 《南華眞經口義》，林希逸，同上。
6. 《南華眞經副墨》，陸長庚，同上。
7. 《南華眞經循本》，羅勉道，同上。
8. 《南華義海管窺》，褚伯秀，同上。
9. 《筆乘》，焦竑，同上。
10. 《莊子翼》，焦竑，同上。
11. 《藥地炮莊》，方以智，同上。
12. 《莊子解》，王夫之，同上。
13. 《南華經解》，宣穎，同上。
14. 《南華眞經正義》，陳壽昌，同上。
15. 《莊子因》，林雲銘，蘭臺書局。
16. 《莊子集解》，王先謙，文津出版社。
17. 《莊子集解內篇補正》，劉武（附入《莊子集解》書後），文津出版社。
18. 《定本莊子故》，馬其昶，黃山書社。
19. 《莊子校詮》，王叔岷，中研院。
20. 《新譯莊子讀本》，黃錦鋐，三民書局。

21. 《老子道德經注》，河上公，《無求備齋老子集成》初編，藝文印書館。
22. 《老子道德經注》，王弼，同上。
23. 《道德經注》，吳澄，廣文書局。
24. 《新譯老子讀本》，余培林，三民書局。
25. 《管子今詮》，石一參，中國書店。
26. 《淮南鴻烈集解》，劉文典，文史哲出版社。
27. 《春秋左傳正義》，孔穎達（十三經注疏），藝文印書館。
28. 《周易正義》，孔穎達，同上。
29. 《禮記正義》，孔穎達，同上。
30. 《孟子》，孔子（四書章句集注），大安出版社。
31. 《大戴禮記》，戴德（四部叢刊正編），商務印書館。
32. 《史記》，司馬遷，世界書局。
33. 《漢書》，班固（顏師古注），鼎文書局。
34. 《中國哲學十九講》，牟宗三，學生書局。
35. 《中國人性論史》，徐復觀，商務印書館。
36. 《中國哲學史》，勞思光，三民書局。
37. 《莊子》，吳光明，東大書局。
38. 《王弼》，林麗真，東大書局。
39. 《儒道天論發微》，傅佩榮，學生書局。
40. 《人的宗教向度》，傅佩榮譯，幼獅書店。
41. 《郭象與魏晉玄學》，湯一介，谷風出版社。
42. 《東方文哲資料——〈天地〉篇講述》，潘栢世，自印本。
43. 《莊子哲學及其演變》，劉笑敢，中國社會科學出版社。
44. 《中國氣論探源與發微》，李存山，中國社會科學出版社。
45. 《氣論與傳統思維方式》，李志林，（上海）新華書店。
46. 《中國古代氣功與先秦哲學》，張榮明，（上海）人民出版社。
47. 《中國神話故事》，（中國古典小說叢刊），河洛圖書出版社。

二、期刊論文

1. 〈莊子和楚辭中崑崙和蓬萊兩個神話系統的融合〉，顧頡剛，《中華文史論叢》1979 年，第二期。
2. 〈莊子哲學與神話思想〉，張亨，《東方文化》第二十一卷，第二期。
3. 〈莊子人觀的基本結構〉，傅佩榮，《哲學與文化》第一五卷，第一期。

4. 〈氣與古代自然哲學〉，王曉波，《台大四十周年校慶哲學論文集》。

5. 〈先秦道家「道」的觀念的發展昇天變形與不懼水火——論莊子思想中與原始宗教相關的三個主題〉，楊儒賓，《文史叢刊》之七十七，《漢學研究》第七卷，第一期。

6. 〈論「管子白心、心術上下、內業」四篇的精氣說與全心論——兼論其身體觀與形上學的繫聯〉，楊儒賓，《漢學研究》第九卷，第一期。

7. 〈氣對於生命結構與活動所作詮釋之涵義〉，朱維奐，《鵝湖月刊》第十二卷，第三期。

8. 〈說氣〉，劉長林，1991 年 6 月清華大學舉辦「中國古代思想中的氣論及身體觀」國際研討會宣讀論文。

9. 〈古離與踐形——論先秦思想裡的兩種身體觀〉，楊儒賓，同上。

10. 〈道家形、氣、神三重結構的人體觀〉，胡孚琛，同上。

11. 〈兩種「體」現〉，廖炳惠，同上。

12. 〈「淮南子」的人體觀和養生思想〉，胡奐湘，同上。

13. 〈由身體生成過程的認識來看中國古代身體觀的特質〉，石田秀實，同上。

14. 〈貫通天地人之「一氣」——其自然觀與社會秩序觀〉，坂出祥伸（盧瑞容譯），同上。

15. 〈老莊思想中的化和進化觀念〉，劉光義，《哲學與文化》第十三卷，第六期。

附　錄

莊子書中有關「氣」概念的四大類

第一類

一、德厚信矼，未達人氣；名聞不爭，未達人心。	人間世
二、獸死不擇音，氣息茀然。	人間世
三、陰陽之氣有沴，其心閒而無事。	大宗師
四、夫忿滀之氣，散而不反，則爲不足……不上不下，中身當心，則爲病。	達　生
五、方虛憍而恃氣。……猶疾視而盛氣。	達　生
六、勃志者，容動色理氣意六者，繆心也。	庚桑楚
七、愁其五藏以爲仁義，矜其血氣以規法度。	在　宥
八、汝方將忘汝神氣，墮汝形骸，而庶幾乎？	天　地
九、夫至人者，上闚青天，下潛黃泉，揮斥八極，神氣不變。	田子方

第二類

一、大塊噫氣，其名爲風。	齊物論
二、春氣發而百草生，正得秋而萬寶成。	庚桑楚
三、四時殊氣，天不賜，故歲成。	則　陽
四、天氣不合，地氣鬱結，六氣不調，四時不節。	在　宥

第三類

一、（鵬）絕雲氣，負青天，然後圖南，且適南冥也。	逍遙遊
二、（神人）乘雲氣、御飛龍，而遊乎四海之外。	逍遙遊
三、（至人）乘雲氣，騎日月，而遊乎四海之外。	齊物論
四、自而（黃帝）治天下，雲氣不待族而雨，草木不待黃而落。	在　宥
五、無聽之以心而聽之以氣。氣也者，虛而待物者也。	人間世
六、彼方且與造物者爲人，而遊乎天地之一氣。	大宗師
七、汝遊心於淡，合氣於漠，順物自然，而無容私焉。	應帝王
八、吾（壺子）鄉示之以太沖莫勝，是殆見吾衡氣機也。	應帝王
九、（老子）龍合而成體，散而成章，乘乎雲氣，而養乎陰陽。	天　運
十、平易恬惔，則憂患不能入，邪氣不能襲。	刻　意
十一、（至人）是純氣之守也，非知巧果敢之列。	達　生
十二、壹其性，養其氣，合其德，以通乎物之所造。	達　生
十三、臣（梓慶）將爲鐻，未嘗敢以耗氣也，必齋以靜心。	達　生
十四、天地之強陽氣也，又胡可得而有邪？	知北遊
十五、欲靜則平氣，欲神則順心，有爲也。	庚桑楚
十六、若夫乘天地之正，而御六氣之辯。	逍遙遊
十七、伏羲氏得之，以襲氣母。	大宗師

第四類

一、自以比形於天地，而受氣於陰陽。	秋　水
二、察其始而本無生；非徒無生也，而本無形；非徒無形也，而本無氣。雜乎芒芴之間，變而有氣，氣變而有形，形變而有生。	至　樂
三、人之生，氣之聚也。聚則爲生，散則爲死。	知北遊
四、通天下一氣耳。	知北遊
五、天地者，形之大者也；陰陽者，氣之大者也。道者爲之公。	則　陽

莊子心性思想之研究

張森富　著

作者簡介

張森富，1963 年生，台北市人。1986 年畢業於中興大學中國文學系；1999 年畢業於政治大學中國文學系博士班，獲博士學位。現為北台灣科學技術學院副教授。

提　要

　　本文旨在探討莊子思想在心性方面的理論。老子以論道德為主，罕言心性；莊子則屢言心性，此當為莊子思想更進於老子者。莊子之言心性，雖與儒家所言者有異，然自有其精闢可觀之處。

　　莊子之成書，距今甚遠，欲明其章句訓詁，並非易事。因此，本文盡可能參酌前人注解，以示所言有據。然而，前人之訓詁是否妥當，仍須視其與莊子之義理脈絡是否相符而定。因此，本文對於莊子之重要詞語、論據，盡可能加以解析、綜合，以期了解其確實意義和義理脈絡。在材料的引用上，則以王孝魚點校的郭慶藩《莊子集釋》為底本，再參考其他版本。

　　本文分五章：第一章說明本文之研究目的、研究方法；第二章說明莊子論道德之旨，重在從超物倫、超言辯、超美惡等處，以言道德之為至真、至善；第三章說明人間世之憂患，皆源自心性之分化對立，有涯之性固為無涯之心所崩裂，無涯之心亦為有涯之性所桎梏，相刃相靡，終身疲役，不能遊於道德之鄉；第四章說明至人之精神，四達並流，上天下地，通一切是非然否、偏計妄析而為一，亦和心性之分化對立為一混芒、澹漠之自然，其所遊者，唯道德之鄉而已；第五章對莊子心性思想作一整體性的評論。

　　本文寫作過程中，幸蒙董師金裕諄諄勉勵，解疑釋難，疏通義理，潤飾字句，方能完成，在此要特別誌謝。而鄙人才學淺陋，違闕未審之處仍難免，尚請博雅君子，不吝指正。

目次

序　言

　　本文旨在探討莊子思想在心性方面的理論。老子以論道德爲主，罕言心性；莊子則屢言心性，此當爲莊子思想更進於老子者。莊子之言心性，雖與儒家所言者有異，然自有其精闢可觀之處。

　　莊子之成書，距今甚遠，欲明其章句訓詁，並非易事。因此，本文盡可能參酌前人注解，以示所言有據。然而，前人之訓詁是否妥當，仍須視其與莊子之義理脈絡是否相符而定。因此，本文對於莊子之重要詞語、論據，盡可能加以解析、綜合，以期了解其確實意義和義理脈絡。在材料的引用上，則以王孝魚點校的郭慶藩莊子集釋爲底本，再參考其他版本。

　　本文分五章：第一章說明本文之研究目的、研究方法；第二章說明莊子論道德之旨，重在從超物倫、超言辯、超美惡等處，以言道德之爲至眞、至善；第三章說明人間世之憂患，皆源自心性之分化對立，有涯之性固爲無涯之心所崩裂，無涯之心亦爲有涯之性所桎梏，相刃相靡，終身疲役，不能遊於道德之鄉；第四章說明至人之精神，四達並流，上天下地，通一切是非然否、偏計妄析而爲一，亦和心性之分化對立爲一混芒、澹漠之自然，其所遊者，唯道德之鄉而已；第五章對莊子心性思想作一整理生的評論。

　　本文寫作過程中，幸蒙董師金裕諄諄勉勵，解疑釋難，疏通義理，潤飾字句，方能完成，特此誌謝。此外，亦要感動二哥、二嫂幫忙打字。而鄙人才學淺陋，違闕幸審之處仍難免，尚請師長前輩暨博雅君子，不吝指正。

第一章　緒　論

第一節　研究目的

　　牟宗三、徐復觀、張君勱、唐君毅四位先生，在其共同發表的〈為中國文化敬告世界人士宣言〉中，指出：「心性之學，正為中國學術思想之核心，亦是中國思想中之所以有天人合德之說之真正理由所在」〔註1〕。此證諸儒、道、佛二家之思想，皆然。筆者以為，此是因為儒、道、佛三家之思想，皆重在解除人生之禍患，而人生之禍患，追根究底，在於人之心性問題，故其立論大都環繞著心性問題。而今日研究儒、道、佛三家之思想，亦須明其心性之學，方可收止本清源之功。

　　道家亦有心性之學。老子罕言心性，故道家之心性之學，實大明於莊子。此當與莊子所處時代之思潮有關。

　　有關莊子生平的記載很少，只有《史記》裏有一段記載，後人對莊子生平之所知，即大都根據這段記載，故引之如下，以為參考：

> 莊子者，蒙人也，名周。周嘗為蒙漆園吏，與梁惠王、齊宣王同時。
> 其學無所不闚，然其要本歸於老子之言。故其著書十餘萬言，大抵
> 率寓言也。作漁父、盜跖、胠篋，以詆訿孔子之徒，以明老子之術。
> 畏累虛、亢桑子之屬，皆空語無事實。然善屬書離辭，指事類情，
> 用剽剝儒墨。雖當世宿學，不能自解免也。其言洸洋自恣以適己，
> 故自王公大人不能器之……。（《史記・老子韓非列傳》）

〔註1〕 《民主評論》第九卷第一期，頁8。

莊子的生卒年，今已不可考，近人頗多推測〔註2〕，尚無定論。本文非考證之作，故不擬贅述。不過以莊子「與梁惠王、齊宣王同時」，亦即約與孟子同時，則是大多數學者所承認的。

其時，思想界對心性問題，已有較廣泛的討論，從公都子所引的話：「告子曰：性無善無不善也。或曰：性可以爲善，可以爲不善……或曰：有性善，有性不善。」（《孟子・告子上》）即可看出。此外，《中庸》言「天命之謂性」，孟子道性善，言「盡心則知性知天」（《孟子・盡心上》），已能致其廣大、精微。

莊子適逢其時，於心性問題亦有所闡論，而其闡論，雖自成一局，然亦不可不謂體大思精，對於老子之學，實有「調適而上遂」（《莊子・天下》）（以下引用《莊子》原文，均省略書名，只稱篇名）之功；當可作爲今日思索心性問題之一借鑑。而欲明莊子之學，若不明其心性思想，則實不能盡其底蘊。此是本文之所以欲探討莊子心性思想之原因。

莊子之學，「芴漠無形，變化無常」（〈天下〉），其言「洸洋自恣以適己」，故無明顯的條理，亦不屑爲明顯的條理。而本文則重在闡明其學之義理脈絡，以莊子觀之，固不免成爲「副墨之子」（〈大宗師〉），然而，若不明其義理脈絡，則於其言易生誤解，其學亦無由明（雖然，其學並不只是欲人明白義理脈絡而已）。此是本文之所以重在闡明義理脈絡的原因。

第二節　研究方法

徐復觀曾提示研究中國思想的方法，云：

> 先哲的思想，是由他所使用的重要抽象名詞表徵出來的。因此，思想史的研究，也可以說是有關的重要抽象名詞的研究。但過去研究思想史的人，常常忽略了同一抽象名詞的內涵，不僅隨時代之演變而演變；即使在同一時代中，也因各人思想的不同而其內涵亦因之不同。……盡量使用歸納方法，以歸納出各家各人所用的抽象名詞的具體內容，爲他們補出一種明確地定義；把各家各人雖用了相同的抽象名詞，但其關涉所及的範圍並不相同的情形，明確的指陳出來，這對於從不必要的歷史混亂中的脫出，或有所幫助。〔註3〕

〔註2〕 參見黃錦鋐：《莊子讀本》，頁4～5，〈莊子生卒年異說表〉。
〔註3〕 見《中國人性論史》，再版序頁1～2。

所謂「重要抽象名詞」，實即表示古人思想中的重要觀念，因此，對這類名詞意義的確定，便為研究古人思想所不可缺少的條件。然而，這類詞語（例如：道、德、心、性……）往往不同的思想家都在用，其意義亦隨之引申、**轉變**，而各有特殊的用法。此即修由上下文、乃至這個思想家的全部著作來看，始能確定其意義。因此，本文大體採用上面所引的方法，不過，有二點補充：

> （一）古人有所謂「統言不分，析言有別」（例如：「道」和「德」有時各有所指，不容混淆，有時又合在一起，指同樣的東西）。因此，對於這類詞語，不能以一種明確的定義限制其內涵，而必須視上下文（亦即各重要詞語間之關係），始能確定其意義。

> （二）古人提出這類詞語，並非單獨地提出，而是連帶著一段論據，其中即包含不同詞語之關係（義理脈絡），此即非單獨研究詞語定義所能明瞭的。因此，研究古人之思想，並不即等於研究幾個重要詞語而已，尚須對不同的論據加以解析、綜合，以明瞭其中的義理脈絡。

此外，尚須說明本文對引用《莊子》三十三篇的材料，所採取的態度。《莊子》三十三的真偽問題，爭論已久，說法眾多〔註4〕，茲不贅述。近人大都認為：內七篇是莊子所自作，外雜篇則是莊子後學所作。不過，亦有持不同看法者〔註5〕。因為缺乏足夠的證據，因此，本文對此問題，持存疑的態度。

幸好，就研究思想的立場來說，這個問題的影響並不算太大。徐復觀云：

> 現行莊子一書中，那些是屬於莊學系統；那些不是屬於莊學系統的問題，這對於治思想史的人，才是最重要的問題。〔註6〕

福永光司亦云：

> 最近我的態度，倒不重內外雜篇形式的區分，我倒熱切于打破編次上的體例，從全書中去揀摘其為真莊子哲學之本色的而予以撮

〔註4〕 參見註2，頁9～32，〈莊子書的考證〉。

〔註5〕 例如王叔岷云：「《莊子》三十三篇誠有真偽問題，然不可憑內、外、雜篇為斷。蓋今本內、外、雜篇之區畫，乃定於郭象。則內篇未必盡可信，外、雜篇未必盡可疑。」見《莊子校詮》下冊，頁1436，附錄三，〈莊學管闚〉。

〔註6〕 同註3，頁361。

取：……「莊子」全書之內容畢竟仍表現著一個統一的思想，有著
共通的性格……。〔註7〕

《莊子》一書，容或有後人的增竄，但大致亦是莊子的弟子或後學，時代不
會太晚，皆在闡述莊子之學，其思想雖或有輕重、次第的不同，然仍可納入
莊子的義理脈絡中，共同表現一個統一的思想。因此，本文在取材上，並不
局限於內七篇，而以《莊子》全書爲範圍，並衡量其間的義理脈絡是不是能
統一。

經由上述的步驟，掌握莊子所用詞語和論據的確實意義和義理脈絡以
後，我們就可以將莊子中，有關心性問題的理論，作一展示，以了解在莊子
心性思想的全貌。

〔註 7〕 見福永光司：《莊子》，頁 5～174，後記。

第二章　莊子心性思想的基礎
——道德論

　　《老子》一書，以談論道德爲主。《莊子》中，不只談道德，亦論心性。莊子論道德，大抵上承老子之說，但亦有開闢創新之處。莊子論心性，要亦歸本於道德。因此，欲了解莊子之心性思想，須先探討其道德論。

第一節　「道」一名之疏釋

　　「道」一字的原義是指「道路」。說文云：「所行道也。」道路爲人物通行時所遵循著，於是，「道」又引申爲「道理」，即人物所遵循的規律或原理，例如《左傳・昭公十八年》，子產云：「天道遠，人道邇」。以「道」稱呼宇宙萬物變化的根源，始自老子，老子云：

　　　　有物混成，先天地生；寂兮寥兮，獨立不改，周行而不殆，可以爲

　　　　天下母。吾不知其名，字之曰道。（《老子・第二十五章》）

此說明「道」是宇宙萬化的根源（所謂「天下母」）。萬物莫不由道而生，而道本身卻是永恆的、無形的、不變的、普遍的。

　　莊子承老子論道之旨，亦云：

　　　　夫道，有情有信，無爲無形，可受而不可傳〔註1〕，可得而不可見；

〔註1〕原作「可傳而不可受」。王叔岷《莊子校詮》引《馬氏故》引王應麟曰：「屈子言：『道可受兮不可傳』。莊子所謂傳，傳以心也。屈子所謂受，受以心也。耳受而口傳之，離道遠矣。」案莊子所謂「傳」，無「心傳」之意，卻有「口傳」、「言傳」之意，〈天道〉篇：「意之所隨者，不可以言傳也」，成玄英《莊子疏》（以下簡稱「成疏」）：「意之所出，從道而來，道既非色非聲，故不可

自本自根，未有天地，自古以固存；神鬼神帝，生天生地；在六極
之上而不爲高〔註2〕，在六極之下而不爲深；先天地生而不爲久，
長於上古而不爲老。(〈大宗師〉)

此「道」亦是指宇宙萬化的根源，使天地鬼神成其爲天地鬼神的原理（「神鬼
神帝，生天生地」）。道本身是眞實存在的（「有情有信」，「情」、「信」，皆「實」
之意），不是虛妄的幻想；但亦不是任何具體有形的作爲或物理（「無爲無
形」）；可以接受祂而不能言傳祂（「可受而不可傳」，「受」，接受、承受，「傳」，
口傳、言傳）；可以得到祂而不能看見祂（「可得而不可見」）；自己爲自己的
根源（「自本自根」），非由他物所生；永恆長在（「未有天地，自古以固存」）；
超越空間上高低、深淺的相對分別，不能說祂是高，也不能說祂是深（「在六
極之上而不爲高，在六極之下而不爲深」）；超越時間上久暫、老幼的相對分
別，不能說祂是久，也不能說祂是老（「先天地生而不爲久，長於上古而不爲
老」）。上述道的根源義，是統宇宙全體而說的，若就個別的事物說，則事物
之生成莫不是遵循道而生成的。〈漁父〉篇云：

且道者，萬物之所由也。庶物失之者死，得之者生，爲事逆之則敗，
順之則成。故道之所在，聖人尊之。

遵循道則可以有事物之生成，不遵循道則不能有事物之生成，所以應該尊敬
（亦遵循不敢違抗之意）道。於是，道亦可指事物所以生成之理、或事物所
以運行之理。

道，理也。(〈繕性〉)

請問蹈水有道乎？……從水之道而不爲私焉，此吾所以蹈之也。(〈達
生〉)

爲人臣者，不敢去之，執臣之道猶若是，……。(〈山木〉)

「蹈水」之道，是成就蹈水之事所遵循之理。「臣之道」，是成就爲臣之事所
遵循之理。「臣之道」，是成就爲臣之事所遵循之理。「水之道」，則是成就水
之運行之理。以此觀之，物莫不有道。〈胠篋〉篇云：

以言傳說」，即言道「不可傳」。應帝王篇：「盡其所受乎天」，則言道爲「可
受」。故疑原文「傳」、「受」二字互倒。
〔註2〕 原作「在太極之先而不爲高」。郭慶藩《莊子集釋》引俞樾云：「下云『在六
極之下而不爲深』，則此當云『在太極之上』，方與高義相應。」案《莊子》
他處皆未言「太極」，疑此「太」爲「六」之訛。成疏：「六極，六合也。」
即四方上下。

　　故跖之徒問於跖曰：「盜亦有道乎？」

　　跖曰：「何適而無有道邪！……」

成疏：「道無不在，何往非道！」無道則不得成，既成則必有道。盜亦有成其為盜之道。老子所說的道，容易讓人誤以為道是高高在上，神聖不可侵犯的。莊子則毋寧更為強調：卑賤、醜惡的東西亦有道。〈知北遊〉篇云：

　　東郭子問於莊子曰：「所謂道，惡乎在？」

　　莊子曰：「無所不在。」

　　東郭子曰：「期而後可。」

　　莊子曰：「在螻蟻。」

　　曰：「何其下邪？」

　　曰：「在稊稗。」

　　曰：「何其愈下邪？」

　　曰：「在瓦甓。」

　　曰：「何其愈甚邪？」

　　曰：「在屎溺。」

　　東郭子不應。莊子曰：「夫子之問也，固不及質。正獲之問於監市履狶也，每下愈況。汝唯莫必，無乎逃物。至道若是，大言亦然。……」

道非如東郭子（或一般人），只係心（所謂「必」）於高貴、清潔的東西，而排斥（逃避）卑賤、污穢的東西。螻蟻、稊稗、瓦甓、屎溺，是人們所視為卑賤、污穢、逃之唯恐不及的；但我們卻不能否認：螻蟻等之在天地間，亦有成其為螻蟻等之道。道若只局限於高貴、清潔的東西，而排斥卑賤、污穢，即不能普遍——「周、徧、咸」（〈知北遊〉），則此道非「至道」。言是用來論述道的，言若只局限於高貴、清潔的東西，而排斥卑賤、污穢的東西，則此言亦非「大言」。持此非「至道」、非「大言」之人，則是「一曲之士」〔註3〕，非「至人」。莊子亦以義批評儒家。〈德充符〉篇云：

　　魯有兀者叔山無趾，踵見仲尼。仲尼曰：「子不謹，前既犯患若是矣，雖今來，何及矣！」

　　無趾曰：「吾唯不知務而輕用吾身，吾是以亡足。今吾來也，猶有尊足者存，吾是以務全之也。夫天無不覆，地無不載，吾以夫子為天

────────────

〔註3〕〈天下〉篇：「不該不徧，一曲之士也。」

地，安佑夫子之猶若是也！」

成《疏》：

> 夫天地亭毒，覆載無偏，而聖人德合二儀，固當弘普不棄，寧知夫
> 子尚不捨形殘？善救之心，豈其如是也？

此處之「天地」，即指「道」。天地篇：「夫道，覆載萬物者也。」所謂「覆載」，即包容、涵養之意。無趾過去雖曾因犯罪而受到刖足之刑，但他還有生命和向善之心，此豈非更尊貴於足者？他人亦不能否認其有自新、向善的可能。而孔子卻以無趾之形殘和過去之罪行，否認其有為善的可能。此即見孔子之為不寬容〔註4〕、未達至道、非至人。故無趾語老聃曰：「孔丘之於至人，其未邪？……」（〈德充符〉）。

人所遵循的言論、知識、行為規範，亦稱為「道」：

> 善人不得聖人之道不立、跖不得聖人之道不行。（〈胠篋〉）
>
> 丘治詩書禮樂易春秋六經，……論先王之道，而明周召之迹……。
>
> （〈天運〉）

「聖人之道」、「先王之道」，皆指聖人、先王所立下的仁義禮法等知識、規範而言。這些知識、規範之所以能稱為「道」，是因為：人們認為，在一義上，這些知識、規範是普遍有效的真理，萬物都賴之以生以成。不過，莊子又說：「聖人之利天下也少，而害天下也多」（〈胠篋〉）、「夫六經，先王之陳迹也，豈其所以迹哉！」（〈天運〉），顯然不認為這類的「道」是「至道」。

此處有一問題，即：莊子說道無所不在，又說有些事物不是道，是否自相矛盾？〈在宥〉：

> 得吾道者，上為皇而下為王；失吾道者，上見光而下為土。

呂惠卿云：

> 得吾道者為皇為王，則以其神明而皇王之所興起也。失道者見光為
> 土，則以其形不出照臨覆載之間也。（《莊子義》）

「得道者」可謂「有道」（〈漁父〉篇：「今漁父之於道，可謂有矣」），「失道者」即不可謂「有道」，只能謂「無道」（〈讓王〉篇：「無道之人再來漫我以其辱行」）。然而，由「道無所不在」，可以推知「何往而非道」，則亦可說：失道、無道者亦有道。此是否自相矛盾？其中尚須辨明。道是涵義者，物是

〔註4〕此自是莊子的觀點。孔子「有教無類」，固未嘗不寬容。或許莊子是借批評孔子以攻擊當時的儒家。

被涵養者。物莫不受到道的涵養，而說「道無所不在」。但被涵養者畢竟不是涵養者，物畢竟不是道。得道者即同於「道」，涵養萬物，「上爲皇而下爲王」（即〈德充符〉篇：「官天地，府萬物」），爲天地萬物之主宰。失道者即同於「物」，有待道之涵養，「上見光而下爲土」，爲道之照臨覆載下之一物。道不逃物，但物畢竟不是道。知北遊篇：「物物者非物」〔註5〕。「道」和「非道」、「無道」之分別，即同於「道」和「物」之分別。非謂：「道」之外尚有「非道」、「無道」，或「道」與「非道」、「無道」無分別。故莊子亦稱「非道」、「無道」之言論、知識爲「物」。〈則陽〉篇：「言而足，則終日言而盡道；言而不足，則終日言而盡物」，亦是此意。

第二節 「德」一名之疏釋

「德」字的本字當作「悳」。《說文》云：「悳，外得於人，內得於己也。」段玉裁注：「內得於己，謂身心所自得也。外得於人，謂惠澤使人得之也。俗字叚德爲之。」「德」字的原義殆即「得」。《禮記・樂記》：「德者，得也。」《左傳・定公九年》：「凡獲器用曰得。」然則，「德」即含有價值（得、用）之意。「身心自得」爲對己（內）而言，「惠澤」爲對人（外）而言。於己爲「道德」，於人爲「功德」、「恩德」、「福德」。例如《論語・爲政》：「爲政以德」朱熹注：「德之爲言得也，行道而有得於心也。」即以德爲道德感受。《論語・憲問》：「何以報德」何晏注：「德，恩惠之德。」《禮記・哀公問》：「百姓之德也」鄭玄注：「德，猶福也。」《禮記・祭義》：「天子有善，讓德於天。」即以德爲恩、福、善、功等之意。

老子論德，重在超越一切善惡、是非、美醜等之相對的價值，而言絕對的、最高的價值，故稱之爲「玄德」。老子云：

> 生而不有，爲而不恃，長而不宰，是謂玄德。（《老子・第十章》）

王弼注：

> 不塞其原，則物自生，何功之有？不禁其性，則物自濟，何爲之恃？
> 物自長足，不吾宰成，有德無主，非玄而何？凡言玄德，皆有德而
> 不知其主，出乎幽冥。

有功可有、有用可恃、有成可宰者（「有」、「恃」、「宰」，皆驕傲、自是之意），

─────────────────

〔註5〕上一「物」字是動詞，下一「物」字是名詞。「物物」，即「使物成其爲物」、「生物」之意。

皆是一般相對的、有限的價值；「玄德」之爲絕對的、最高的，即在其無功可有、無用可恃、無成可宰，無形無名，故曰「玄」。如此之「德」，即同於「道」，故常與「道」並言。

　　莊子亦以「得」言「德」。〈天地〉篇：「物得以生，謂之德。」成《疏》：「德者，得也，謂得此也。」「得」不只是「獲得」之意，亦含有主觀上的價值肯定之意，〈天地〉篇云：

　　　　而楊墨乃始離跂自以爲得，非吾所謂得也。夫得者困，可以爲得乎？

　　　　則鳩鴞之在於籠也，亦可以爲得矣。

受到困苦，純客觀地說，本無今有，亦不能不說是一種「獲得」；但卻不能說是「得」，因爲「得」尚含有主觀上的價值享受之意。以此而言，困苦正爲「失」，而非「得」。莊子言「德」的例句，如下：

　　　　儵與忽謀報渾沌之德。（〈應帝王〉）

　　　　吾所謂臧者，非仁義之謂也，臧於其德而已矣。（〈駢拇〉）

　　　　嚴乎若國之有君，其無私德；繇繇乎若祭之有社，其無私福。（〈秋水〉）

　　　　德將爲汝美。（〈知北遊〉）

由此可見，德亦有惠、善（臧）、福、美等之意。但莊子論德，承老子之旨，亦重在超越一切善惡、是非、美醜等之相對的、有限的價值，故亦言「玄德」：

　　　　削曾史之行，鉗楊墨之口，攘棄仁義，而天下之德始玄同矣。（〈胠篋〉）

　　　　其合緡緡，若愚若昏，是謂玄德，同乎大順。（〈天地〉）

曾史之行、楊墨之口、乃至仁義，人皆知其爲善，而其之爲善，乃是在善惡、是非、美醜之相對下而彰顯，有功可頌，有善可名，故皆是相對的、有限的價值，唯有超越之，始可達至「玄德」。玄德無形無名，絕對而無限，即同於道。「大順」，林希逸云：「即太初自然之理也」（《南華眞經口義》），亦即指「道」。故莊子常合而言之曰「道德」。〈人間世〉篇云：

　　　　德蕩乎名，知出乎爭。

郭象《莊子注》（以下簡稱「郭注」）：

　　　　德之所以流蕩者，矜名故也；知之所以橫出者，爭善故也。

此言善名、美名之害德，以其使人驕矜、自恃，所謂「臨人以德」（〈人間世〉）、

「外立其德而以爁亂天下」（〈胠篋〉），使人奔競不返，皆所以害德，故曰「至德不得」（〈秋水〉）。德不可名，亦不可知（知識之知）。

　　莊子並重在以「和」、「調」、「中」等言德，以見德之超越於相對分別之上。

　　　　德者，成和之脩也。（〈德充符〉）

林希逸云：

　　　　和者，中和之和也。（《南華眞經口義》）

　　　　夫德，和也。（〈繕性〉）

郭注：

　　　　和，故無不得。

　　　　調而應之，德也；偶而應之，道也。（〈知北遊〉）

郭注：

　　　　調偶，和合之謂也。

　　　　中而不可不高者，德也。（〈在宥〉）

林希逸云：

　　　　德，人所同得也。雖與世和同，而有當自立處，豈得與人同？故曰，

　　　　中而不可不高者，德也。中，和同也。（《南華眞經口義》）

由上可知，「和」是德的內容，即中和、調和、和諧等之意。德（和）之爲美（脩）〔註6〕，即在其能調和、融和相對分別之用（價值）爲一和諧一致之全體大用。相對分別之用，猶如「耳目鼻口，皆有所明，不能相通」（〈天下〉），而耳目鼻口之用，皆欲成一身和諧之大用，若不能成一身之和諧，如「俞兒」、「師曠」、「離朱」（〈駢拇〉）等之類，則亦無用。故駢拇枝指，害於一身之和諧，則曰「侈於德」（〈駢拇〉）。此即見德（和）不是任一相對之用（故曰「中」），而又超越於一切相對之用之上，爲一更高之價值（故曰「不可不高」）。

　　德之和，爲一渾淪之整體，非相對分別之名言、知識所能知，故莊子亦

〔註6〕脩（同修），亦可解釋爲修養、修行、修習等之意。唯此處當解爲美、善（對上文「平者水停之盛」之「盛」），刻意篇：「無仁義而修」亦當如此解。因此處乃在言德之爲美，亦可因驕矜而流蕩，自顯己美，所謂「外立其德」，故下文云「德不形」，即不顯己美之意。曹受坤云：「德者，成和之脩也，宜保於內，若蕩漾於外，則人將因其脩而擠之矣，故下文云，德不形則物不能離也。」見《莊子哲學》，頁249。

重在以「不知」、「恬愉」、「天」等言德。

> 有德者以不知也。（〈列禦寇〉）
>
> 夫不恬不愉，非德也。（〈在宥〉）
>
> 心不憂樂，德之至也。（〈刻意〉）
>
> 德在乎天。（〈秋水〉）

此皆言德之爲德，即在於其超越於相對分別之知之上，而爲不知。「不恬不愉」，即下文所云「大喜」、「大怒」。「恬愉」，即「心不憂樂」，亦即「不知」之意。喜怒憂樂，皆相對分別之知之事。「天」，亦即「自然」、「不知」之意。〔註7〕

如上所述，德在某種意義上，即同於道，故莊子常合而言之曰「道德」。但若從名言上推究，則二者亦可各有所指。大抵，道是取客觀的進路，從客觀的事物規律上以見；德是取主觀的進路，從主觀的價值感受上以見。故〈繕性〉篇云：「道固不小行，德固不小識。」道是事物規律，故以「行」言；德是價值感受，故以「識」言。但若推至極處，則主客觀本是一，道德固不二，故云「德至同於初」（〈天地〉），《莊子翼》引劉槩註：「德至則合乎道矣」。析言則「道」、「德」仍有別：

> 德兼於道。（〈天地〉）
>
> 故德總乎道之所一，而言休乎知之所不知，至矣。道之所一者，德
> 不能同也。（〈徐無鬼〉）

「兼」、「總」，皆包含、統攝之意。成疏：「本能攝末，自淺之深之義。」德終究偏於主觀的價值感受而言，道則可指主客觀是一的本體，以此而言，則道可包含德，德不能包含道。

第三節　道通爲一

方東美曾總結道家論道之旨，云：

> 道家論道，益馳騁玄想。就本體論言之，道之本身，超乎其他一切
> 之上，乃是神而又神之神秘。藉布萊德雷之術語釋之，則爲眞而又
> 眞之眞實，超越一切呈現、局部表相之限制。其不可言說性，復將
> 一切文字語言描繪功能化爲烏有。然而，兼就宇宙論言之，道即用

〔註7〕〈秋水〉篇：「今予動吾天機，而不知其所以然。」郭慶藩《莊子集釋》引司
　　　馬彪云：「天機，自然也。」

> 顯體，絜然貫入宇宙大全，是為元一，依一序列而滋生萬有，包舉
> 天地人三才與一切可思議之萬物，悉統於永恆統會之生藏（玄牝），
> 齊物倫、泯萬差。〔註8〕

此說甚精。由此可知，莊子論道之旨，恆重在自超言辯、齊物論、泯萬差等處以言道。以下即先說明形物、言辯之分別、限制，再說明道之超越於種種分別、限制之上。

一、形物的限制

何謂「物」？〈達生〉篇云：「凡有貌象聲色者，皆物也。」可知，凡是有形象的東西，都是物。故大至天地，小如毫末，都是物。物與物之間，莫不有分際，〈知北遊〉篇云：「而物有際者，所謂物際者也。」成疏：「際，崖畔也。」此分際即是一種限制，即：此物只能是如此如此之物，不能同時又是如彼如彼之物。但物又非一成不變者，而是無時無刻不在變化，〈秋水〉篇云：「物之生也，若驟若馳，無動而不變，無時而不移」成疏：「夫生滅流謝，運運不停，其為迅速，如馳如驟」。上至日月星辰，下至草木土石，莫不在變化中。〈則陽〉篇云：

> 陰陽相照相蓋相治，四時相代相生相殺，欲惡去就於是橋起，雌雄
> 片合於是庸有。安危相易，禍福相生，緩急相摩，聚散以成……
> 隨序之相理，橋運之相使，窮則反，終則始。此物之所有。

林希逸云：

> 相照，相應也。相蓋，相合也。相治，相消長也。四時相代，春生
> 秋殺，隨時各有不同也，因此于後有欲惡去就、雌雄分合、安危、
> 禍福、緩急、聚散之事。謂因有天地陰陽，而後有人世之事也。凡
> 此數者，皆是其同中之異者。（《南華真經口義》）

萬物的變化：欲惡去就、雌雄片合、安危相易、禍福相生、緩急相摩、聚散以成等，皆是由陰陽之相照相蓋相治而有之變化；亦即萬物皆遵循一定的規律而變化，所謂「隨序之相理」；萬物亦皆有一定的因果關係，所謂「橋運之相使」。此規律，或因果關係，亦是一種限制，即：物的生、成、毀、滅，皆是必然的，只能如此如此變化，不能如彼如彼變化。

人有形軀，人的形軀亦是一物，故有生、老、病、死等變化，亦受到因

〔註8〕見方東美：《中國哲學之精神及其發展（上）》，頁38。

果律的限制。不過，人通常視形軀爲一整體，只有始點（生）和終點（死），中間是較少變化的，〈齊物論〉篇云：「一受其成形，不亡以待盡」〔註9〕。勞思光先生云：

> 人何以會誤以形軀爲自我？根本原因在於人之自覺陷於感受內容中。而一切形軀感受，作爲一整體觀之，又爲一物理性之生命歷程。此種物理性之生命歷程，本身僅爲一套對象性之事實。而此一歷程之始終，即常識中之「生死」問題所在。……莊子有「破生死」之說。此說旨在說明「生死」僅爲形軀與萬物之同層流轉，……。〔註10〕

人常以形軀與連續的生命歷程相結合，而視形軀爲在一段時間內固定不變或常在者。人視物之形體亦如此，〈天地〉篇云：「留動而生物，物成生理，謂之形」，林希逸云：

> 元氣之動，運而不已，生而爲物，則是其動者留於此，故曰留動而生物。留動二字，下得極精微，莫草草看。動，陽也。留動，靜也，靜爲陰。此句便有陽生陰成之意。（《南華眞經口義》）

可知，氣以流動言，物以靜成言。若只是動而不靜，則亦無由生物。但問題是：動之中，如何又有靜？曹受坤云：

> 宇宙者，本來祇是渾然一體，是一個不絕的連續運動力而已。號物之數曰萬者，不過人類爲生活便利起見，以理知作用，截取此連續運動中與我有關係者，爲之整體，爲之分類，爲之命名，並非宇宙之眞實如此如此也。〔註11〕

可知，宇宙本是一氣流衍不絕的歷程，而所謂物之靜成者，只是人的心知截取其中一段，視爲一整體而觀之，以爲在一段時間內固定不變（所謂「成」），其實無一刻不在變。而人的心知所憑藉以截取者，則是「形」，即「共相」、「相狀」之意（所謂「理」）。因爲只截取一段歷程，故有始終（生死）、成毀，不能永遠存在。此亦形物的限制。

二、言辯的限制

語言不同於一般的物，它不只是一串聲音或符號而已。〈齊物論〉篇云：

〔註9〕郭慶藩《莊子集釋》本亡作忘。王叔岷《莊子校詮》引劉師培云：「『不忘』田子方篇作『不化』。竊以忘即化譌，『不化』猶云『弗變』，下云『其形化』，即蒙此言。蓋亡、亡形近，亡譌爲亡，俗本竟以忘易之。」
〔註10〕見勞思光：《中國哲學史（一）》，頁257。
〔註11〕同註6，頁112。

夫言非吹也，言者有言，其所言者特未定也。果有言邪？其未嘗有
言邪？其以爲異於鷇音，亦有辯乎，其無辯乎？

郭注：

各有所說，故異於吹。我以爲是而彼以爲非，彼之所是，我又非之，
故未定也。未定也者，由彼我之情偏。以爲有言邪？然未足以有所
定。以爲無言邪？則據己已有言。

語言不同於風吹、小鳥叫等聲音，因爲語言除了聲音以外，還有「意義」。語
言由「名」所組成，而「名」則由形物的分別、限制而來。〈則陽〉篇云：「有
名有實，是物之居」，名言有其所指之實物。實物莫不有分際，互相限定，如
前所述，故原則上名言亦必須有分際，互相限定，始能確定其意義，免於名
實淆亂〔註12〕。此即可見名言皆有其限制，故其所指亦只能限於物而已，故
云：「言之所盡，知之所至，極物而已」（〈則陽〉）。

　　言辯之爲言辯，卻不只是指物而已，更重要的，是在於有是非。勞思光
先生云：「莊子所謂『是非』即兼指眞僞與好壞而言。」〔註13〕「眞僞」是屬
於知識上的判斷，「好壞」或「善惡」，則是屬於價值上的判斷，但兩者有一
相通處，即此種判斷皆具有普遍性，所謂「是亦一無窮，非亦一無窮也」（〈齊
物論〉），人皆信其爲確定不移者。然而，我所言是者，彼或非之，彼所言是
者，我或非之，則所言之是非即不能確定，所謂「其所言者特未定也」，欲求
確定，則莫若辯明，以是彼之所非而非彼之所是。〈齊物論〉篇云：

故有儒墨之是非，以是其所非而非其所是。欲是其所非而非其所是，
則莫若以明。

王夫之云：

限於其知，以爲成心，而憑氣之所鼓，不知其兩可兩不可，而獨有
所是，偏有所非，小成之知見，成百家之師說，而儒墨其大者也。
儒墨爭飾其榮華，而道隱矣，兩可之言亦隱矣。夫其所以的然爭辯
於是非者，自謂明也。……持其一曲之明，以是其所已知，而非其
所未知，道惡乎而不隱耶？（《莊子解》）

────────────

〔註12〕唐君毅：「人如不憑藉相異之文字之意義，以限定一文字之意義，而只對一文
　　　　字加以正面之定義，並只正面的用此文字與此定義中之文字，以指對象，則
　　　　其所指者，皆爲不能限定於一定之範圍中者。」見《哲學概論》上冊，頁
　　　　294。

〔註13〕同註10，頁266。

此「明」，一般注家多解爲「得其環中」之「明」，但此處當即下文「彼非所明而明之」之「明」，即言辯、分析推理之知。儒墨各有所言之是非，然又皆自是而相非，此即見其皆以所言之是非爲普遍的眞理，故彼此不能相容，於是有言辯之事。

　　莊子對言辯之批評，重在指出言辯之是非皆不具有普遍性，因爲言辯莫不受到特定的立場、觀點之限制。〈齊物論〉篇云：

　　　　物無非彼，物無非是。自彼則不見，自知則知之。故曰彼出於是，
　　　　是亦因彼。彼是方生之說也，雖然，方生方死，方死方生；方可方
　　　　不可，方不可方可；因是因非，因非因是。

郭注：

　　　　物皆自是，故無非是；物皆相彼，故無非彼。無非彼，則天下無是
　　　　矣；無非是，則天下無彼矣。無彼無是，所以玄同也。夫物之偏也，
　　　　皆不見彼之所見，而獨自知其所知。自知其所知，則自以爲是。自
　　　　以爲是，則以彼爲非矣。故曰彼出於是，是亦因彼，彼是相因而生
　　　　者也。

唐君毅云：

　　　　依莊子之言，以論辯論中人之自是而非他之事之所以起，其要並不
　　　　在人所自覺的持以自是而非他之「故」，或人所自覺之「理由」，……
　　　　而是在人之自覺之理由之後之下之不自覺的成心、成見、習見、嗜
　　　　欲或情識。此方爲人之自是而非他之眞正理由所在，而人在辯論中
　　　　則常並未持之爲理由，或亦根本不知其存在者。〔註14〕

「彼是」，是指相對、相反的立場、觀點。此立場、觀點、亦即成心、成見、習見、嗜欲或情識。有「彼是」相對、相反的立場、觀點，故只見己之所見，不見彼之所見，所謂「自彼則不見，自知則知之」；只見己之所見，故以己之所見爲是；不見彼之所見，故以彼之所見爲非，所謂「彼亦一是非，此亦一是非」（齊物論），郭注：「此亦自是而非彼，彼亦自是而非此，此與彼各有一是一非於體中也」。此即見所謂「是非」，完全由「彼是」相對、相反的立場、觀點而來。而辯者皆不肯承認自己有特定的立場、觀點，莊子則指出：沒有特定的立場、觀點而卻有是非，乃是不可思議之事，〈齊物論〉篇云：「未成乎心而有是非，是今日適越而昔至也」，謂「今日適越而昔至，乃絕無之事，

〔註14〕見《中國哲學原論導論篇》，頁254。

此即意謂人之是非，皆由其成心之先在」〔註15〕。「彼是」即依互相限制而有之特定的立場、觀點，所謂「彼出於是，是亦因彼」；有彼即生我，有我即生彼，彼我相倚而生，所謂「彼是方生之說也」，王夫之云：「夫相倚以生，則相倚以息，相倚以可其可，相倚以不可其不可」（《莊子解》）。今若謂自己無特定的立場、觀點，則是說「無彼」，無彼即無我，無我則是非亦無從判斷，故曰「非彼無我，非我無所取」（〈齊物論〉）。

莊子並舉了一些例子，來說明是非皆受到立場、觀點的限制：

> 天下莫大於秋毫之末，而大山爲小；莫壽於殤子，而彭祖爲夭。（〈齊物論〉）

此是說知識上眞僞的判斷，皆受立場、觀點的限制。例如我們若以比秋毫之末小者之觀點，看秋毫之末，即會以「秋毫之末爲大」爲眞爲是；反之，我們若以比秋毫之末大者之觀點，看秋毫之末，即會以「秋毫之末爲大」爲僞爲非；而我們若不取任何立場、觀點，則「秋毫之末爲大」畢竟爲眞爲僞，即無可說。大山、殤子、彭祖等亦然。此即見所謂「眞僞」（是非）是有所限制的。

> 民溼寢則腰疾偏死，鰌然乎哉？木處則惴慄恂懼，猨猴然乎哉？三者孰知正處？（〈齊物論〉）

此是說價值上善惡的判斷，皆受立場·觀點的限制。例如我們若以人類的觀點看居處的潮溼，即會以「居處的潮溼」爲惡爲非；反之，我們若以鰌的觀點看居處的潮溼，即會以「居處的潮溼」爲善爲是，而我們若不取任何立場、觀點，則「居處的潮溼」畢竟爲善爲惡，即無可說。木處亦然。此即見所謂「善惡」（是非）是有所限制的。

> 既使我與若辯矣，若勝我，我不若勝，若果是也，我果非也邪？我勝若，若不吾勝，我果是也，而果非也邪？其或是也，其或非也邪？其俱是也，其俱非也邪？我與若不能相知也，則人固受其黮闇。吾誰使正之？使同乎若者正之？既與若同矣，惡能正之！使同乎我者正之？既同乎我矣，惡能正之！使異乎我與若者正之？既異乎我與若矣，惡能正之！使同乎我與若者正之？既同乎我與若矣，惡能正之！然則我與若與人俱不能相知也，而待彼也邪？（〈齊物論〉）

此是說辯論永遠得不到普遍的是非，以其受到立場、觀點的限制之故。辯論

〔註15〕同註14。

的雙方，受限於不同的立場、觀點，彼此不能相知，故不能決定孰爲眞是、孰爲眞非。找第三者來評定，則其立場、觀點不外乎四種情形：同於你，則不能知我；同於我，則不能知你；異於我和你，則不能知我和你；同於我和你，則不能知異於我和你者。此四種情形，皆有所不知，故皆不能決定眞是眞非。找第四者、第五者……情形相同。此即見言辯受限於立場、觀點，皆有所不見，故曰「辯也者有不見也」（〈齊物論〉）。此即言辯的限制。

三、道超越於種種限制之上

道之爲道，而非形物、言辯，即在其能超越形物、言辯的種種限制之上，而無分際、無待、無始終，亦無彼我、無是非。

（一）道無分際、無待、無始終

如前所述，人以爲有形物，乃是心知作用的結果，非宇宙的眞實；莊子欲明道爲眞而又眞之眞實（〈齊物論〉：「如求得其情與不得，無益損乎其眞」），故首在指出此種心知作用之謬誤。〈知北遊〉篇云：

> 物物者與物無際，而物有際者，所謂物際者也；不際之際，際之不際者也，謂盈虛衰殺。彼爲盈虛非盈虛，彼爲衰殺非衰殺，彼爲本末非本末，彼爲積散非積散也。

林希逸云：

> 與物無邊際，是與物俱化者也。與物俱化，則可以物物，則所謂不物者乃能物物也。與物未化，則有崖際，則窮於其所際，有際則有窮矣，故曰，物有際者，所謂物際者也。極而至於無極，窮而至於無窮，則爲不際於物之際，而得其不際者，則際之不際者也；謂於崖際之地而見其無崖際也。……盈虛、盛衰、本末、聚散，皆若有迹，而實不可窮，此則不際之際、際之不際者也。（《南華眞經口義》）

人若謂有形物，則又必謂形物有盈虛、消長〔註16〕、本末、積散等變化；但謂盈虛、消長等，是說：此物盈則彼物虛，此物消則彼物長，若此物與彼物間果眞有分際，彼此限隔不能通，則盈虛、消長等亦成不可能，故有盈虛、消長等，即無分際。物莫不是由盈虛、消長等而成，所謂「不際之際」〔註17〕；

〔註16〕 王叔岷《莊子校詮》云：「『盈虛』相反，『衰殺』一義，衰疑本作長，衰、長形近，又因殺字聯想而誤也。長殺，猶消長。」

〔註17〕 「不際之際、際之不際」，與「不形之形、形之不形」（〈知北遊〉）句法相同，成疏：「夫人之未生也，本不有其形，故從無形，氣聚而有形，氣散而歸於無

物成之後，又莫不有盈虛、消長等，所謂「際之不際」。然則，剛才所謂物有分際，即不是眞的有分際；而物若不是眞的有分際，則剛才所謂物有盈虛、消長等，即不是眞的有盈虛、消長等；故曰「彼爲盈虛非盈虛，彼爲衰殺非衰殺，……」。可知，「有際」非物之眞實本質，道是物之眞實本質，所謂「物物者」，則爲超越於「有際」和「不際」之相對之上之「無際」，故曰「物物者與物無際」，亦即超越於分別、限定之「形」之上之「不形」，故曰「孰知形形之不形乎」〔註18〕（〈知北遊〉）。

其次，莊子復指出因果依持關係之謬誤，以明道之爲無待、自然。〈知北遊〉篇云：

> 有先天地生者物邪？物物者非物。物出不得先物也，猶其有物也，猶其有物，無已。

郭注：

> 誰得先物者乎哉？吾以陰陽爲先物，而陰陽者即所謂物耳。誰又先陰陽者乎？……然則先物者誰乎哉？而猶有物，無已。明物之自然，非有使然也。

人謂物皆有因果依待關係，一物之生，莫不先有他物爲生之者，所以，它就不能算是最先生的物，所謂「物出不得先物也，猶其有物也」。而生它的物，既然是物，則必更有他物爲生之者，亦不得爲最先生的物；如此追問下去，可至無窮，所謂「猶其有物，無已」。結果是不可能有最先生的物。不可能有最先生的物，如何能有後此而生的物？此即見因果關係非物的眞實本質，所謂「物物者非物」。〈齊物論〉篇亦云：

> 罔兩問景曰：「曩子行，今子止；曩子坐，今子起；何其無特操與？」
> 景曰：「吾有待而然者邪？吾所待又有待而然者邪？吾待蛇蚹蜩翼邪？惡識所以然！惡識所以不然！」

郭注：

> 若責其所待而尋其所由，則尋責無極，卒至無待，而獨化之理明矣。

此亦是說因果依待關係非眞實，物的眞實本質——道，是無待、自然的。

形也」，「之」皆爲「適」、「往」之意，謂：由無分際的盈虛、消長等，到有分際的物；又由有分際的物，到無分際的盈虛、消長等。

〔註18〕王叔岷《莊子校詮》引奚侗云：「以文義求之，知上當挩孰字，《淮南‧道應訓》正作『孰知形形之不形者乎！』」

　　莊子並指出所謂始終、成毀、生死等之謬誤，以見道之爲無始終、無成毀、無生死。〈知北遊〉篇云：

> 不以生生死，不以死死生。死生有待邪？皆有所一體。

呂惠卿云：

> 古今、終始，相待而有，無待則皆無矣。……死生有待邪？體本無待也。（《莊子義》）

此「待」，當解爲對待、分別之意。物之始、成，即謂之「生」，物之終、毀，即謂之「死」。人謂物莫不有生死，又謂，一物之生，即另一物之死，反之，一物之死，即另一物之生；莊子則指出，後生之物不能讓先死之物死，先死之物不能讓後生之物生，所謂「不以生生死，不以死死生」〔註19〕。〈則陽〉篇亦云：「未生不可忌，已死不可徂。死生非遠也，理不可覩」，成疏：「忌，禁也」，即謂：後生之物未生，而先死之物已死，則後生之物如何能禁止先死之物之生，而使之死？反之，先死之物已死，而後生之物未生，則先死之物如何能往進後生之物，而使之生〔註20〕？此即見一物之死，與另一物之生之間，絕不能有任何分隙，亦即兩者實爲一體，故曰「死生有待邪？皆有所一體」。〈知北遊〉篇云：「生也死之徒，死也生之始」，即謂生死實相伴而來。生死相伴而來，故實無分於先後，故曰「又惡知死生先後之所在」（〈大宗師〉）。生、死之間，既毫無分隙，亦無分先後，則於理即不能分別其端倪而見之，故曰「死生非遠也，理不可覩」，又曰「反覆終始，不知端倪」（同上）、「始終相反乎無端」（〈田子方〉）。然則，所謂生死非生死（〈大宗師〉：「殺生者不死，生生者不生」），所謂始終非始終（〈秋水〉：「道無始終」），所謂成毀非成毀（〈齊物論〉：「凡物無成與毀，復通爲一」）。未嘗有死，何嘗有生？未嘗有終，何嘗有始？未嘗有毀，何嘗有成？不死不生、無始無終、非成非毀，方是眞而又眞之眞實——道。

〔註19〕　此二句，郭注、成疏皆解爲：生、死皆獨化，彼此不相依待，各自成一體。然此於理說不通，且不合莊子「以死生爲一條」（〈德充符〉）之義。此處「一體」，當即「孰知死生存亡之一體者」（〈大宗師〉）之「一體」，正謂死生皆爲一體，而非謂死生各成一體。上文所引呂惠卿註，即解爲「死生爲一體」。

〔註20〕　此二句，郭注、成疏皆釋爲：突然而生，不可禁忌；忽然而死，不能阻礙。然此似乎不合文意，原文說「未生」、「已死」，而郭注、成疏所說的「禁忌」、「阻礙」卻是在「已生」、「未死」之時。「徂」，當釋爲往，即下文「其往無窮」之「往」。林雲銘《莊子因》即以「往」釋「徂」。

（二）道無彼我、無是非

如前所述，名言由形物的分別、限定而來，各有分際，互相限定，而道既超越於形物的分別、限定之上，而無分別、無限定，則道即非名言所能指，而不可名、不可言。〈知北遊〉篇云：

> 道不可聞，聞而非也；道不可見，見而非也；道不可言，言而非也。孰知形形之不形乎！道不當名。

道既不可名、不可言，則可名可言者皆非道即可知。

莊子又指出，以道觀之，則所謂彼我、是非，即皆成子虛烏有者。〈齊物論〉篇云：

> 是亦彼也，彼亦是也。彼亦一是非，此亦一是非。果且有彼是乎哉？果且無彼是乎哉？彼是莫得其偶，謂之道樞。樞始得其環中，以應無窮。

郭注：

> 今欲謂彼為彼，而彼復自是；欲謂是為是，而是復為彼所彼，故彼是有無，未果定也。

我固謂彼為彼，自謂為是，而彼亦未嘗不謂我為彼，自謂為是。然則，我之與彼，又有何相對、分別可言？為是者未嘗不為彼，為彼者未嘗不為是，故曰「是亦彼也，彼亦是也」、「彼是莫得其偶」。何謂「道樞」？方東美云：

> 就好比一個圓形，在圓形裏面有一個核心。若要了解這個核心，我們可以從某一觀點去了解它的一面。如此雖不是全然把握這個核心，但是至少從一個觀點上面可以成立一面之辭，成立一個邊見。

[註21]

彼我是循環無窮而無相對，猶如一個圓形（環），道猶如環中（核心），環中不動而卻可以應和圓形上的任何一點，亦猶道不隨彼我之見之往覆循環，而卻可應和一切之彼我之見，使彼我之見之對立、衝突歸於化解。「樞」，原指戶樞，此亦環中之意。〈齊物論〉篇又云：

> 可乎可，不可乎不可。道行之而成，物謂之而然。惡乎然？然於然。惡乎不然？不然於不然。物固有所然，物固有所可。無物不然，無物不可。故為是舉莛與楹，厲與西施，恢恑憰怪，道通為一。其分也，成也；其成也，毀也。凡物無成與毀，復通為一。

[註21] 見方東美：《原始儒家道家哲學》，頁 274。

成疏：

> 物情執滯，觸境皆迷，必固謂有然，必固謂有可，豈知可則不可，
> 然則不然邪！……夫縱橫美惡，物見所以萬殊，恢恑奇異，世情用
> 爲顛倒。故有是非可不可，迷執其分。今以玄道觀之，本來無二，
> 是以妍醜之狀萬殊，自得之情惟一，故曰道通爲一也。

道原無成毀，故亦無運行，因人以道爲有行，故有成；物本無然否，故亦無
論謂，因人以物爲有謂，故有然；所謂「道行之而成，物謂之而然」，郭注：
「無不成也，無不然也」。此所謂不然，彼則謂然，此所謂不可，彼則謂可；
故所謂不然者，必有所然，所謂不可者，必有所可；故曰「物固有所然，物
固有所可；無物不然，無物不可」。此即見所謂不然者，非眞不然；所謂不可
者，非眞不可；反之亦然。然之與不然，可之與不可，並行而不悖，故曰「可
乎可，不可乎不可」、「惡乎然？然於然，惡乎不然？不然於不然」，又曰「兩
行」（〈齊物論〉）。然則，所謂然不然、可不可、是非，又何足以相異？故曰
「莛與楹，厲與西施，恢恑憰怪，道通爲一」。

第四節　德之和

方東美曾總結道家價值論之旨，云：

> 就價值論而言，道體顯發無窮圓滿之價值，然而，同時復又將一切
> 爭議不決之價值品級，一切爭論不已之道德德目，悉化爲無謂之談。
> 道之本身內具至德，乃超越一切偏計妄析善惡、美醜等，故吾人於
> 莊子著作之中，恆發現其對人間化——太過人間化——之儒家種種
> 道德德目，揶揄嘲笑備至。〔註22〕

由此可知，莊子論德之旨，乃重在超越世俗之價值品級、道德德目、偏計妄
析等，以見德之爲無窮圓滿之價值。以下即據此分兩點說明。

一、無用之用

「用」，是一帶有價值意味的詞語，它代表一種最易爲世俗所肯定、重視
的價值。世俗皆以貴、富、顯、嚴、名、利、才、智、賢……爲有用，而以
賤、貧、窮、弱、辱、害、不材、愚、不肖……爲無用。莊子則指出，所謂
「用」者，其價值皆須由外在事物決定，只是「工具價值」，而非「本身價

〔註22〕同註8。

值」〔註23〕；若是本身價值，則為「無用」。

〈人間世〉篇假託不材之櫟社樹，以說明無用之用：

> 匠石歸，櫟社見夢曰：「女將惡乎比予哉？若將比予於文木邪？夫柤
> 棃橘柚，果蓏之屬，實熟則剝，剝則辱；大枝折，小枝泄。此以其
> 能苦其生者也，故不終其天年而中道夭，自掊擊於世俗者也。物莫
> 不若是。且予求無所可用久矣，幾死，乃今得之，為予大用。使予
> 也而有用，且得有此大也邪？且也若與予也皆物也，奈何哉其相物
> 也？而幾死之散人，又惡知散木！」
>
> 匠石覺而診其夢。弟子曰：「趣取無用，則為社何邪？」
>
> 曰：「密！若無言！彼亦直寄焉，以為不知己者詬厲也。不為社者，
> 且幾有翦乎！且也彼其所保與眾異，而以義譽之，不亦遠乎！」

匠石以櫟社之不材為無用，櫟社卻以其不材而能免於斧斤之害，長保生命，
為其大用。文木、柤棃橘柚、果蓏之屬，卻以其有用，而招致斧斤、折傷之
害，所謂「以其能苦其生」。此即見世俗之所謂用者，實皆只是工具價值。世
俗之以有用沾沾自喜者，實皆使自己淪為他人之工具而不自知。若以櫟社觀
之，則匠石之所謂有用者，正為無用，且有害；匠石之所謂無用者，卻正為
有用；合於保生者，則為有用（如為杜樹，以嚇止不知己為散木者之翦伐），
不合於保生者，即為無用（如為文木，引誘人們砍伐）；而生命本身之價值，
則不須由外在事物決定，故亦不可以用言。〈達生〉篇亦云：

> 祝宗人元端以臨牢筴，說彘曰：「汝奚惡死？吾將三月豢汝，十日戒，
> 三日齋，藉白茅，加汝肩尻乎彫俎之上，則汝為之乎？」為彘謀，
> 曰：不如食之以糠糟而錯之牢筴之中。自為謀，則苟生有軒冕之尊，
> 死得於䐿楯之上、聚僂之中，則為之。為彘謀則去之，自為謀則取
> 之，所異彘者何也？

軒冕之尊、富貴、乃至其他的物質享受，之所以有價值，乃因合於生命的需
要，而有價值，亦皆為工具價值。生命的價值，即為更高於軒冕之尊、富貴、

〔註23〕唐君毅云：「本身價值為內在價值，工具價值為外在價值。所謂一事物具某內
　　　　在價值，即此價值直接屬於此事物之自身。我們判斷某事物，具某內在價值
　　　　時，我們亦可只對某事物之自身，作一定然的價值判斷，而不牽涉到其他事
　　　　物。……所謂一事物具外在價值或工具價值，即謂此事物之具此價值，乃由
　　　　其能引致，促進或幫助，具內在價值之其他事物的產生或發展而言。我們在
　　　　判斷某事物具外在價值時，我們乃依其與其他事物之有此關係，而對之作一
　　　　價值判斷。」同註12，下冊，頁440。

乃至其他物質享受者；故無捨棄生命以換取富貴之理。但人亦可視彼等物質享受本身即具有價值，而忘其原先之目的（養生），故「自爲謀則取之」、「小人殉財，君子殉名」（〈盜跖〉），亦實有之。

我們於此易誤以莊子爲只知「貴生」者。其實，莊子之言貴生，亦只是言生命的價值高於世俗所追求的名利之價值，並非即以生命爲最高的價值——德——之所在。〈至樂〉篇即假託髑髏，以說明生命亦非最可貴者。

> 莊子之楚，見空髑髏，髐然有形，撽以馬捶，因而問之，曰：「夫子貪生失理，而爲此乎？將子有亡國之事，斧鉞之誅，而爲此乎？將子有不善之行，愧遺父母妻子之醜，而爲此乎？將子有凍餒之患，而爲此乎？將子之春秋故及此乎？」
>
> 於是語卒，援髑髏，枕而臥。夜半，髑髏見夢曰：「子之談者似辯士。視子之所言，皆生人之累也，死則無此矣。子欲聞死之說乎？」
>
> 莊子曰：「然。」
>
> 髑髏曰：「死，無君於上，無臣於下，亦無四時之事，從然以天地爲春秋，雖南面王樂，不能過也。」
>
> 莊子不信，曰：「吾使司命復生子形，爲子骨肉肌膚，反子父母妻子閭里知識，子欲之乎？」
>
> 髑髏深矉蹙頞曰：「吾安能棄南面王樂而復爲人閒之勞乎！」

郭注：

> 舊說云莊子樂死惡生，斯說謬矣！若然，何謂齊乎？所謂齊者，生時安生，死時安死，生死之情既齊，則無爲當生而憂死耳。此莊子之旨也。

我們於此又易誤以莊子爲「貴死」者。其實，莊子之意乃是說，生命之價值亦須由其他事物決定，畢竟仍只是工具價值，而非本身價值。若是生活在貪生失理、亡國之事、斧鉞之誅等等恐懼、患難、勞累之中，則生命亦可不見其價值。故以髑髏觀之，死毋寧比生更有價值，因爲死則可以免於種種恐懼、患難、勞累。此即見生命之價值亦須由其他事物決定，並非其本身即具有價值。即使如郭注所說，「生時安生，死時安死」，亦須能「安生」，而生始有其值；則此「安」之價值，即爲更高於生者。

莊子以爲德的價值更高於生，且亦爲最高的價值之所在。〈山木〉篇云：

> 弟子問於莊子曰：「昨日山中之木，以不材得終其天年；今主人之

雁，以不材死；先生將何處？」

莊子笑曰：「周將處乎材與不材之間。材與不材之間，似之而非也，故未免乎累。若夫乘道德而浮遊則不然。無譽無訾，一龍一蛇，與時俱化，而無肯專為；一上一下，以和為量，浮遊乎萬物之祖，物物而不物於物，則胡可得而累邪！此神農、黃帝之法則也。若夫萬物之情，人倫之傳，則不然。合則離，成則毀，廉則挫，尊則議，有為則虧，賢則謀，不肖則欺，胡可得而必乎哉！悲夫！弟子志之，其唯道德之鄉乎！」

呂惠卿云：

> 夫萬物之情，人倫之傳，有合必離，有成必毀，廉則見挫，尊則見議，然則，材不材之間，欲免乎累，何可必得？欲無累者，其唯道德之鄉乎！（《莊子義》）

林雲銘云：

> 萬物之祖，所謂眾父父，物之所生也。我得遊心於物之祖，則物皆我所物，而不見物於物矣，尚得而累於我乎！（《莊子因》）

〈德充符〉篇云：「死生存亡，窮達貧富，賢與不肖毀譽，飢渴寒暑，是事之變，命之行也。」生命、地位、財富、名譽等等，皆須依待外物而有，未能無待，即皆為外物所決定者，非我所能決定者。今必欲求生而無死（如莊子弟子之所問），是無異於必求達而無窮、必求富而無貧、必求譽而無毀等等，則其為「有待」、「物於物」即不免，又何分於材、不材、材與不材之間？故曰「未免乎累」。何謂「累」？「累」即「有待」、「物於物」，亦即「不自得其得」、「不自適其適」（〈駢拇〉）之意。如前所述，生而勞累，不如不生。此即見「無累」（即「無待」、「物物」、「自適」、「自得」之意）之價值更高於生命，且亦為最高的價值（以其本身即內具無窮圓滿之價值，無須依待外物）。今以「必求生而無死」自累，是無異於小人之以身殉財、君子之以身殉名，同為不智。如何而可以無累？唯道德可以無累，以其「浮遊乎萬物之祖，物物而不物於物」、物不得而累，故曰「其唯道德之鄉乎！」此即見道德超越於一切財富、地位、名譽、乃至生命等等價值之上，而為最高、最圓滿之價值所在。

二、天鈞、天倪

　　如前所述，才能、財富、地位、名譽等等世俗所肯定、重視之價值，實

皆只為工具價值，並非本身即具有價值者，其價值恆須由外在事物決定，換言之，只在某些情形下有價值，而非在一切情形下皆有價值，亦即只為「相對價值」，而非「絕對價值」〔註24〕。相對價值局限於某一時地，絕對價值則不限於某一時地。〈徐無鬼〉篇云：

> 子綦有八子，陳諸前，召九方歅曰：「為我相吾子，孰為祥？」
>
> 九方歅曰：「梱也為祥。」
>
> 子綦瞿然喜曰：「奚若？」
>
> 曰：「梱也將與國君同食以終其身。」
>
> 子綦索然出涕曰：「吾子何為以至於是極也！」
>
> 九方歅曰：「夫與國君同食，澤及三族，而況父母乎！今夫子聞之而泣，是禦福也。子則祥矣，父則不祥。」
>
> 子綦曰：「歅，汝何足以識之，而梱祥邪？盡於酒肉，入於鼻口矣，而何足以知其所自來？……」
>
> 無幾何而使梱之於燕，盜得之於道，全而鬻之則難，不若刖之則易，於是乎刖而鬻之於齊，適當渠公之街，然身食肉而終。

成疏：

> 方歅小巫，識鑒不遠，相梱祥者，不過酒肉味入於鼻口。方歅道術，理盡於斯，詎知酒肉由來，從何而至。

酒肉等物質享受，世俗皆以為有價值、以為祥，但假如是以殘毀身體、失去自由換取食酒肉，則食酒肉即不見其價值，而為凶。此即見「食酒肉」並非在一切情形下皆有價值。世俗所肯定、重視之財富、地位、名譽等等價值亦然。世俗所執著之「是非」亦然。〈庚桑楚〉篇云：

> 有生，黬也，披然曰移是。嘗言移是，非所言也。雖然，不可知者也。臘者之有膍胲，可散而不可散也；觀室者周於寢廟，又適其偃焉，為是舉移是。請常言移是。是以生為本，以知為師，因以乘是非；果有名實，因以己為質，使人以為己節，因以死償節。若然者，以用為知，以不用為愚，以徹為名，以窮為辱。移是，今之人也，

〔註24〕 唐君毅云：「在一般之義，說一價值為絕對，恆是指一事物之具某價值者，在任何情形下，任何時間，任何空間，皆具此價值；吾人皆可肯定其具此價值而言。而如在一情形、一時間一空間，某事物有某價值，吾人可肯定其具某價值；在另一不同之情形、不同之時間、不同之空間，則不具某價值，吾人亦可否定其具有某價值，則此價值為相對的。」同註12，下冊，頁442。

是蜩與學鳩同於同也。

成疏：

披，分散也。夫道無彼我而物有是非，是非不定，故分散移徙而不常也。……臘者，大祭也。膍，牛百葉也。胲，備也，亦言是牛蹄也。臘祭之時，牲牢甚備，至於四肢五藏，並皆陳設。祭事既訖，方復散之，則以散爲是；若其祭未了，則不合散，則以散爲不是。是知是與不是，移是無常。偃，屏廁也。……飲食則以寢廟爲是，便尿則以圊圂爲是，是非無常，竟何定乎？臘者明聚散無恆，觀室顯處所不定，俱無是非也。……夫物云云，悉皆虛幻，芻狗萬象，名實何施！倒置之徒，謂決定有此名實也。……節者，至操也。既迷名實，又滯是非，遂使無識之人，堅執虛名以爲節操也。守是非以成志操，確乎不拔，期死執之也。……蜩鷽二蟲，以蓬蒿爲是。二蟲同是，未爲通見，移是之人，斯以類也。蜩同於鳩，鳩同於蜩，故曰同於同也。

「移是」，即是說：世俗之所謂是，實皆移徙而不定，不可執著以爲常是、絕對是，例如臘祭之時，牲牢以不散爲是，祭事既訖，則改以散爲是，不可執著於剛才之以不散爲是。此亦〈天運〉篇所言，已陳芻狗不可復取之意。世俗之所謂是非，莫不如此，皆不可執著。而世俗之君子，恆執著是非之見，以爲「果有名實」、是非截然爲二、是者恆是，故不惜犧牲自己，以執守其所謂是者〔註 25〕，使人讚嘆其志節，至死不渝。此即「君子殉名」之類，只知己之所是，不知異於己者之所是，無異於蜩鷽之只知蓬蒿之美，而不知天地之大美，徒見其見識之淺陋而已，故曰「是蜩與學鳩同於同也」。

莊子以爲，唯有道德才是絕對價值，在一切情形下皆有價值。〈讓王〉篇云：

古之得道者，窮亦樂，通亦樂，所樂非窮通也，道德於此，則窮通爲寒暑風雨之序矣。

〔註 25〕「質」，郭注、成疏皆解爲「主」，釋「以己爲質」爲：以己爲是非之主。然而與下文「使人以爲己節」無關，王敔云：「爲之裁限，令人從己」（《莊子解》），但錢穆云：「如王說，當云使人以己爲節」（《莊子纂箋》）。「質」，當釋爲「典押以取信之物」，「以己爲質」，即「以身爲殉」（〈駢拇〉）之意，犧牲自己以取信於人，則使人相信己有節操，故曰「使人以爲己節」。秦鼎《補義莊子因》即引沈註：「質，如質子之質」。

「樂」，即價值享受之意。如前引〈齊物論〉篇所言「無物不然，無物不可」，而世俗之人執著於是非之見，必「以用爲知，以不用爲愚，以徹爲名，以窮爲辱」，故通即樂，窮即悲，是以一時一地之所是，廢棄其他時其他地之所是；則其所見之價值，就只是相對的，只局限於某一時地而已。至人則不然，於通處見其所是，於窮處亦見其所是，於一切情形皆可見其所是，則窮通雖有不同，猶如寒暑風雨雖有不同，而皆是，故皆樂。此即見至人所見之價值——道德，並不局限於特定的時地，則此價值即超越於一切相對價值之上，而爲絕對的。〈齊物論〉篇云：

> 眾人和之以是非而休乎天鈞，是之謂兩行。

成疏：

> 天均者，自然均平之理也。夫達道聖人，虛懷不執，故能和是於無是，同非於無非，所以息智乎均平之鄉，休心乎自然之境也。

至人於窮、通皆可見其所是，則窮、通之「是非」（價值）即均平，而可齊、可和，故曰「天鈞」（或「天均」）；一切事物之是非皆然，故曰「以道觀之，物無貴賤」（〈秋水〉）。若然，則是非可並行而不悖，故曰「兩行」，而不見其間有何分化、對立，故曰「天倪」。〈齊物論〉篇又云：

> 何謂和之以天倪？曰：是不是，然不然。是若果是也，則是之異乎不是也亦無辯，然若果然也，則然之異乎不然也亦無辯。

郭注：

> 天倪者，自然之分也。是非然否，彼我更對，故無辯。無辯，故和之以天倪，安其自然之分而已，不待彼以正之。

通處之所是，和窮處之所是，自有分別，但皆「各有所是」則同。至人不以通處之所是，否定窮處之所是，故無是非之分化、對立，即無辯；窮通各是其所是，並行而不悖，亦即安其自然之分，而可和。其他一切事物之分別亦然。

第三章　心性的分化對立
——世俗的形名境界

　　在老子，道德已明，即已足夠；但在莊子，又須再言心性；此當是由於思想上進一步的分疏所致。因為藉以認識道德、實現道德者，乃是我們的心性；所以我們的心性是否足以認識道德、實現道德，即成為一待解決的問題。

第一節　「性」一名之疏釋

　　「性」字源自「生」字，二字在古書中往往互用。徐復觀云：「……必先有生字用作性字，然後乃漸漸孳乳出性字。」〔註1〕二字在意義上亦關係密切，故告子即直接以「生」解釋「性」，曰「生之謂性」（《孟子・告子上》）。唐君毅云：「一具體之生命在生長變化發展中，而生長變化發展，必有所向。所向之所在，即其生命之性之所在。此蓋即中國古代之生字所以能涵具性之義，而進一步更有單獨之性字之原始。」〔註2〕具體的生命，皆非靜止不動者，而是在生長變化發展中，此生長變化發展之歷程，又皆遵循一定的規律，就稱為「性」。如此，「性」即不等於「生」，而是指生命之生長變化發展所遵循的規律或原理，亦即生命現象的所以然或本質。故「生」是眼前可見的，而「性」則可隱藏於生命中而不可見。〔註3〕

〔註1〕見《中國人性論史》，頁5。
〔註2〕見《中國哲學原論原性篇》，頁9。
〔註3〕唐君毅云：「如草木之生長向於開花結實，即說其有開心結實之生性。然草木

莊子論「性」，大抵亦是從生命所遵循的規律以言。〈天地〉篇云：

> 形體保神，各有儀則，謂之性。

林希逸云：

> 形體，氣也。氣中有神，所謂儀則，皆此神爲之。(《南華眞經口義》)

「儀則」〔註4〕，即規律之意，此是對形體的限定：使此物成爲此物，而不爲彼物。故性有限定、不可改變之意，如瓜之性，不能改變爲豆之性，故曰「性不可易」(〈天運〉)。一物有一物之性，彼此殊異，不容混淆，故曰「殊性」(〈秋水〉)。性隱藏於形體中而不可見，故其作用亦微妙不測，謂之「神」。〈齊物論〉篇：「至人神矣」，成疏：「神者，不測之用」。性的作用，即是神；神的所以然，即是性；故曰「體性抱神」(〈天地〉)，亦曰「性者，生之質也」(〈庚桑楚〉)，成疏：「質，本也。自然之性者，是稟生之本也」，徐復觀云：「生之質，即生命的本質」〔註5〕。故性亦有「不知」、「自然」之意，故曰「不知其然，性也」(〈則陽〉)，郭注：「不知其然而自然者，非性如何！」成疏：「能所相應，境智冥合，不知所以，莫辨其然，故與眞性符會」。此「不知」，非無知覺之意，而是說，無「能知的心」和「所知的對象」之分，能知就在所知之中，故不知；如人高興即笑，並不知己在笑，即能知的心並不在笑之外、以笑爲所知對象之故。

孔子言性曰：「性相近也，習相遠也」(《論語‧陽貨》)，是以性和習對言。習是指後天環境、學習等等因素的影響，則性即有先天的、與生俱來的、不事而得、不學而能等之意。又，性雖相近，卻可由習的改變而成相遠，此可見性亦可受到後天環境、學習等等因素的影響，而改變其實現狀態。如草木有開花結實之性，但後天環境（如：土壤、陽光、水分、外物干預……）亦可改變其開花結實之狀態，甚至令其枯萎，不得開花結實。

〈盜跖〉篇言：「夫欲惡避就，固不待師，此人之性也」，則性亦含有先天的、與生俱來的、不事而得、不學而能等之意。此性亦可因後天環境等等因素的影響，而改變其實現狀態，如〈馬蹄〉篇言馬之「眞性」爲「齕草飲水，翹足而陸」，而伯樂治馬，則「燒之，剔之，刻之，雒之，連之羈馽，編

> 未開花結實時，而謂其有開花結實之性，此性即非一直接所對之草木之性相。」同註2，頁10。

〔註4〕 「各有儀則」，是說不同的形體各有不同的儀則，非如成疏解爲：形體和神各有不同的儀則，若然，則形和神如何合爲一體？

〔註5〕 同註1，頁372。

之以皁棧，馬之死者十二三矣……」，皆爲改變馬性之現實狀態、甚至令馬性不得實現者。可見，性在現實中實爲可變、常變者，故莊子亦常言「易性」、「傷性」、「損性」、「失性」、「淫性」、「亂性」……，然則，上文所引「性不可易」所指爲何？

我們說，伯樂可以利用種種人爲手段來改變馬性，其實，伯樂所改變者，只是馬性之實現狀態，而非馬性。在伯樂眼中，馬性只是其工具、材料，利用對馬性之知識，伯樂就可以把馬訓練成他所要求的樣子，而此訓練之所以能成功，即因馬先有成爲那樣之性，故馬性實未嘗變。於此可說「性不可易」。性之限定、命定，即稱爲「性命」。「命」者，限定、命定之意，故〈天運〉篇云：「命不可變」，呂惠卿云：「命定而不可變」（《莊子義》）。

馬被伯樂訓練成他所要求的樣子，此並非馬性的「自然」狀態，而是馬性淪爲工具、材料下之「人爲」狀態。馬之性，豈欲被伯樂訓練？猶如「埴木之性，豈欲中規矩鉤繩哉？」（〈馬蹄〉）在馬眼中，馬性即不是工具、材料，而是本身價值之所在，故一切將馬性視爲工具、材料之外力作爲，皆非馬性之「自然」（馬性的自然，當爲求自適其適而已，如「齕草飲水，翹足而陸」），而是使馬不能自得其得、自適其適，亦即損害馬性之本身價值者。故世俗皆以伯樂爲善治馬，以馬觀之，伯樂非但不爲善治馬，且爲害馬者，伯樂之訓練非但不爲馬性之自然，且爲使馬性不得自然者，因而使馬痛苦、受傷、乃至死亡（「馬之死者已過半矣」〈馬蹄〉）。於此可說「易性」、「傷性」、「損性」……。

可見，莊子論性，並不重在視性爲工具、材料（亦即以性爲知識對象），如荀子之所爲〔註6〕；正好相反，乃重在視性爲本身價值（無用之用，非知識對象）之所在，故以「性命之情」（性的自然狀態）爲「至正」（至善、最高價值），〈駢拇〉篇云：

> 彼至正者〔註7〕，不失其性命之情。故合者不爲駢，而枝者不爲跂；長者不爲有餘，短者不爲不足。是故鳧脛雖短，續之則憂；鶴脛雖長，斷之則悲。故性長非所斷，性短非所續，無所去憂也。

〔註6〕荀子云：「性者，本始材朴也；僞者，文理隆盛也。無性則僞之無所加，無僞則性不能自美。」（《荀子·禮論》）即以性爲材料，禮義爲成品（目的），性只有工具價值，沒有本身價值，故曰「性不能自美」。

〔註7〕「至正」，原作「正正」。郭慶藩《莊子集釋》引俞樾曰：「上正字乃至字之誤。上文云故此皆多駢旁枝之道，非天下之至正也，此云彼至正者不失其性命之情，兩文相承。今誤作正正，義不可通。」

成疏：

> 自然之理，亭毒眾形，雖復脩短不同，而形體各足稱事，咸得逍遙。
> 而惑者方欲截鶴之長續鳧之短以為齊，深乖造化，違失本性，所以
> 憂悲。

性有一定之適（〈徐無鬼〉：「鴟目有所適，鶴脛有所節」），有所損益，皆不得其適，此適為性所命定者，亦即性命之情。性命之情，本身即為最高價值之所在，只要不失之，即為最高價值之圓滿實現，無須再外求其他事物。例如鳧、鶴各以其脛之性命之情為至正、至善、至適，只要不失之，即為最高價值之圓滿實現，無須再求增減其脛之長短；若有外力續之、斷之，使失其性命之情，即皆為「殘生傷性」（〈駢拇〉），使其性不得自然，使其至正、至善、至適不得圓滿實現者，故憂悲。〈天地〉篇亦云：

> 百年之木，破為犧尊，青黃而文之，其斷在溝中。比犧尊於溝中之
> 斷，則美惡有間矣，其於失性一也。

以世俗觀之，木之性可以雕刻為犧尊（祭器）、或其他用品，此亦未嘗不可說是木之自然即有之性；合於人之需要者（如為犧尊），即為美（有價值），不合於人之需要者（如為斷棄之木），即為惡（無價值），而木之性本身，即只為工具、材料而已，無所謂美惡；雕刻正所以成就木之為用品之性，並無所謂「損性」、「失性」的問題。但以木觀之，木之性豈欲被雕刻為用品？被雕刻為用品，是外力（人為）的結果，豈是木之性的自然？（木之性的自然，當為求自適其適而已，如向上生長）外力的殘害，不論是破為犧尊，或是斷在溝中，皆為使木性不得自然、自適者，皆非養木者，而為害木者，又何分於美惡？故曰「其於失性一也」。性即為本身價值之所在，故無使淪為他人之工具、材料之理，故曰「喪己於物，失性於俗者，謂之倒置之民」（〈繕性〉）。

第二節　「心」一名之疏釋

「心」字之出現，時代甚早，已屢見於甲骨、金文、周易、尚書、詩經等。其本意是指心房、心臟，說文云：「心，人心，土臟也，在身之中，象形。博士說以為火臟」。古人以為心是具有思維功能的器官〔註8〕，孟子云：「耳目

〔註 8〕 張立文云：「把心作為思維的器官，這是古人在人體生命科學不發達情況下的誤解。這個誤解大致到明代才被糾正，偉大的醫學家、藥物學家李時珍，根據多年治療疾病的實踐經驗以及對人體各部分功能的了解，提出了人腦是思

之官不思，而蔽於物，物交物，則引之而已矣。心之官則思，思則得之，不思則不得也」(《孟子·告子上》)。耳目能聽聲、視形，但耳目不即是聲、形，而是能聽、能視的器官；心能知（認識、思維）理（知識、規律），但心不即是理，而是能知的器官，亦即能知的主體，物則是所知的對象，心對物之所知則是理。

莊子論「心」，大抵亦是從能知的主體以言，例如：

> 外於心知。(〈人間世〉)
>
> 心無所知。(〈在宥〉)
>
> 心與心識知而不足以定天下。(〈繕性〉) 〔註9〕
>
> 心困焉而不能知，口辟焉而不能言。(〈田子方〉)
>
> 心徹為知。(〈外物〉)

心所知之理，為抽象的、普遍的「共相」〔註10〕、「概念」〔註11〕，〈人間世〉篇云：

> 心止於符。

俞樾云：

> 心止於符，乃申說無聽之以心之義。言心之用止於符而已，故無聽之以心也。符言合也，宮與物合也，與物合，則非虛而待物之謂矣。
>
> （郭慶藩《莊子集釋》引）

心認知物的方式，是透過概念來把握物，亦即以概念與物合。例如我們之所以能知道某物為桌子，乃是因為心能以「桌子」這個概念與某物合。因為心所知之理是普遍的，所以我們也能知道他人之心所知之理，〈盜跖〉篇云：

維器官的創見。」見《中國哲學範疇發展史·天道篇》，頁578。

〔註9〕 郭慶藩集釋弔俞樾曰：「識知二字連文。詩曰，不識不知，是識知同義，故連言之曰識知也。心與心識知而不足以定天下，明必不識不知而後可言定也。諸家皆斷識字為句，非是。」

〔註10〕 牟宗三云：「共相意即『普遍的東西』，即『具有普遍性的東西』。……普遍性的東西決定不從『具體的物件』上說，亦不指具體的物件言。它必須是指『義理』言，必須是從『義理』上說。義理亦可簡稱曰理。『方的物件』個個不同，這不是『普遍的』，而由『方的』一形容詞所意指的『方法』，則是普遍的，此就是『方向』之所以為『方的』之『理』。此理在邏輯上即曰『共相』，……。」見《理則學》，頁4。

〔註11〕 項退結編譯《西洋哲學辭典》，頁124，云：「概念既因抽象作用而形成，因此它並不以具體的或整體的方式呈現出事物；它祇將事物有關的個別特性顯露出來。」

心不待學而樂之。

以學爲心之事。所謂學，亦即心透過語言、文字、符號等媒介，以知道不同時代、地域之人所知之理。心所知之理（概念），必須彼此分別、限定，才能確定，而不致發生混淆，〈大宗師〉篇云：

夫知有所待而後當。〔註12〕

因此，心所知之理，即止於「名言」而已，故曰「言之所盡，知之所至」（〈則陽〉）。故莊子之言超名言，亦可說是要超心知；但莊子之言超心知，卻不只是要超名言而已。心既能知物，故亦能治物。心對物之知，乃是君臨於物之上而知，不爲物所蔽，是自由的，故能主宰物。心之知物，與心之治物，實爲一體之兩面、同時而生。故心既是能知的主體，亦是能主宰的主體，故曰「師」。〈人間世〉篇云：

夫胡可以及化！猶師心者也。

成疏：

夫聖人虛己，應時無心，譬彼明鏡，方茲虛谷。今顏回預作言教，

方思慮可不，既非忘淡薄，故知師其有心也。

「師心」，即以心知爲師，亦曰「以知爲師」（〈庚桑楚〉），此指隨順心知之意志而行爲。〈天地〉篇云：

非其志不之，非其心不爲。

王先謙云：

之，往也。心志有所專執。（《莊子集解》）

所謂「爲」，是指有心知爲之主宰的行爲，非盲目蠢動之謂。心主宰行爲的方式，是以是非然否來決定爲或不爲。〈天地〉篇云：

趣舍滑心。

成疏：

順心則取，違情則舍。

心之所是、所然（順），則取（爲）；心之所非、所否（違），則捨（不爲）。

〔註12〕此「待」，當解爲分別、對待之意。下文云：「其所待者特未定也。庸詎知吾所謂天之非人乎？所謂人之非天乎？」即謂：「天」、「人」二名（概念），必須有所分別，才能確定，不生混淆，但卻無一定的分別兩者的標準，因此，所謂天，並不能確定其非人，所謂人，亦不能確定其非天。焦竑《莊子翼》引王雱《新傳》云：「而猶有患者，知天人之二，不知其一也。」「二」，即指「天」、「人」二名之分別、對待。

如第二章第三節所述，是非、然否皆有特定的立場、觀點，故有是非、然否之心，皆爲局限於特定的立場、觀點之心，故曰「成心」。〈齊物論〉篇云：

> 夫隨其成心而師之，誰獨且無師乎？

成疏：

> 夫域情滯著，執一家之偏見者，謂之成心。夫隨順封執之心，師之以爲準的，世皆如此，故誰獨無師乎。

「成心」者，執著於己所知之是非，以爲普遍的眞理；但以道觀之，即見成心皆爲局限於特定的立場、觀點者，實不足以言道，隨順成心之行爲，實足以背棄道〔註13〕。故〈大宗師〉篇云：

> 不以心捐道。

成疏：

> 捐，棄也。

可見，「心知」在莊子眼中，實爲禍亂之源，故莊子亟言超越心知。徐復觀云：

> 莊子對於心的警惕，特爲突出，主要原因，是因爲「知」的作用，是從心出來的。而知的作用，一則擾亂自己，不合養生之道；一則擾亂社會，爲大亂之源。所以他要「外於心知」。〔註14〕

心知背棄道、製造禍亂的方式，在於對性（性命之情）的危害。〈胠篋〉篇云：

> 故天下每每大亂，罪在於好知。……惴耎之蟲，肖翹之物，莫不失其性。

郭注：

> 夫吉凶悔吝，生於動者也。而知之所動，誠能搖蕩天地，運御群生。

心知物的方式，是君臨於物之上而知，不爲物所蔽，視物爲達到目的的工具、材料而已，故皆爲使物之性不得自然者。例如伯樂以其心知馬性，即利用其對馬性的知識來訓練馬，以達到其目的（訓練成良馬），然此皆爲使馬性不得自然，而危害馬性者。天地萬物，皆可成爲心所知的對象，亦即皆可成爲心知用以達成目的的工具、材料，亦即皆有可能成爲心知的受害者，故郭注云：

〔註13〕唐君毅云：「此語中之成心，郭象視爲可加以任順，憨山內七篇註以爲即眞心，實皆不合莊子原文意。莊子後文亦明言無成與毀，言物與我無成，則成乎心，以有世之所謂是非，其非美事可知也。」見《中國哲學原論導論篇》，頁254。

〔註14〕同註1，頁380。

「知之所動，誠能搖蕩天地，運御群生」。

可見，性和心在某種意義上，是互相對立的：全性即不能全心，全心即不能全性。性以「不知」言，而心卻正以「知」言。性以自身爲目的（自適），而心卻以性爲工具、材料，其目的恆在性自身以外。〈繕性〉篇云：

> 德又下衰，及唐虞始爲天下，興治化之流，澆淳散朴，離道以善，
> 險德以行，然後去性而從於心。

郭注：

> 善者，過於適之稱，故有善而道不全。行者，違性而行之，故行立
> 而德不夷。以心自役，則性去也。

如前一節所述，性命之情，即自適、自然之所在，即爲道德（至正、至善）之所在（唯道德可以自適、自然而無累），因此，性命之情實即通於道德，故曰「性脩反德，德至同於初」（〈天地〉）〔註15〕。天地萬物，無不可成爲心知之所對的對象，故性命之情亦可成爲心知的對象，而淪爲心知的工具、材料，爲心知所雕琢殘傷（所謂「澆淳散朴」），以達到心知之所是所善，亦即心知之目的（所謂「離道以善，險德以行」），性命之情之淪喪，亦即道德之淪喪，故以「去性而從於心」爲「德之下衰」。

第三節　心知傷性

心知對性產生傷害的方式，可大別爲二種：一是情欲，一是禮教。莊子之言心知傷性，亦多就此二方面立論。

一、對情欲的批評

（一）情欲的本質

人常容易誤以情欲（欲望）是自然之性，如告子曰「食、色，性也」（《孟子・告子上》），即以生理感官的欲望爲性；人又常以爲心知是用來節制情欲的，如荀子曰「情然而心爲之擇」（《荀子・正名》），即以心能節制情欲之可

〔註15〕 此「脩」（同修），與「德者成和之脩也」（〈德充符〉）之「脩」同，皆當解爲美、善之意，與下文「德至」之「至」（極至）對應，皆爲形容詞，故不當解爲修行、修養等動詞。宣穎云：「性修，則復其所得於未形之一。德之至，則同於泰初。此極詣也。」（《南華經解》）即皆解爲形容詞。性不淪爲工具、材料，而能自適其適，是性之美，此之謂「性脩」。

行不可行。因此，人若聞「適性」、「外於心知」之說，恆以爲其旨在於放縱
情欲。莊子則指出，情欲正爲心知作用，而非性。唐君毅云：

> 一般所謂任順吾人所自然發出之耳目等五官之欲，恆歸於放縱，其
> 中實亦有一不自然者、或非自然者，夾雜乎其中。此不自然或非自
> 然者，即原於莊子所謂可與性相違之心知。〔註16〕

即以情欲出自心知，實非自然。心執著於一時一地之所是，以爲在其他時其
他地亦皆爲是，故好之欲之不已，此方是情欲。例如「聞見聲色而既知其美，
即欲窮天下聲色之娛，而盡得之。一朝飢既得食，寒既得衣而樂之，即一生
勞心焦思於衣食是謀」〔註17〕。可見，情欲實出自成心之是非，實爲心知，
而非性。性有一定之適，有所損益，皆不得其適，所謂性分者；而成心之是
非，亦即人之情欲，則是無窮的。〈養生主〉篇云：

> 吾生也有涯，而知也無涯，以有涯隨無涯，殆已。

郭注：

> 所稟之分，各有極也。夫舉重攜輕而神氣自若，此力之所限也。而
> 尚名好勝者，雖復絕脰，猶未足以慊其願，此知之無涯也。故知之
> 爲名，生於失當而滅於冥極。冥極者，任其至分而無毫銖之加。是
> 故雖負萬鈞，苟當其所能，則忽然不知重之在身；雖應萬機，泯然
> 不覺事之在己。此養生之主也。以有限之性，尋無極之知，安得而
> 不困哉！

「有涯」，即有分際，亦即具體、特殊的。「無涯」，即無分際，亦即抽象的、
普遍的。性有一定之適，此適爲具體的、特殊的，故曰「殊性」（〈秋水〉），
無任何兩個不同的個體，或於任何兩個不同的時地，而可以有完全相同之適，
故「鳧脛雖短，續之則憂；鶴脛雖長，斷之則悲」（〈駢拇〉），適合於鶴者，
並不適合於鳧；適合於鳧者，並不適合於鶴。心所知者，則爲抽象的、普遍
的共相、概念，並以所知之共相、概念來合（規定）具體的、個個不同的物，
故曰「心止於符」（〈人間世〉）；此猶如拿一定的長短尺寸，去規定鳧、鶴等
個個長短不同的腳脛一樣，必然無法適合；又猶如人舉重攜輕之能力個個不
同，而心知尚名好勝，以世俗所認可的標準，規定自己所要舉起的重量，則
必不能適合，終至絕脰。此即見心知以一定的標準（形式），普遍地規定個個

〔註16〕同註2，頁38。
〔註17〕同註2，頁39。

不同的具體事物，必然違反「適合原則」〔註18〕。合於心知之標準者，則是
而取（爲）之；不合於心知之標準者，則非而捨（不爲）之；以此而爲的結
果，必然爲「不適合」——不能真正實現價值，故曰「以有涯隨無涯，殆已」。
例如人之心知可以「食酒肉」或「富貴」爲是（如〈徐無鬼〉篇之九方歅），
合於「食酒肉」、「富貴」之事物，即以爲是，而生好欲之情，而爲之，故於
危害生命、泯滅道德而可以食酒肉、富貴之事物，亦以爲是而爲之。此即見
情欲爲一「無涯之知」，而非性。合於心知之所是之事物無窮，而心知皆以爲
是，而欲之求之，故心知之逐物亦無窮。牟宗三云：

> 知是表示離其自在具足之性分而陷於無限的追逐中。……凡陷於無
> 限追逐而牽引支離其性者，皆可爲知所概括。聲、色、名、利、仁、
> 義、聖、智，皆可牽引成一無限之追逐，而學與知本身當然亦是其中
> 之一項。此可總之曰生命之紛馳，意念之造作，意見之繳繞，與知識
> 之葛藤。此皆所謂離其自性之失當，亦即皆傷生害性者也。〔註19〕

情欲爲心知，而非性之自適，亦即外在於性命之情，且爲使性不得自適者，
心知之逐物，亦即以性爲工具、材料，「牽引支離其性」，使其性不得自適，
而失其性命之情，以達到心知所是（情欲）之目的，所謂「馳其形性，潛之
萬物」（〈徐無鬼〉），故皆爲殘生傷性者。〈則陽〉篇云：

> 今人之治其形，理其心，多有似封人之所謂，遁其天，離其性，滅
> 其情，亡其神，以眾爲。故鹵莽其性者，欲惡之孽，爲性萑葦蒹葭，
> 始萌以扶吾形，尋擢吾性〔註20〕；並潰漏發，不擇所出，漂疽疥癰，
> 內熱溲膏是也。

郭注：

> 夫遁離滅亡，以眾爲之所致也。若各至其極，則何患也。……此鹵

〔註18〕 唐君毅云：「所謂適合原則，乃謂一特定之人在一具體情境中，只有由某方式
以選擇某事物，乃能與人求實現價值之意識相配合，並不相牴觸而說。此某
事物之適合與否，乃純因各特定之人，所在之具體情形之異而異者。……依
此原則，而人須如實了知：其爲一特定之人與其所在具體之情境之唯一性無
二性。」見《哲學概論》下冊，頁535。

〔註19〕 見《才性與玄理》，頁206～207。

〔註20〕 郭慶藩《莊子集釋》引俞樾曰：「爲性萑葦蒹葭，六字爲句。郭於萑葦下出注
云，萑葦害禾稼，欲惡傷正性。此失其讀也。始萌以扶吾形，尋擢吾性，尋
與始相對爲義，尋之言寖尋也。……始萌以扶吾形，言其始若足以扶助吾形
也；尋擢吾性，言寖尋既久則拔擢吾性也。」

芥之報也。故治性者，安可不齊其至分！

成疏：

> 夫欲惡之心，多為妖孽。……耽滯物境，沒溺聲色，故致精神昏亂，
> 形氣虛羸，眾病發動，不擇處所也。

「為」，是形性在心知的主宰、役使下之行為，亦稱為「偽」（人為）。此「為」非出於性之自適，非內在於性命之情而動以不得已，而是出於外在於性命之情的心知之欲惡（故曰「離其性」），可為可不為，取決於心知，此即失其性命之情，故曰「性之動，謂之為；為之偽，謂之失」（〈庚桑楚〉）呂惠卿云：「性動而有為，為偽而失矣。……故動以不得已，則性之為，非為之偽；是以謂之道也」（《莊子義》）。例如飢而得食、寒而得衣，此是性之自適，非另有所知，所謂「始萌以扶吾形」；然而，心知亦可脫離於性命之情之外，而對食、衣有所知，以食、衣為是，而一生勞心焦思於衣食是謀，「馳其形性，潛之萬物」，此即為心知（「欲惡之孽」）而非性，且為使性不得自適、殘生傷性者，故曰「尋擢吾性」。「並潰漏發，不擇所出，漂疽疥癰，內熱溲膏」，則是心知（情欲）對性的殘傷之效應。性亦自有老、病、死，但在心知的役使下而眾病發動，則是心知之罪，而非性之自然。猶如，馬亦自有老、病、死，但馬在伯樂之役使下，傷殘而死，則是「伯樂之罪」，非馬性之自然。故〈庚桑楚〉篇云：「寇莫大於陰陽，無所逃於天地之間，非陰陽賊之，心則使之也」，成疏：「此非陰陽能賊害於人，但由心有躁競，故使之然也」。

莊子更分別官能之欲和性之不同，〈天地〉篇云：

> 且夫失性有五：一曰五色亂目，使目不明；二曰五聲亂耳，使耳不
> 聰；三曰五臭薰鼻，困惾中顙；四曰五味濁口，使口厲爽；五曰趣
> 舍滑心，使性飛揚。此五者，皆生之害也。

人常以為目欲視色、耳欲聽聲、鼻欲聞香、口欲嚐味、心欲思謀，以此為自然之性。莊子則指出，人之欲視色，而役使目去視色，勞而不知休，正所以害目（「亂目」），又豈是目之適呢？耳、鼻、口等亦然。此皆心知（情欲）之罪。心有所欲，則思慮計謀以取之得之；有所惡，則思慮計謀以捨之避之；勞而不知休，正所以害心（「滑心」，成疏：「滑，亂也。」），又豈是心之適呢？故此五者，皆失其性命之情，亦即皆殘生傷性者，故曰「皆生之害也」。

（二）小人殉利，君子殉名

世俗以違反社會規範、觸犯法律、損人以利己者，為小人；以合乎社會

規範、損己以利人者，爲君子。世俗以爲小人之爲惡行，是因爲情欲；君子之爲善行，是因爲仁義。莊子則指出，小人所欲者爲利，君子所欲者爲名，兩者所追求的目標雖有不同，但皆是出於情欲則一。〈盜跖〉篇云：

> 小人殉財，君子殉名。其所以變其情，易其性，則異矣；乃至於棄其所爲而殉其所不爲，則一也。

成疏：

> 棄其所爲，捨己；殉其所不爲，逐物也。夫殉利謂之小人，殉名謂之君子，名利不同，所殉一也。

情欲以性命之情以外的事物（利、名）爲目的，而「馳其形性」（〈徐無鬼〉）、「殘生傷性」（〈駢拇〉），亦即皆捨己以逐物，故曰「殉」。小人之所爲，在求利；君子之所爲，在求名；兩者之所爲，皆是爲了所爲本身以外的目的，則其所爲即只有工具（手段）意義而已，因此，我們評論小人、君子之所爲是否有價值，即不能只從所爲本身來看，而應從所爲的目的來看。如第二章第四節所述，生命的價值高於財富、地位、名譽等等之上，而道德（性命之情）的價值更高於生命之上，故無捨棄道德、生命以換取財富、名譽之理。小人、君子「變其情，易其性」以求利、名，亦即捨棄道德、生命以換取財富、名譽，則兩者同爲不智，又何分於高下？故曰「棄其所爲而殉其所不爲，則一也」。

此理甚易明，而小人、君子終不明者，以其情欲只見利、名之爲是，而不見利、名之爲非。〈山木〉篇以蟬、螳蜋、異鵲比喻小人之只知求利：

> 莊周遊於雕陵之樊，覩一異鵲自南方來者，翼廣七尺，目大運寸，感周之顙而集於栗林。莊周曰：「此何鳥哉，翼殷不逝，目大不覩？」蹇裳躩步，執彈而留之。一蟬，方得美蔭而忘其身；螳蜋執翳而搏之，見得而忘其形；異鵲從而利之，見利而忘其真。莊周怵然曰：「噫！物固相累，二類相召也！」捐彈而反走，虞人逐而誶之。

郭注：

> 目能覩，翼能逝，此鳥之真性也，今見利，故忘之。相爲利者，恆相爲累。

成疏：

> ……意在取利，不覺性命之危，所謂忘真矣。

蟬、螳蜋、異鵲皆見利而忘身，故皆以利而危其身；亦猶小人之「見利輕亡

其身」（〈讓王〉），皆以利而危害道德、生命，故「民之於利甚勤，子有殺父，臣有殺君，正畫爲盜，日中穴阫」（〈庚桑楚〉）。

〈盜跖〉篇言君子之殉名，云：

> 世之所謂賢士，伯夷、叔齊〔註21〕。伯夷、叔齊辭孤竹之君而餓死於首陽之山，骨肉不葬。鮑焦飾行非世，抱木而死。申徒狄諫而不聽，負石自投於河，爲魚鱉所食。介子推至忠也，自割其股以食文公，文公後背之，子推怒而去，抱木而燔死。尾生與女子期於梁下，女子不來，水至不去，抱梁柱而死。此六子者，無異於磔犬流豕操瓢而乞者〔註22〕，皆離名輕死〔註23〕，不念本養壽命者也。

成疏：

> 言此六人，不合玄道，矯情飾行，苟異俗中，用此聲名，傳之後世。
>
> ……皆爲重名輕死，不念歸本養生，壽盡天命者也。

世俗以「刻意尚行，離世異俗」（〈刻意〉）者爲高，此六子者欲得清高之名，故皆矯情飾行，以爲眾人之觀，以矜名而危殆其身，故皆重名輕死者。

小人以爲利重於名，君子以爲名重於利，以莊子觀之，兩者皆未通達性命之情，故曰：「其於殘生傷性均也，奚必伯夷之是而盜跖之非乎！」（〈駢拇〉）

二、對禮教的批評

（一）禮教是君主的統治工具、人民的桁楊桎梏

禮教是心知對性產生傷害的另一方式，即〈養生主〉篇所言「已而爲知者，殆而已矣」〔註24〕之知。此知和情欲之知不同之處，在於：此知並不直接以具體事物爲所知對象，而是以人之情欲爲所知對象，求能加以對治。人有情欲，則泯滅道德、輕亡其身，此豈是人之情？聖人不忍見人之自喪，故

〔註21〕王叔岷《莊子校詮》云：「『伯夷、叔齊』上疑本有『莫若』二字，今本脫之。上文『世之所高，莫若黃帝。』下文『世之所謂忠臣者，莫若王子比干、伍子胥。』文例並同。」

〔註22〕《經典釋文》（以下簡稱「釋文」）引李頤云：「言上四（案：四應作六。）人不得其死，猶豬狗乞兒流轉溝中者也。」

〔註23〕王叔岷《莊子校詮》云：「《闕誤》引江南古藏本離作利，古字通用。」案：「離名」，成疏釋爲「重名」。〈駢拇〉篇亦云：「伯夷死名於首陽之下」。

〔註24〕郭注：「已困於知而不知止，又爲知以救之，斯養而傷之者，眞大殆也。」成疏：「無涯之知，已用於前，有爲之學，救之於後；欲不危殆，其可得乎！」案：此知即下文所言之「名」、「刑」。

為立教言，以「仁義」、「禮樂」、「刑名」教化人民、導正人心，使人去惡向善。此亦儒家提倡仁義、禮樂之旨。

莊子則重在指出，禮教仍為一種知，故其結果不免於殘生傷性，非但不能救民，反而還會害民。〈胠篋〉篇云：

> 世俗之所謂知者，有不為大盜積者乎？所謂聖者，有不為大盜守者乎？何以知其然邪？昔者齊國鄰邑相望，雞狗之音相聞，罔罟之所布，耒耨之所刺，方二千餘里。闔四竟之內，所以立宗廟社稷，治邑屋州閭鄉曲者，曷嘗不法聖人哉！然而田成子一旦殺齊君而盜其國。所盜者豈獨其國邪？並與其聖知之法而盜之。故田成子有乎盜賊之名，而身處堯舜之安；小國不敢非，大國不敢誅，十二世有齊國。則是不乃竊齊國，並與其聖知之法以守其盜賊之身乎？

郭注：

> 不盜其聖法，乃無以取其國也。言聖法唯人所用，未足以為全當之具。

若無聖人所立的仁義禮法以統治臣民，則田成子一人豈能竊國，而「小國不敢非，大國不敢誅」（更遑論其臣民了）？此即見仁義禮法為君主的統治工具，君主必須憑藉這種工具，才能將其意志加諸臣民身上，所謂「一人之斷制天下」（〈徐無鬼〉）〔註25〕，猶如伯樂要有橛飾、鞭筴等工具，才能將其意志加諸馬身上一樣。一般的財貨之利，人尚且處心積慮、輕亡其身以求，而此統治工具能役使一國之人，供己所需，此豈非更大的利？人若知此大利，豈不更加處心積慮以求之？故曰「國之利器不可以示人」（〈胠篋〉）。而聖人既已立仁義禮法，以示於人，則人如何能不汲汲營求此大利呢？〈胠篋〉篇又云：

> 聖人不死，大盜不止。雖重聖人而治天下，則是重利盜跖也。為之斗斛以量之，則並與斗斛而竊之；為之權衡以稱之，則並與權衡而竊之；為之符璽以信之，則並與符璽而竊之；為之仁義以矯之，則並與仁義而竊之。何以知其然邪？彼竊鉤者誅，竊國者為諸侯，諸侯之門而仁義存焉，則是非竊仁義聖知邪？故逐於大盜，揭諸侯，竊仁義並斗斛權衡符璽之利者，雖有軒冕之賞弗能勸，斧鉞之威弗能禁。此重利盜跖而使不可禁者，是乃聖人之過也。

〔註25〕王叔岷《莊子校詮》云：「『斷制』下有利字，不詞，疑涉制字而誤衍，……唐寫本正無利字。」

郭注：

> 夫軒冕斧鉞，賞罰之重者也。重賞罰以禁盜，然大盜者又逐而竊之，
> 則反爲盜用矣。所用者重，乃所以成其大盜也。大盜也者，必行以
> 仁義，平以權衡，信以符璽，勸以軒冕，威以斧鉞，盜此公器，然
> 後諸侯可得而撓也。是故仁義賞罰者，適足以誅竊鉤者也。

竊取財貨之小利者，爲小盜。竊取一國之大利者，爲大盜。仁義禮法只能禁小盜，不能禁大盜。君主可以仁義禮法禁止一國之人之情欲，而君主本人則三宮六院，貪欲無厭，視一國之人爲其私有；仁義禮法又能奈何？故桀、紂爲君主，而「龍逢斬，比干剖，萇弘胣，子胥靡」（〈胠篋〉），此四子者，誠爲奉行仁義禮法之賢臣，然而非但不能規正其君之暴行，反而身遭其戮。此即見所謂「仁義禮法」，實只爲君主所用，非能用以治君主。聖人立仁義禮法以示人，引誘大盜竊取一國之大利，若無聖人所立之仁義禮法作爲統治工具，則桀、紂豈能肆其毒害？故曰「聖人不死，大盜不止」、「是乃聖人之過也」。

　　仁義禮法既爲君主役使人民的工具，亦即成爲使人民不得自適、殘生傷性的桎梏；猶如橛飾、鞭筴等既爲伯樂役使馬的工具，亦即成爲使馬不得自適、殘生傷性的桎梏一樣。〈在宥〉篇云：

> 今世殊死者相枕也，桁楊者相推也，刑戮者相望也，而儒墨乃始離
> 跂攘臂乎桎梏之間。意，甚矣哉！其無愧而不知恥也甚矣！吾未知
> 聖知之不爲桁楊接槢也，仁義之不爲桎梏鑿枘也，焉知曾史之不爲
> 桀跖嚆矢也！故曰「絕聖棄知而天下大治」。

成疏：

> 六國之時及衰周之世，良由聖迹，黥劓五刑，遂使桁楊者盈衢，殊
> 死者相枕，殘兀滿路。相推相望，明其多也。

君主治民，而加以黥劓五刑，使殊死者相枕；不似伯樂治馬，而加以燒、剔、刻、雒等刑，使馬之死者過半嗎？爲馬謀，則知當去治馬之具；爲民謀，難道不知當去竊國之具嗎？而儒墨的末流，不知圖此，反而爲作僞辭，責備人民不能遵守仁義禮法，理所當誅；儒墨末流所爲，實爲利祿而已，甚爲鄙陋，故曰「不知恥」〔註26〕。〈則陽〉篇云：

〔註26〕徐復觀云：「世儒之過于依賴現實，其容易爲統治者所藉口，乃至甘心供統治者的利用，以加強統治者的慘酷之毒，眞是值得莊子加以棒喝滌蕩的。」同註1，頁412。

> 柏矩……至齊，見辜人焉，推而強之，解朝服而幕之，號天而哭之
> 曰：「子乎子乎！天下有大菑，子獨先離之。曰『莫爲盜！莫爲殺人！』
> 榮辱立，然後覩所病；貨財聚，然後覩所爭。今立人之所病，聚人
> 之所爭，窮困人之身使無休時，欲無至此，得乎！古之君人者，以
> 得爲在民，以失爲在己；以正爲在民，以枉爲在己；故一形有失其
> 形者，退而自責。今則不然。匿爲物而愚不識，大爲難而罪不敢，
> 重爲任而罰不勝，遠其塗而誅不至。民知力竭，則以僞繼之。日出
> 多僞，士民安取不僞！夫力不足則僞，知不足則欺，財不足則盜。
> 盜竊之行，於誰責而可乎？」

郭注：

> 大菑既有，則雖戒以莫爲，其可得已乎！

成疏：

> 夫知力窮竭，譎僞必生；賦斂益急，貪盜斯起；皆由主上無德，法
> 令滋彰。夫能忘愛釋私，不貴珍寶，當責在上，豈罪下民乎！

世俗以爲「殺盜非殺人」（〈天運〉），以其自有罪。莊子則要問：人之爲盜，
豈是人之情？在禮教社會中，好智尚賢，殊棄愚、不肖，尊貴者榮而富，卑
賤者辱而貧。請問：在極端重視分別尊卑、貴賤的禮教社會中，愚、不肖、
卑賤、貧窮者，將如何自處？如何能安其性命之情？故曰「榮辱立，然後覩
所病；貨財聚，然後覩所爭」。愚、不肖、卑賤、貧窮者不堪禮教所加諸身上
的壓迫，則只有作僞、欺騙、盜竊一途了。而君主不知自責，卻戒之曰「莫
爲盜！莫爲殺人！」然後懼之以刑戮之威，不知民之不畏死；此亦不通人情、
麻木不仁者之所爲而已。猶如馬在伯樂的役使下，而知「介倪、闉扼、鷙曼、
詭銜、竊轡」（〈馬蹄〉），並非馬之自然，而是伯樂之罪；人民在君主的役使
下，而作僞、欺騙、盜竊，亦非民之自然，而是君主之罪，故曰「於誰責而
可乎」。

（二）禮教必然導致虛僞、不適合

上面所說，對禮教的批評，是著重在政治層面。若落在個人生活層面，
則禮教之爲知，乃是以對社會規範、禮儀節文之知爲主，此仍爲一種心知，
必然導致虛僞——性命之情的喪失（〈庚桑楚〉：「爲之僞，謂之失」）。唐君
毅云：

> 至此心知之化爲成心機心等，所以兼爲人之喪德之源者，則不只由

於人之依成心，以爲自己之未來作種種預謀者，必於當前所接之他人，唯知加以利用，而不知敬愛；兼由人之成心機心，與人之自動表現之道德心情相結合，亦可能化此道德心情之表現本身，成爲吾人憑之以達其他預謀之手段；並可使人對其未來道德心情之呈現，亦有一預求與期必，而亦有一成心；由此而使人以後之道德生活，成爲一單純之「還願」，以合於此預求與期必之成心。此即爲人之道德生活純形式化、而外在化之一大危機。〔註27〕

心知之知物，與心知之治物（用物），乃同時而生之事。禮教既在使人對社會規範、禮儀節文有所知，則人之心知同時即以此社會規範、禮儀節文爲其憑之以達其他預謀之手段（工具），此即使人之道德生活純形式化、外在化。〈田子方〉篇云：

溫伯雪子……曰：「吾固告子矣：『中國之民，明乎禮義而陋乎知人心。』昔之見我者，進退一成規，一成矩，從容一若龍，一若虎，其諫我也似子，其道我也似父，是以歎也。」

成疏：

匡諫我也，如子之事父；訓導我也，似父之教子。夫遠近尊卑，自有情義，既非天性，何事殷勤！是知聖迹之弊，遂有斯矯，是以歎之。

此處「人心」，當指人之心意〔註28〕。「禮義」，即指言行的規矩，亦即社會規範、禮儀節文。禮義是普遍的規範，人心則個個不同。只注重普遍規範的禮義，必然無法知曉個個不同的人心，故曰「明乎禮義而陋乎知人心」。人的言行，本是用來表達心意的，而今言行卻都成規成矩、若龍若虎、似子似父，僵硬呆板，反而使得彼此都不清楚對方的心意，則此禮義即只爲純形式化、外在化的虛文而已。而人心亦可隱藏於禮義後面，利用禮義來作僞，難以測知。〈列禦寇〉篇云：

凡人心險於山川，難於知天；天猶有春秋冬夏旦暮之期，人者厚貌深情。

郭注：

〔註27〕同註2，頁40。

〔註28〕故下文「仲尼見之而不言」，郭注：「已知其心矣」，成疏：「二人得意，所以忘言」，即皆從心意爲說。

言人情貌之反，有如此者。

山川險惡，看似平夷，實甚崎嶇；天氣難測，以爲晴朗，忽起風雲；而人心之險惡、難測，更甚於二者。而「禮教之士敬容」（〈徐無鬼〉），只注重舉止容貌合不合於禮儀節文，以爲舉止容貌能合於禮儀節文者，其人眞爲賢；則亦「陋乎知人心」而已。〈外物〉篇云：

> 演門有親死者，以善毀爵爲官師，其黨人毀而死者半。堯與許由天下，許由逃之；湯與務光，務光怒之；紀他聞之，帥弟子而踆於窾水，諸侯弔之，三年；申徒狄因以踣河。

郭注：

> 慕賞而孝，去眞遠矣，斯尚賢之過也。其波蕩傷性，遂至於此。

人若知奉行禮義可以得到名利，則不惜動心忍性、殘害性命之情以行禮義；但其行禮義之眞正目的，乃在求名利，則其所行之禮義即皆成虛僞。禮教之士提倡禮義，以名利爲獎賞，是無異於鼓勵人作僞，所謂「使天下學士不反其本，妄作孝弟而僥倖於封侯富貴者也」（〈盜跖〉）。人皆作僞，則唯知利用他人，不知敬愛；故禮義偏行，而反成「儒以詩禮發冢」（〈外物〉）、「人與人相食」（〈庚桑楚〉），此即所謂「禮教食人」。

莊子並指出，知禮義而行禮義者，皆非發自眞誠，都是虛僞，不足以感動人；若是發自眞誠者，則反而不知禮義，此方足以感動人。〈漁父〉篇云：

> 眞者，精誠之至也。不精不誠，不能動人。故強哭者雖悲不哀，強怒者雖嚴不威，強親者雖笑不和。眞悲無聲而哀，眞怒未發而威，眞親未笑而和。眞在內者，神動於外，是以貴眞也。其用於人理也，事親則慈孝，事君則忠貞，飲酒則歡樂，處喪則悲哀。忠貞以功爲主，飲酒以樂爲主，處喪以哀爲主，事親以適爲主，功成之美，無一其迹矣。事親以適，不論所以矣；飲酒以樂，不選其具矣；處喪以哀，無問其禮矣。禮者，世俗之所爲也；眞者，所以受於天也，自然不可易也。故聖人法天貴眞，不拘於俗。愚者反此。不能法天而恤於人，不知貴眞，祿祿而受變於俗，故不足。

成疏：

> 夫眞者不僞，精者不雜，誠者不矯也。故矯情僞性者，不能動於人也。……節文之禮，世俗爲之，眞實之性，稟乎大素，自然而然，故不可改易也。

強哭者，知禮義於此當哭，故哭，斤斤計較於成規成矩，以爲眾人之觀，矯揉造作而不自然，故貌雖似甚悲，而實無哀戚之情，亦不足以感動人。若是眞悲者，豈復計較於當哭不當哭？即使未哭出聲，而其哀戚之情，亦自然見於形容，足以感動他人。此即見眞誠之動人，實非禮義所能知，故曰「眞在內者，神動於外」（眞者，眞性，神者，眞性之不測之用）。人無捨棄眞性而取虛僞之禮義之理，故曰「貴眞」。猶如，事親若誠在取適，又豈復計較所用者合不合禮義？飲酒若誠在求樂，又豈復計較器皿合不合禮義？處喪若誠在盡哀，又豈復計較舉止容貌合不合禮義？而禮教之士卻與此相反，變易眞性，而斤斤計較於約定俗成、僵硬呆板（「一其迹」）之禮義，徒見其愚昧無知而已，故曰「愚者反此」。

　　禮教之士執著於固定之迹而不知變動，故必然無法適合具體、特殊的性命之情。〈天運〉篇云：

　　　　夫水行莫如用舟，而陸行莫如用車。以舟之可行於水也而求推之於
　　　　陸，則沒世不行尋常。古今非水陸與？周魯非舟車與？今蘄行周於
　　　　魯，是猶推舟於陸也，勞而無功，身必有殃。

郭注：

　　　　時移世異，禮亦宜變，故因物而無所係焉，斯不勞而有功也。

舟可行於水，但不能行於陸，因爲所處的環境不同。所處的環境改變，則所用之具亦須隨之調整。而禮教之士奉文、武、周公之禮爲神明，以爲放諸古今、四海而皆準，欲行古禮於今、行周禮於魯，是無異於「推舟於陸」，必然無法適合，故「勞而無功，身必有殃」。此亦可見莊子並非完全排斥禮義，只是反對固執不化的禮義而已。（詳見第四章第三節）

　　莊子並指出，禮義不僅須隨時代、地域而調整，亦須隨每個人具體、特殊的性情而調整；禮教之士之模仿聖人，無異於東施之效顰。〈天運〉篇又云：

　　　　西施病心而矉其里，其里之醜人見之而美之，歸亦捧心而矉其里。
　　　　其里之富人見之，堅閉門而不出，貧人見之，挈妻子而去走。彼知
　　　　矉美而不知矉之所以美。

成疏：

　　　　捨己效物，其義例然。……顰之所以美者，出乎西施之好也。彼之
　　　　醜人，但美顰之麗雅，而不知由西施之姝好也。

矉於西施爲美，但於東施（其里之醜人）卻爲醜，因爲兩人的容貌並不相同。

適合於西施的表情，並不見得就適合於東施。禮教之士以爲模仿聖人之舉止，即可增加己身之美觀，不知彼此所具之性情並不相同，是無異於東施之效顰，本欲求美，適得其醜。

　　莊子更指出，「模仿」終究不能等於「創造」。〈田子方〉篇假託孔子謂顏淵云：

　　　　吾終身與汝交一臂而失之，可不哀與！女殆著乎吾所以著也。彼已盡矣。而女求之以爲有，是求馬於唐肆也。

郭注：

　　　　唐肆，非停馬處也。言求向者之有，不可復得也。人之生，若馬之過肆耳，恆無駐須臾，新故之相續，不舍晝夜也。著，見也，言汝殆見吾所以見者耳。吾所以見者，日新也，故已盡矣，汝安得有之！

聖人之所爲，率由眞性之自發，皆是創造，日新不已。禮教之士亦步亦趨跟隨聖人之後，模仿聖人，但其所模仿之聖人，恆爲過去之聖人，而今時之聖人則又已更新，永遠無法同臻至聖，似之而非；猶如「求馬於唐肆」，方以爲馬在此處而欲捉之，而馬又已奔往他處，永遠捉不到。故孔子謂顏淵曰：「吾終身與汝交一臂而失之，可不哀與！」

　　禮教之士以爲仁義、禮樂都是人性，而其提倡仁義、禮樂，乃是在成就人性。莊子則指出，禮教之士所講的仁義、禮樂，都不是人性，而其提倡仁義、禮樂，乃是在殘害人性。〈駢拇〉篇云：

　　　　且夫待鈎繩規矩而正者，是削其性者也；待繩約膠漆而固者，是侵其德者也；屈折禮樂，呴俞仁義，以慰天下之心者，此失其常然也。

成疏：

　　　　夫物賴鈎繩規矩而後曲直方圓也，此非天性也；喻人待教迹而後仁義者，非眞性也。夫眞率性而動，非假學也。故矯性僞情，舍己效物而行仁義者，是減削毀損於天性也。……以此僞眞，以慰物心，遂使物喪其眞，人亡其本，既而棄本逐末，故失其眞常自然之性者也。

釋文：

　　　　屈折，謂屈折支體爲禮樂也。呴俞，謂呴喻顏色爲仁義之貌。

禮教之士教人奉行仁義禮樂之規矩，人知奉行仁義禮樂，則人之心知即脫離

於形性之外（〈在宥〉：「若彼知之，乃是離之。」），以形性爲工具、材料，以仁義禮樂爲目的、成品，役使、雕刻形性，以達成仁義禮樂，所謂「屈折禮樂，呴俞仁義」；猶如木匠根據其心中之所知，來雕刻樹木，伯樂根據其心中之所知，來訓練馬，並非樹木和馬之性，而是殘害樹木和馬之性者；今人根據心中所知之仁義禮義，來役使、雕刻形性，非但不是人性，且爲殘害人性者，故曰「削其性」、「侵其德」。物失其性，則憂悲。禮教之士以仁義禮樂而失其性，故亦憂悲。〈駢拇〉篇又云：

> 意仁義其非人情乎？彼仁人何其多憂也！且夫駢於拇者，決之則泣；枝於手者，齕之則啼。二者，或有餘於數，或不足於數，其於憂一也。今世之仁人，蒿目而憂世之患；不仁之人，決性命之情而饕貴富。故意仁義其非人情乎？自三代以下者，天下何其囂囂也！

呂惠卿云：

> 仁義列於五藏，而大仁不仁、至義不物，奚爲而非人情乎！唯其爲之太過而不由道德之正，則意其非人情也。彼仁人何其多憂，則爲之太過者也。且夫駢於拇者，決之則泣；枝於手者，齕之則啼；二者或有餘于數，或不足干數，至于去之而憂，則一也。……今世之仁人，蒿目而憂世之患，則有餘於數之類；不仁之人，決性命之情而饕貴富，則不足於數之類也；然莫知其爲非性命之情而守之，則決之則泣、齕之則啼之類也。（《莊子義》）

性有一定之適，過與不足，皆不得其適，而有憂悲。故駢拇枝指，害於一身之和諧。禮教之士，「多方乎仁義」（〈駢拇〉），亦害於性命之情。假如禮教之士所講的仁義禮樂果眞是人性的話，則人之行仁義禮樂，當爲自適其適，無憂悲之理，而今禮教之士卻又憂心忡忡、不能自適，此亦可反證其所講的仁義禮樂並非人性，故曰「意仁義其非人情乎？彼仁人何其多憂也！」

第四節　形性繆心

一、形物束縛心靈的結果——成心

　　人常以爲：人依據其心知之是非，而取捨去就，是出於自由意志的行爲。莊子則指出，有是非之心，乃是「成心」，實爲形物所束縛，而不能自由。唐君毅云：

> 此成心者，乃吾人之定型之生活習慣，與吾人之靈臺之心，相結合
> 之一產物。人不能無定型之生活習慣，則不能無成心。人之靈臺之
> 心知，自是能游于無窮，而初無涯岸者。然人之生活習慣與成心，
> 則如人之形骸，爲一有定限而成型之物，亦有其特定之所望、所是，
> 而自有涯岸者。〔註29〕

人心原是自由的、不受限制的，但「成心」則執著於一定之是非；如第二章
第三節所述，是非之見皆受限於特定之立場、觀點，此特定之立場、觀點，
來自於定型之生活習慣，此定型之生活習慣，恆爲有形有名之物。因此，成
心實受到特定之立場、觀點、生活習慣、形物的限制，而非自由。〈徐無鬼〉
篇云：

> 知士無思慮之變則不樂，辯士無談說之序則不樂，察士無淩誶之事
> 則不樂，皆囿於物者也。招世之士興朝，中民之士榮官，筋力之士
> 矜難，勇敢之士奮患，兵革之士樂戰，枯槁之士宿名，法律之士廣
> 治，禮教之士敬容，仁義之士貴際。農夫無草萊之事則不比，商賈
> 無市井之事則不比。庶人有旦暮之業則勸，百工有器械之巧則壯。
> 錢財不積則貪者憂，權勢不尤則夸者悲。勢物之徒樂變，遭時有所
> 用，不能無爲也。此皆順比於歲，不易於物者也〔註30〕，馳其形性，
> 潛之萬物，終身不反，悲夫！

成疏：

> 此數人者，各有偏滯，未達大方，並囿域於物也。……以前諸士，
> 遭遇時命，情隨事遷，故不能無爲也。……馳騖身心，潛伏前境，
> 至乎沒命，不知反歸，頑愚若此，深可悲歎也已矣！

呂惠卿云：

> 人莫不有至樂之處，得是而遊之，其爲囿也大矣。而諸士者，獨樂
> 其性之所偏，則囿於物而不能囿物者也。自招世之士，至勢物之徒，
> 雖趨向不同，而遭時有用、不能無爲，則一；以不知眞君所在也。
> 夫時有所用而爲之，非性命也。……人莫不有眞君存焉，而乃馳其
> 形性逐物，而不知反此；至人之所悲也。（《莊子義》）

〔註29〕 見《中國哲學原論原道篇一》，頁360。
〔註30〕 「不易於物」，原作「不物於易」。王叔岷《莊子校詮》云：「『不物於易，』
　　　　 義理難通。竊疑本作『不易於物，』成疏亦轉從『不易於物』爲說。『不易於
　　　　 物，』即上文『囿於物』之意，下三語亦即『不易於物』之釋義。」

世俗以爲：對一個外在目標的追逐，是出於自由意志。在莊子看來，追逐一個外在的目標，即是被外在目標所限制、束縛，實爲不自由，而非自由，實爲「物於物」，而非「物物」。故「知士無思慮之變則不樂」，是即受限制於「思慮之變」，沒有不爲（追逐）思慮之變的自由；「中民之士榮官」，是即受限制於「官」，沒有不爲官的自由；「枯槁之士宿名」，是即受限制於「名」，沒有不爲名的自由；「錢財不積則貪者憂」，是即受限制於「錢財」，沒有不爲錢財的自由；其餘亦然。此即見以外物爲追逐的目標，而一生「勞形怵心」（〈應帝王〉）於此者，皆爲受限制於外物，故曰「圉於物」、「不易於物」；此實爲外物的奴隸，而非自由，實爲「喪己於物」（〈繕性〉）而不能返，故曰「潛之萬物，終身不反，悲夫」。故「小人殉利」，即爲「利」的奴隸；「君子殉名」，即爲「名」的奴隸；皆爲使人身不由己、失去自由者，故曰「心之於殉也殆」（〈徐無鬼〉）。所謂「自由」（莊子稱爲「自適」、「自得」等），是指「不受外物壓迫或限制的狀態，同時連帶著某種內在的自決能力」〔註31〕而言。故可以爲、可以不爲者，方是自由。上述諸士、小人、君子，其所作所爲，皆於事先即已受到其成心之所是、所望的外在目標所限，只能如此如此爲，不能不如此如此爲（猶如有毒癮者，只能吸食毒品，而不能不吸），亦即於事先即已爲外物所限制、決定者，實無「自由」可言。

　　由是觀之，人之成心所追逐的外在目標，非但不是人的自由意志，而且正爲妨害人的自由意志，使人不得自由者，故〈庚桑楚〉篇云：「貴富顯嚴名利六者，勃志也」，成疏：「勃，亂也」。禮教之士，以仁義禮樂爲人所追逐的目標，亦是在妨害人的自由意志、束縛人心，故〈在宥〉篇云：「昔者黃帝始以仁義攖人之心」、「天下脊脊大亂，罪在攖人心」。〔註32〕

　　〈齊物論〉篇云：「物固有所然，物固有所可。無物不然，無物不可。」心靈若眞是自由的（不受特定的立場、觀點、生活習慣、形物所限），則當可於一切物皆見其所是、所然，而是之、然之，因而亦無是無非、「道通爲一」（〈齊物論〉）。今上述諸士、小人、君子，卻都各有所是、各有所非，是其所是、非其所非，只是己之所是、不見彼之所非，只見己之所非、不見彼之所是；此亦可反證彼等之心靈，實皆已受到特定的立場、觀點、生活習慣、形

〔註31〕同註11，頁216。
〔註32〕「攖」，是束縛、繫結之意。〈大宗師〉篇「攖寧」，《釋文》引崔譔注云：「攖，有所繫者也。」

物的束縛、限制，而不能自由。故〈列禦寇〉篇云：「小夫之知，不離苞苴竿牘，敝精神乎蹇淺」，成疏：「可謂勞精神於跂蹇淺薄之事，不能遊虛涉遠矣。」

二、性命束縛心靈的結果──心死

成心是有限制的，但成心之所是（情欲），是抽象的、普遍的（〈養生主〉：「知也無涯」），則又無限制，故成心之逐物，亦無限制，而爲無窮的。成心之逐物，必須憑藉客觀的工具、材料，這些客觀的工具、材料，則又恆有一定之限制（〈養生主〉：「生也有涯」），是爲「性命」（性之所命定、限定）。於是，兩者之間即產生對立、衝突：「以有涯隨從無涯，則無涯如爲有涯者所桎梧，有涯者亦終將爲無涯者之所崩裂，則二者互相傷折」〔註33〕，心知固然殘生傷性，而性命亦束縛心靈，使其不能達成目標（例如：伯樂要求馬能日行千里，但馬的體能有一定的極限，結果，馬固然傷殘而死，伯樂亦達不到他的目標）。因此，人並非心中想著一個目標，即能達成，尚須取決於人所使用的工具、材料是否正確、有效而定，此即對人的心靈產生束縛、限制。故〈庚桑楚〉篇云：「容動色理氣意六者，繆心也」〔註34〕，成疏：「容貌、變動、顏色、辭理、氣調、情意，六者綢繆繫縛心靈者也」。此六者，指人所稟具的形質、能力、才性等而言，此皆有一定之限制，故對人的心靈產生束縛（例如：東施的容貌，對其求美的心靈產生束縛）。

莊子更指出，人並不能保證其所使用的工具、材料必然正確、有效，因此，人亦不能保證其必然能達成目標。〈秋水〉篇云：

> 計人之所知，不若其所不知；其生之時，不若未生之時；以其至小
> 求窮其至大之域，是故迷亂而不能自得也。

唐君毅云：

> 我們無論怎樣相信一切存在事物之可理解，而必有理可知；我們
> 仍不能否認人實有之知識範圍，遠小於存在事物之範圍。莊子所
> 謂「計人之所知，不若其所不知。」到今日仍是一顛撲不破之理。
> ……任何人以其有生之年，皆爲只能有限之知。……然人若不能
> 實際求得無限之知識，則人所知之範圍，即爲其所不知者之所限

〔註33〕同註29，頁364。
〔註34〕「繆」，或作「謬」。成疏：「繆，繫縛也。」則當作「繆」，故上文言「解」。
王先謙集解亦作「繆」。

制。〔註35〕

人之知識，來自於有限度的感覺、思想官能及生活經驗，人之所不知者，遠超過人之所知者，因此，人並不能保證其所知者絕對正確、有效〔註36〕。世俗則常信其所知者爲絕對正確、有效，故「迷亂而不能自得」。〈徐無鬼〉篇以豕蝨爲喻：

> 濡需者，豕蝨是也，擇疏鬣自以爲廣宮大囿，奎蹏曲隈，乳間股腳，自以爲安室利處，不知屠者之一旦鼓臂布草操煙火，而已與豕俱焦也。此以域進，此以域退，此其所謂濡需者也。

豕蝨之所知者：疏鬣、奎蹏曲隈、乳間股腳而已，故自以爲「廣宮大囿」、「安室利處」；而其所不知者：「屠者之一旦鼓臂布草操煙火」，使其「自以爲安」之所知、判斷，歸於完全錯誤和無效。世俗之人亦猶是。〈外物〉篇云：

> 外物不可必，故龍逢誅，比干戮，箕子狂，惡來死，桀紂亡。人主莫不欲其臣之忠，而忠未必信，故伍員流于江，萇弘死于蜀，藏其血三年而化爲碧。人親莫不欲其子之孝，而孝未必愛，故孝己憂而曾參悲。木與木相摩則然，金與火相守則流。陰陽錯行，則天地大絯，於是乎有雷有霆，水中有火，乃焚大槐。有甚憂兩陷而無所逃，螴蜳不得成，心若縣於天地之間，慰睯沈屯，利害相摩，生火甚多，衆人焚和，月固不勝火，於是乎有儳然而道盡。

宣穎云：

> 善惡均於被禍，不可必一也。主欲忠臣，而忠遭主戮，不可必二也。親欲子孝，而孝被親疑，不可必三也。……一火之思，略舉之，便有三樣，不可必四也。……外物不可必如此，而人之用心則有不能自擇者。兩陷，指下利害兩端。害固害也，利亦有害也，故憂兩陷而莫逃也。……兩端交戰，焦火內熾。……月者，喻清明本性也，又何堪火之燔灼乎？氣與性俱受火傷，於是乎頹然隳壞，天理盡而

〔註35〕同註18，上冊，頁670～671。
〔註36〕唐君毅云：「吾人對於一具體事物現在之情形之計量，仍只能達某一種確定之程度，而必留待若干未知之成份，即或如此、或如彼之成份。而吾人據之以推斷未來，亦即永只能有概然性而無必然性。……吾人不能確知：一事物之必無其他方面之性質，與其他所關聯者之存在，可使吾人之此極少之推斷，亦成爲無效者。故吾人之對經驗事物之知識，乃必然不能有絕對之確定性者。」同註18，上冊，頁600～601。

生機熄矣。(《南華經解》)

唐君毅云：

> 凡欲期必彼未來而未現實之事，化爲現實，必待其他種種條件之補
> 足。吾欲補足此種種條件，又更有另外之其他條件；此另外之其他
> 條件，是否爲我今有力之補足者，仍終不可必。終不可必，而昔願
> 已化爲成心，人乃必欲必之；人生乃永在向外尋求之中，而人之禍
> 患憂慮，亦終無已。此即莊子之所以嘆「人之生也，與憂俱生，久
> 憂不死，何其苦也」。世人不知其苦，則人生之芒，人生之大惑大愚，
> 而終身不解不靈者也。〔註37〕

若以爲爲善必得善報，而爲善，則實不能保證無某些未知之事物，使此爲善
之事反得惡報；若以爲爲惡必得善報，而爲惡，則亦實不能保證無某些未知
之事物，使此爲惡之事反得惡報。人之以爲爲忠必得君信、爲孝必得親愛，
亦然。乃至人對自然界的知識，亦皆只是概然的，並不能保證其絕對正確、
有效。故曰「外物不可必」。然則，人之是否能達到心中的目標，實非人自己
所能決定者，隨時都有可能有某些未知之事物，使人的知識、計畫、預謀歸
於錯誤和無效，此即對人的心靈造成束縛，故曰「心若縣於天地之間」。此束
縛的具體表現（效應），則爲：喜、怒、哀、樂。外物若順從期望，則以爲「得」、
「利」，而喜、樂；外物若違逆期望，則以爲「失」、「害」，而怒、哀（〈盜跖〉：
「順其心則喜，逆其心則怒」）。所謂「得失」、「利害」，皆是由於心靈在性命
的束縛下，不能自由地達成目標而有；如果心靈未受到任何束縛，可以自由
地達成目標，則不可能有「失」、「害」，亦無所謂「得」、「利」；不可能有「哀」、
「怒」，亦無所謂「喜」、「樂」。有得失、利害，而有喜怒哀樂，正反證心靈
有束縛；故害固有害，而利亦有害，故曰「有甚憂兩陷而無所逃」；怒、哀固
不樂，而喜、樂亦不樂，故曰「怵惕之恐，欣懽之喜，不監於心」（〈盜跖〉）、
「惡欲喜怒哀樂六者，累德也」（〈庚桑楚〉）。心靈有束縛，則失去自由、自
適、自得之和諧，故曰「利害相摩，生火甚多，眾人焚和，月固不勝火」（月
之清明，喻心靈之和；火之狂熱，喻喜怒哀樂。有火則和焚，有喜怒哀樂，
則心靈之和喪）。性命對心靈之束縛的強度（亦即喜怒哀樂的強度），與形物
對心靈之束縛的強度（亦即期望的強度）成正比。期望強烈者，得則大喜、
大樂，失則大怒、大哀。〈在宥〉篇云：

〔註37〕同註2，頁39～40。

> 人大喜邪？毗於陽；大怒邪？毗於陰。陰陽並毗，四時不至，寒暑
> 之和不成，其反傷人之形乎！使人喜怒失位，居處無常，思慮不自
> 得，中道不成章。

「毗」，《釋文》引司馬彪：「助也。」助於陰陽，則陰陽失常，不得和諧。人
之大喜大怒，一方面固使陰陽失常、「其熱焦火，其寒凝冰」（〈在宥〉）、「反
傷人之形」，一方面亦損害心靈的功能，使「思慮不自得」。心知對形性過度
的損傷，會造成「形死」——生命體失去生命的功能；而形性對心靈過度的
束縛，會造成「心死」——心靈失去認知、主宰的功能。〈齊物論〉篇云：

> 其寐也魂交，其覺也形開，與接為構，日以心鬥。縵者，窖者，密
> 者。小恐惴惴，大恐縵縵。其發若機栝，其司是非之謂也；其留如
> 詛盟，其守勝之謂也；其殺若秋冬，以言其日消也；其溺之所為之，
> 不可使復之也；其厭也如緘，以言其老洫也；近死之心，莫使復陽
> 也。喜怒哀樂，慮嘆變熱，姚佚啟態；樂出虛，蒸成菌。

成疏：

> 陽，生也。耽滯之心，鄰乎死地，欲使反於生道，無由得之。

心靈在形性的束縛下，而思慮、預謀、恐懼、喜、怒、哀、樂，皆損害心靈
的功能，故曰「日消」、「老洫」。其終極，則是「心死」，故曰「近死之心，
莫使復陽也」。人對「死亡」的恐懼，是以對「心死」（停止一切認知、主宰
的活動）的恐懼為主，故曰「夫哀莫大於心死，而人死亦次之」（〈知北遊〉）。

　　在某些情形下，「形死」和「心死」，實同時之事。心靈須依賴形體之生
存而生存，故「形死」不可避免地會導致「心死」，〈齊物論〉篇云：「其形化，
其心與之然，可不謂大哀乎？」此亦是性命對心靈的束縛之一，且亦是最大
的（與心靈同始終）束縛，故謂之「帝之縣」（〈養生主〉）。但在某些情形下，
「形死」和「心死」，卻並不同時發生，而可加以區別。例如人因大喜大怒而
發狂，形未死，而心已死。（〈庚桑楚〉：「心之與形，吾不知其異也，而狂者
不能自得。」）

第四章　心性的和諧統一
——至人的道德境界

　　世俗之心性，處於對立之狀態，一方面性固為心所損傷，另一方面心亦為性所束縛，實不足以認識道德、實現道德；此已俱述於上一章。然則，道德終不能為人所認識、實現嗎？不然。莊子以為至人之心性即能認識、實現道德，所謂「立德明道」（〈天地〉）、「體道」（〈知北遊〉）。此可分四點說明。

第一節　遊心和物化

　　「成心」是指受限特定的立場、觀點之不自由的心。「遊心」則正好相反，是指不受限於特定的立場、觀點之自由的心。徐復觀云：

> 「遊心」的「遊」，是形容心的自由自在地活動。不是把心禁錮起來，
> 而是讓心不挾帶欲望、知解等的自由自在地活動，此即所謂遊心於
> 淡。〔註1〕

沒有目的地（〈馬蹄〉：「行不知所之」）、沒有限制、隨興而往者，才是「遊」。若有目的地，則有限制，不能隨興而往，此不是「遊」，而是「馳」。故莊子以「遊」來形容心的自由自在。心如何才能「遊」？心若受限於特定的立場、觀點，則「自彼則不見，自知則知之」（〈齊物論〉），只見此之所見，不見彼之所見，只知此之所是，不知彼之所是，此即有限制，而不能隨興而往，亦即不能遊。因此，心必須從特定的立場、觀點之限制中解脫出來，才能遊。〈田

〔註1〕見《中國人性論史》，頁385。

子方〉篇云：

> 老聃曰：「吾遊心於物之初。」

成疏：

> 初，本也。夫道通生萬物，故名道爲物之初也。

「物之初」，即指「道」。如第二章第三節所述，道無彼我、是非等之限制。「遊心於物之初」，即指心無彼我、是非，亦即不受特定的立場、觀點所限，既見此之所見，亦見彼之所見，既知此之所是，亦知彼之所是。

人之遊蕩心思，亦可說是「遊心」，因爲心思不受形軀之限制，亦可說是一種自由自在。〈駢拇〉篇言辯者「遊心於堅白同異之間」，宣穎即釋「遊心」爲「游蕩心思」（《南華經解》）。但若此者，其心只能遊於物之外，而不能遊於物之內，所知者僅爲「堅白同異」（名理、知識），而不能知性命之情。故惠施能「徧爲萬物說」（〈天下〉），而不能知「魚之樂」（〈秋水〉）。（詳見下文）可見，其心並不能遊於「物之初」。莊子之言「遊心」，當以言「遊心於物之初」爲主。

心不受特定的立場、觀點所限，即無彼我、是非之對立、衝突，而可「和」。〈德充符〉篇云：

> 自其異者視之，肝膽楚越也；自其同者視之，萬物皆一也。夫若然者，且不知耳目之所宜，而遊心乎德之和；物視其所一而不見其所喪，視喪其足猶遺土也。

郭注：

> 雖所美不同，而同有所美。各美其所美，則萬物一美也；各是其所是，則天下一是也。夫因其所異而異之，則天下莫不異。而浩然大觀者，官天地，府萬物，知異之不足異，故因其所同而同之，則天下莫不皆同；又知同之不足有，故因其所無而無之，則是非美惡，莫不皆無矣。……無是無非，混而爲一，故能乘變任化，迕物而不慴。宜生於不宜者。無美無惡，則無不宜。無不宜，故忘其宜也。都忘宜，故無不任也。都任之而不得者，未之有也；無不得而不和者，亦未聞也。故放心於道德之閒，蕩然無不當，而曠然無不適也。

只見己之所見，故以己爲是，不見彼之所見，故以彼爲非，則彼我限隔不能通，所謂「自其異者視之，肝膽楚越也」。至人之心則不然，既見己之所見，

亦見彼之所見（所謂「浩然大觀」、〈秋水〉所謂「大知觀於遠近」），故知彼我之所是雖有不同（所謂「天倪」），但皆各有所是則一（所謂「天鈞」），則彼我無限隔而能通，使彼我之見之對立、衝突歸於化解（所謂「道樞」），彼我皆可各是其所是，「同焉皆得」（〈駢拇〉），則可「和」。至人「樂彼與此同」（〈繕性〉），無彼此、是非之對立、衝突，故曰「遊心乎德之和」。此「同」、此「和」，即超越於彼我之是非之上。〈外物〉篇云：

> 唯至人乃能遊於世而不僻，順人而不失己。

林希逸云：

> 雖和光同塵不與世相忤，而我之所存者自在。（《南華真經口義》）

至人「遊心乎德之和」，並非強己牽就於人，或強人牽就於己，不然，則將受限於特定的立場、觀點，而不能「同」、不能「和」（〈列禦寇〉：「以不平平，其平也不平」，郭注：「以一家之平平萬物，未若任萬物之自平也」）；而是「順人而不失己」，超越於彼此的立場、觀點之上，而能兼容彼此的立場、觀點。（例如：一團體中之份子，必須兼容彼此的立場、觀點，才能達成共識，才能和）心靈若不能從特定的立場、觀點中解脫出來，即不能兼容彼此的立場、觀點，亦即不能和。〈外物〉篇又云：

> 胞有重閬，心有天遊。室無空虛，則婦姑勃谿；心無天遊，則六鑿相攘。大林丘山之善於人也，亦神者不勝。

宣穎云：

> 爭踐空處也。謂無餘地則尊卑逼塞，相乘踐也。……夫心有天遊，則方寸之內逍遙無際，何假清曠之處而後適哉！今見丘林之曠而喜者，由平日胸次過窄，神明不勝故也。（《南華經解》）

「六鑿」（似應為「七鑿」），成疏：「鑿，孔也」，指目、耳、鼻、口等。室之空虛，乃在兼容婦姑之異，使不相衝突；亦猶心之天遊，乃在兼容彼此之異，使不相衝突。心無天遊，不僅與他人不能相知、相通，即於一身之中，亦橫起分別、限隔，「耳目鼻口，皆有所明，不能相通」（〈天下〉），如「俞兒」、「師曠」、「離朱」（〈駢拇〉）之類，各以一偏之用而廢棄全體大用，無由成一身之和諧。一身之和諧之所以成，乃在於心不偏滯於任何一鑿，而又能兼容所有之鑿，亦即遊於所有之鑿之中，為之主，而不為所限，使其能殊途同歸、「同焉皆得」，非盲目蠢動（〈天地〉：「同乎德而心居矣」）。一團體之和諧，乃至宇宙萬物之和諧，亦然，亦須有一超越的心靈偏運於其中，「配神明，

醇天地，育萬物，和天下」、「其運無乎不在」（〈天下〉），使萬物殊途同歸、「同焉皆得」，始能有「天地之美」、「天地之純」（〈天下〉），所謂「玄德」（〈天地〉）者。心靈偏運於宇宙萬物之中，即是心之「天遊」，亦曰「遊乎萬物之所終始」（〈達生〉）。

宇宙萬物無窮，心靈之所遊者亦無窮，則其所知即為具普遍性者。〈知北遊〉篇云：

> 冉求問於仲尼曰：「未有天地可知邪？」
> 仲尼曰：「可。古猶今也。」
> 冉求失問而退，明日復見，曰：「昔者吾問『未有天地可知乎？』
> 夫子曰：『可。古猶今也。』昔日吾昭然，今日吾昧然，敢問何謂也？」
> 仲尼曰：「昔之昭然也，神者先受之；今之昧然也，且又為不神者求邪？無古無今，無始無終，未有子孫而有子孫，可乎？」

呂惠卿云：

> 天地孰名之？知所以名天地者，則知所以生天地者，知所以生天地者，則未有天地，猶今而已。神者先受之，不思而得也。（《莊子義》）

局限於特定的立場、觀點之心靈，其知皆為有限者：於今則不能知古，於始則不能知終，於未有子孫則不能知已有子孫；此知隨時空之改變而改變，故不具有普遍性。遊於無窮之超越的心靈則不然，既知今亦知古，既知始亦知終，既知未有子孫亦知已有子孫，則古今、始終、子孫之未有已有等等時空之變，以超越心靈觀之，實皆未嘗變而無分別者（猶如以化學反應之方程式觀化學反應，則化學反應實為未嘗變者），故曰「古猶今也」；此知不隨時空之改變而改變，故具有普遍性。下文又云：「聖人之愛人也終無已者，亦乃取於是者也。」聖人之愛人，並非出於有限之知，而是出於超越心靈之無限之知；故以聖人觀之，「古猶今也」，即使「未有天地」或「天地覆墜」，而聖人之愛人之心亦未嘗變，故「終無已」。此即所謂「外化而內不化」（〈知北遊〉）。

〈德充符〉篇云：

> 死生亦大矣，而不得與之變，雖天地覆墜，亦將不與之遺。審乎無假而不與物遷，命物之化而守其宗也。

成疏：

> 靈心安審，妙體真元，既與道相應，故不為物所遷變者也。

世俗之人，「以生爲本，以知爲師」（〈庚桑楚〉），其心靈實皆爲形軀生命所局限而不能遊者，故「其形化，其心與之然」（〈齊物論〉）。對此有限之知而言，死生實爲變化之大者。至人之心，遊於無窮，其所知即爲無限之知，並不因形軀之死亡而終止，亦不因天地之覆墜而滅失；遍運於宇宙萬物之變化之中，而本身未嘗變，故曰「命物之化而守其宗」。

　　至人之無限之知，和世俗成心之無涯之知有何不同？成心以爲物有是非，而執著此是非之見以爲普遍、絕對者，此正反證成心局限於特定的立場、觀點而不能遊，故其所知者實爲有限而非無限，而世俗自以爲無限者，則是大惑大愚，所謂「大惑者終身不解」（〈天地〉）。若是能遊之心（至人之心），則正應見物皆無是非，「物固有所然，物固有所可；無物不然，無物不可」（〈齊物論〉），物之是非皆爲相對的：一物從某一立場、觀點看，以爲是，從另一立場、觀點看，則以爲非，反之亦然；「比於大澤，百材皆度；觀於大山，木石同壇」（〈則陽〉），物之價值皆是相對的：一物於某一時、地有用，於另一時、地則無用，反之亦然。心能遊，則能「浩然大觀」，知物之是非皆是相對的，故「休乎天鈞」（〈齊物論〉）；知物之是非各有分際，不能互相侵犯，故「和之以天倪」（〈齊物論〉）；此能知「天鈞」、「天倪」者，方是絕對而普遍的。

　　可見，至人之心之無限之知，實不同於一般能知和所知對立（主客對立）之言辯之知，而是一種「同情的智慧」〔註2〕、或「智的直覺」〔註3〕。〈秋水〉篇云：

　　莊子與惠子遊於濠梁之上。莊子曰：「儵魚出遊從容，是魚之樂也。」
　　惠子曰：「子非魚，安知魚之樂？」
　　莊子曰：「子非我，安知我不知魚之樂？」
　　惠子曰：「我非子，固不知子矣：子固非魚也，子之不知魚之樂，全

〔註2〕唐君毅云：「此同情的智慧，非反理智者，然爲超理智者。其所以非反理智，乃因此智慧，亦爲徧運於所接之事物，而具理智之普遍性者。其所以爲超理智，則在其無理智之抽象性靜定性，而爲包涵透入具體事物之本性或動的生命之直覺者。」見《哲學概論》下冊，頁225。
〔註3〕牟宗三云：「縱使莊子之逍遙無待之自在亦不容易被想到即是康德所說之『物之在其自己』。然而如果知康德所說的『物之在其自己』是對上帝而言，對其所獨有的智的直覺之創造性而言，則在自由無限心前爲『物之在其自己』乃必然而不可移者。」見《現象與物自身》，序頁17。

矣。」

莊子曰：「請循其本。子曰『汝安知魚樂』云者，既已知吾知之而問
我，我知之濠上也。」

郭注：

尋惠子之本言云：「非魚則無緣相知耳。今子非我也，而云汝安知魚
樂者，是知我之非魚也。苟知我之非魚，則凡相知者，果可以此知
彼，不待是魚然後知魚也。故循子安知之云，已知吾之所知矣，而
方復問我，我正知之於濠上耳，豈待入水哉！」

世俗之人之心知，實皆與物相對立，故不能遊於物之內。以惠施觀魚，則只
能知魚之形狀、動作、習性，以及是否可爲己所食用等等，此皆外在於魚而
觀魚，只以魚爲工具、材料而思加以利用，故不能遊於魚之具體生命之中、
知其樂不樂；此即見其心靈實有所限而不能遊。莊子並非外在於魚而觀察魚
樂不樂，而實是以超越心靈遊於魚之具體生命之中，而自樂其樂。此知爲無
限之知，故不爲形軀所限隔。以此知觀之，莊子和魚即合爲一體，不僅如此，
宇宙萬物亦合爲一體，故曰「天地與我並生，而萬物與我爲一」、「有以爲未
始有物者，至矣，盡矣」（〈齊物論〉），合爲一體，則皆我，皆我則無物，無
物則我之名亦無由立，故曰「至人無己」（〈逍遙遊〉）。若惠施者，非唯和物
不能相知，即和他人亦不能相知，則彼此限隔不能通，而「天地之美」、「天
地之純」亦爲之破裂。

莊子所謂「物化」，即指「超越心靈之內在化於物之具體生命之中」。徐
復觀云：

莊子最後想到一個「化」的精神境界，亦即齊物論最後所說的「物
化」的境界。物化，亦即司馬談在論六家要旨中所說的「隨物變化」。
自己化成了什麼，便安於是什麼，而不固執某一生活環境或某一目
的，乃至現有的生命，這即所謂物化。〔註4〕

「物化」，即化爲物、內在於物之意；其反面，則是以物爲外在的所知對象（如
惠施之所爲），而不能化爲物，故曰「夫胡可以及化！猶師心者也」（〈人間
世〉）。莊子以夢爲喻，〈齊物論〉篇云：

昔者莊周夢爲胡蝶，栩栩然胡蝶也，自喻適志與！不知周也。俄然
覺，則蘧蘧然周也。不知周之夢爲胡蝶與？胡蝶之夢爲周與？周與

〔註4〕 同註1，頁392。

胡蝶，則必有分矣。此之謂物化。

郭注：

> 自周而言，故稱覺耳，未必非夢也。今之不知胡蝶，無異於夢之不
> 知周也；而各適一時之志，則無以明胡蝶之不夢爲周矣。……今所
> 以自喻適志，由其分定，非由無分也。夫時不暫停，而今不遂存，
> 故昨日之夢，於今化矣。

莊周夢爲胡蝶，其心即內在化於胡蝶之中，而自適其適，此非外在於蝶而觀
蝶，故「不知周也」；至人之心可遊於物之具體生命之中，亦猶是。由是觀之，
胡蝶固爲至人之心之一夢，而莊周何嘗不爲至人之心之一夢？夢爲胡蝶者，
亦夢爲莊周，故曰「不知周之夢爲胡蝶與？胡蝶之夢爲周與？」化爲其他之
物，亦然，故曰「夢爲鳥而厲乎天，夢爲魚而沒於淵」（〈大宗師〉）。若此，
至人之心之所知，即不同於君臨於物之上之心之所知（此知視物爲工具、材
料，故恆爲傷害物性者，如第三章第二、三節之所述），並不以物爲外在的所
知對象，而是內在於物之具體生命之中，故無傷害物性之問題，非但無傷害
物性之問題，而且，此心之自喻適志，實即是物性之自適其適，而心性爲一，
故曰「與物爲春」（〈德充符〉）、「聖人處物不傷物」（〈知北遊〉）、「舉滅其賊
心而皆進其獨志，若性之自爲」（〈天地〉）。

第二節　安於性命之情

一、至人之心無形物之束縛

如前一節所述，莊子以夢爲喻，說明至人之心可於物之內；同樣的比喻，
亦可說明至人之心可遊於物之外，以夢終有覺之故。〈齊物論〉篇云：

> 夢飲酒者，旦而哭泣；夢哭泣者，旦而田獵。方其夢也，不知其夢
> 也。夢之中又占其夢焉，覺而後知其夢也。且有大覺而後知此其大
> 夢也，而愚者自以爲覺，竊竊然知之。君乎，牧乎，固哉！丘也與
> 女，皆夢也；予謂女夢，亦夢也。是其言也，其名爲弔詭。萬世之
> 後而一遇大聖，知其解者，是旦暮遇之也。

郭注：

> 夫大覺者，聖人也。大覺者乃知夫患慮之在懷者皆未寤也。夫愚者
> 大夢而自以爲寤，故竊竊然以所好爲君上而所惡爲牧圉，欣然信一

> 家之偏見，可謂固陋矣。未能忘言而神解，故非大覺也。即復夢中
> 之占夢也。夫自以爲夢，猶未寤也，況竊竊然自以爲覺哉！

夢中之所是、所非，於覺時即隨之變易，故夢中以飲酒爲是者，覺是卻以爲非，夢中以田獵爲非者，覺時卻以爲是；至人之心不執著於特定的立場、觀點下所見之是非，而無是無非，各適一時之志，亦猶是。夢中恆不自知爲夢，而自以爲覺，執著夢境以爲眞；世俗之人執著於特定的立場、觀點下所見之是非，以爲眞是、眞非，亦猶是。夢終有覺，情隨境遷，若能占視、悟知此爲夢，則亦可覺；然此覺者既以昨日之夢爲假，又復以今日之夢爲眞，亦猶世俗既以昨日之所見爲非，又復以今日之所見爲是，則是夢中之占夢，尚未大覺者。若是大覺者，不爲一切之夢（一切之立場、觀點）所限者，則當知一切是非之見皆夢，亦即一切是非皆是相對的，故無是非之可執，而無是無非，各適一時之志而無不適；此大覺者之所知，方爲眞（絕對）而非夢（相對）。

如第三章第四節所述，形物對心靈產生束縛，乃是由於成心執著於是非之見，故終身疲役以逐物，而不能自由、自適。至人之心既不以爲物有是非，而「休乎天鈞」、「和以天倪」，則其心即無形物之束縛，亦即不逐物、不爲物役，而爲自由、自適者。故曰「忘是非，心之適也」（〈達生〉）〔註5〕。〈繕性〉篇云：

> 樂全之謂得志。古之所謂得志者，非軒冕之謂也，謂其無以益其樂而已矣。今之所謂得志者，軒冕之謂也。軒冕在身，非性命也，物之儻來，寄者也。寄之，其來不可圉，其去不可止。故不爲軒冕肆志，不爲窮約趨俗，其樂彼與此同，故無憂而已矣。

郭注：

> 自得其志，獨夷其心，而無哀樂之情，斯樂之全者也。全其內而足。在外物耳，得失之非我也。澹然自若，不覺寄之在身。曠然自得，不覺窮之在身。

世俗若以軒冕爲是者，則必勞形怵心以逐軒冕；若以窮約爲非者，則必勞形怵心以避窮約；此實爲「喪己於物，失性於俗」（〈繕性〉）、爲外物所役，而不能自由、自適者。至人則不然，不以軒冕爲是，亦不以窮約爲非，亦即不

〔註5〕原忘字上有知字。王叔岷《莊子校詮》云：「闕誤引張君房本、文如海本並無知字，是也。……『忘是非，』與上文言『忘足，』『忘要』一律。」

以軒冕、窮約為其追逐、躲避的目標，故「不為軒冕肆志，不為窮約趨俗」；以為物之是非皆是相對的（物之本身並無是非），而「休乎天鈞」、「和以天倪」，故「其樂彼與此同」，各適一時之志而無不適；「其於物也，與之為娛矣」（〈則陽〉），故不以己殉物。若此者，其心靈即無形物之束縛，亦即無任何外在的追逐目標，「動不知所為，行不知所之」（〈庚桑楚〉），而純為自由、自適、自得而已。此處尚有一問題：「無任何外在的追逐目標」，是否即等於「靜止不動」？兩者明不能相等（例如：人漫遊時，並無目的地，而仍可有所遊、有所知）。莊子明非欲人「靜止不動」，所謂「動不知所為」，仍有「動」，只是「不知所為」而已；「行不知所之」，仍有「行」，只是「不知所之」而已。〈駢拇〉篇云：

> 吾所謂聰者，非謂其聞彼也，自聞而已矣；吾所謂明者，非謂其見彼也，自見而已矣。夫不自見而見彼，不自得而得彼者，是得人之得而不自得其得者也，適人之適而不自適其適者也。

唐君毅云：

> 蓋莊子所謂若愚若昏，必非實愚實昏。其所謂不聞彼不見彼，應非耳目無聞無見，此言之關鍵，應在「彼」之一字。人固不免有見有聞，然人儘可見所見，聞所聞，而不以所見所聞為彼。所見所聞者，若皆在當下，即為此而非彼，則人之見所見聞所聞，即自見自聞矣。此中唯在人緣此所見所聞，而另有所思慮預謀尋求者，方得為彼。〔註6〕

所為之目的，若內在於所為本身，則其所為即非由外在事物所決定，故是自由的、自適的。人之聞、見的目的，若內在於聞、見本身者，則是「自聞」、「自見」；反之，人之聞、見的目的，若外在於聞、見本身者（如追逐名利），則是「聞彼」、「見彼」，「得人之得」、「適人之適」，而不「自得其得」、「自適其適」。

二、至人之心無性命之束縛

如第三章第四節所述，人必須依待外在事物（工具、材料）才能達成目標，而外在事物皆有一定之限制（性命），非人所能任意改變者，故人心實受到束縛，而不能自由。至人則不然。至人之心既無任何外在的追逐目標，各

〔註6〕見《中國哲學原論原性篇》，頁43。

適一時之志而無不適,則於外物即無所依待,而可安於性命之情,並不要求有所改變,亦不覺有何束縛。〈達生〉篇云:

> 達性之情者,不務性之所無以爲;達命之情者,不務命之所無奈何。〔註7〕

郭注:

> 生之所無以爲者,分外物也。命之所無奈何者,命表事也。

「性」、「命」皆有限定、不可改變之意,故可合言爲「性命」;如果加以分別,則「性」以內在言,「命」以外在(和外物之關係)言。物有一定之性,事有一定之命,皆非人所能改變者;不能改變,而世俗仍要求改變,以受到物欲驅迫之故,故曰「雖不足爲而不可不爲者,其爲不免矣」(〈達生〉)。此即覺性命之束縛。至人之心無物欲之驅迫,既知性命不能改變,則亦不要求改變,不覺性命之束縛,而可安然處之。〈山木〉篇云:

> 人之不能有天,性也。聖人晏然體逝而終矣!

成疏:

> 晏然,安也。逝,往也。夫聖人通始終之不二,達死生之爲一,故
> 能安然解體,隨化而往,汎乎無始,任變而終。

人莫不有生、老、病、死,此是人所受於天之性,非人所能改變或自造者。世俗悅生惡死,故於老、病、死,雖知不能改變,而仍要求改變,故憂懼哀憤,不能安處。至人則不然。至人亦有老、病、死;然而,至人並不悅生惡死,故既知老、病、死不能改變,則亦不要求改變,不覺有何束縛,安然接受,晏然體逝。〈秋水〉篇云:

> 孔子曰:「……我諱窮久矣,而不免,命也;求通久矣,而不得,時
> 也。當堯舜而天下無窮人,非知得也;當桀紂而天下無通人,非知
> 失也;時勢適然。夫水行不避蛟龍者,漁父之勇也;陸行不避兕虎
> 者,獵夫之勇也;白刃交於前,視死若生者,烈士之勇也;知窮之

〔註7〕原二性字皆作生字,下命字作知字。王叔岷《莊子校詮》云:「吳氏點勘引姚
南菁(範)云:『達生、務生,生本作性,……淮南詮言篇引此文正作性,泰
族篇亦有此語』。」又云:「知當作命,兩命字與上文兩生字對言,弘明集一
正誣論引知正作命,淮南子詮言篇、泰族篇並同。養生主篇郭注:『達命之情
者,不務命之所無奈何也。』即本此文,知亦作命。此文郭注『知之所無奈
何,』知蓋本作命,由於正文命誤知,後人遂改注命爲知耳。天運篇:『性不
可易,命不可變。』亦以性、命對言。淮南子……繆稱篇:『性者,所受於天
也;命者,所遭於時也。』性如智愚巧拙,命如窮達禍福。」

> 有命，知通之有時，臨大難而不懼者，聖人之勇也。……吾命有所
> 制矣。」

成疏：

> 夫時命者，其來不可拒，其去不可留，故安而任之，無往不適也。
> ……情有所安而忘其怖懼。聖人知時命，達窮通，故勇敢於危險之
> 中，而未始不安也。

漁父並非不知蛟龍兇猛，只是蛟龍神出鬼沒，非人所能預料、亦非人所能改
變，遇不遇，皆是命（非己所能遇，亦非己所能不遇），故置之度外，而可安。
獵夫、烈士之勇亦然。聖人之勇更甚於三者，知一切事皆有定命，不能改變，
亦不要求改變，於一切情形下，皆可安然處之，故「臨大難而不懼」、無入而
不自得。故曰「知其不可奈何而安之若命，德之至也」（〈人間世〉）。若此者，
即不覺性命之束縛，亦即無喜怒哀樂，故曰「安時而處順，哀樂不能入也，
此古之所謂縣解也」（〈大宗師〉）。

　　至人之心於外物既無所依待，亦即無性命之束縛，外物雖隨性命而變化，
至人之心則未嘗有變化，所謂「外化而內不化」（〈知北遊〉）。故至人之形體
雖有生死，而其「不化」之心則未嘗有生死。〈德充符〉篇云：

> 而況官天地，府萬物，直寓六骸，象耳目，一知之所知，而心未嘗
> 死者乎！

郭注：

> 知與變化俱，則無往而不冥，此知之一者也。心與死生順，則無時
> 而非生，此心之未嘗死也。

〈大宗師〉篇亦云：

> 且彼有駭形而無損心，有旦宅而無情死。

郭注：

> 以變化為形之駭動耳，故不以死生損累其心。以形骸之變為旦宅之
> 日新耳，其情不以為死。

外物皆隨性命而變化，亦即皆為一定的因果依待關係所決定，「有待也而死，
有待也而生」（〈田子方〉），此實無「自由」可言。故「列子御風而行，泠然
善也」（〈逍遙遊〉），可謂輕妙，然非風則不得行，則是「猶有所待者也」（〈逍
遙遊〉），未為逍遙（自由）。至人之形體，固亦隨性命而變化，亦為一定的因
果依待關係所決定；然而，至人之心，卻並不隨性命而變化，實亦未嘗有變

化，則此「不化」之心，即非性命或一定的因果依待關係所能決定，而爲自由的、無待的、無限的，故曰「未嘗死」。

第三節　知恬交養

如前二節所述，一方面至人之心並不傷性，一方面性亦不繆心；則至人之心性，即無對立、衝突，而可同化於道德之和諧、統一。〈繕性〉篇云：

> 繕性於俗學〔註8〕，以求復其初；滑欲於俗思，以求致其明；謂之蔽蒙之民。古之治道者，以恬養知；知生而無以知爲也，謂之以知養恬。知與恬交相養，而和理出其性。夫德，和也；道，理也。德無不容，仁也；道無不理，義也；義明而物親，忠也；中純實而反乎情，樂也；信行容體而順乎文，禮也。禮樂徧行，則天下亂矣。彼正而蒙己德，德則不冒，冒則物必失其性也。

郭注：

> 已治性於俗矣，而欲以俗學復性命之本，所以求者愈非其道也。已亂其心於欲，而方復役思以求明，思之愈精，失之愈遠。若夫發蒙者，必離俗去欲而後幾焉。恬靜而後知不蕩，知不蕩而性不失也。夫無以知爲而任其自知，則雖知周萬物而恬然自得也。知而非爲，則無害於恬；恬而自爲，則無傷於知；斯可謂交相養矣。二者交相養，則和理之分，豈出佗哉！和，故無不得；道，故無不理。無不容者，非爲仁也，而仁迹行焉。無不理者，非爲義也。而義功著焉。……仁義發中，而還任本懷，則志得矣，志得矣，其迹則樂也。信行容體而順乎自然之節文者，其迹則禮也。以一體之所履，一志之所樂，行之天下，則一方得而萬方失也。各正性命而自蒙己德，則不以此冒彼也。若以此冒彼，安得不失其性哉！

成疏：

> 率性而照，知生者也；無心而知，無以知爲也。……夫不恬靜，則何以生彼眞知？不有眞知，何能致茲恬靜？是故恬由於知，所以能靜；知資於靜，所以獲眞知。故知之與恬，交相養也。

〔註8〕原重一俗字。王叔岷《莊子校詮》云：「馬氏故本俗字不重，云：『舊重俗字，今從張君房本。』……道藏羅勉道循本、焦竑莊子翼本並刪一俗字。『俗學』與下『俗思』對言，仍當從舊讀句斷爲長。」

呂惠卿云：

> 恬之失，在昧則無以發其照曠；知之失，在皦則無以復乎混冥。二者交相養，而和理出其性，非自外至也。……義明而物不得不親，忠也。（《莊子義》）

「俗學」，成疏以爲指「仁義禮智儒俗之學」，又云：「欲，謂名利聲色等可貪之物也」，則「俗思」當指小人、君子以利、名爲是之成見。如第三章第三節所述，人有情欲，則泯滅道德、殘生傷性；而禮教仍復爲一種知，其爲殘生傷性即不免；故繕性於俗學，以求復其本性者，必不可得。小人以利爲是，君子以名爲是，此皆囿於物之一偏之見；故滑欲於俗思，以求得公是公非之明者，亦必不可得。

「恬」，王夫之云：「適然而無所好之謂恬」（《莊子解》）。無所好、唯是性之自爲、自然，不知其然，無是非、得失，亦即無喜怒哀樂；則心即不囿於性，而遊於德之和，方有心之自喻適志，此之謂「以恬養知」。有眞知、唯是心之自喻適志，未離於性命之情，亦即無殘生傷性；則性即不傷於心，而通於道之一，方有性之自爲、自然，此之謂「以知養恬」。須有自爲自然之恬，才有自喻適志之知（不恬之知，即與性分離，如「繕性於俗學」，實爲適人之適，非眞知）；亦須有自喻適志之知，才有自爲自然之恬（不知之恬，即盲目蠢動，如「滑欲於俗思」，實爲利害相摩，非眞恬）；至人之恬以求知，知以求恬，此之謂「知與恬交相養」。若以知屬心、恬屬性，則至人之心性即非分化對立，而爲和諧統一。若以知屬人、恬屬天，則亦可曰「天與人不相勝」（〈大宗師〉）。

至人雖恬，非不知，則其恬爲眞恬；雖知，非不恬，則其知爲眞知。眞恬者，即爲理、即爲道；眞知者，即爲和、即爲德。至人之知恬之所在，即爲道德之所在，則道德非自外至，故曰「和理出其性」。至人之道德，表現在知之一面，即爲仁迹；表現在恬之一面，即爲義迹；表現在服從正義之一面，即爲忠迹；表現在情感和樂之一面，即爲樂迹；表現在舉止有節之一面，即爲禮迹。故仁、義、忠、樂、禮等迹，在至人，既是性之自爲自然，亦是心之自喻適志，故所行爲正行（合於道），所知爲至善（合於德）。若此者，仁、義、忠、樂、禮等迹，即無可議之處。

然而，有迹即可知，禮教之士執著對仁義禮樂等迹之知識以爲常，強人以奉行，則甚可非議。因爲「迹」並非「所以迹」（〈天運〉：「夫六經，先王

之陳迹也，豈其所以迹哉！」），「所以迹」是道德，而道德不可知，則禮教之士所知者盡是迹、盡非道德即可知。〈天運〉篇云：

> 仁義，先王之蘧廬也，止可以一宿而不可久處，覯而多責。

成疏：

> 夫蘧廬客舍，不可久停；仁義禮智，用訖宜廢。客停久，疵釁生；
> 聖迹留，過責起。

至人亦知仁義之迹，但不執著以爲常，時過即化，復歸於不知，任性之自爲自然。故至人之知，未嘗不恬。禮教之士則執著以爲常，「內化而外不化」（〈知北遊〉），實爲適人之適而不自適其適者，背離本性而殘生傷性，故其知實不能恬，故曰「禮樂徧行，則天下亂矣」。〈天道〉篇云：

> 本在於上，末在於下；要在於主，詳在於臣。三軍五兵之運，德之末也；賞罰利害，五刑之辟，教之末也；禮法度數，形名比詳，治之末也；鐘鼓之音，羽旄之容，樂之末也；哭泣衰絰，隆殺之服，哀之末也。此五末者，須精神之運，心術之動，然後從之者也。

郭注：

> 夫精神心術者，五末之本也。任自然而運動，則五事之末不振而自舉也。

仁義禮樂法度等，皆是「迹」（末），非「所以迹」（本），故未可以盡行。其正當不正當，必須由道德（精神之運、心術之動）決定，故曰「形德仁義，神之末也，非至人孰能定之！」（〈天道〉）而道德非盲從。至人之安行仁義禮樂，皆能定其正當與否，不爲物役，不爲勢劫，故至人之恬，未嘗不知。禮教之士則不問正當與否，盲目奉行，淪爲物役，不能自喻適志，故其恬實不能知。

　　莊子並非要廢棄一切社會規範、文化教養、法律制度（仁義禮樂法度……）等知識，使人恢復原始人的盲目蠢動〔註9〕；相反的，莊子還要肯定它們的價值。但「與其譽堯而非桀也，不如兩忘而化其道」（〈大宗師〉），滿口仁義道德，而在實際生活中卻做不到，又有什麼用？如此必然導致虛僞和不適合。因此，心靈不能離開性命之情而有所知，必須內在於性命之情之中，

〔註9〕徐復觀云：「……從上面所引的材料看來，莊子似乎是反心知而守氣，使人成爲一純生理地存在。但這與天下篇他批評慎到的『至於若無知之物而已，無用聖賢。夫塊不失道。豪傑相與笑之曰，慎到之道，非生人之行，而至死人之理』的情形，有什麼分別？」同註1，頁381。

復歸於「不知」（忘），所謂「無以知爲」，如此才能有眞實的道德實踐，郭注所謂「各正性命」。此即見「不知」的重要。〈徐無鬼〉篇云：

> 足之於地也踐，雖踐，恃其所不蹍而後善博也；人之於知也少，雖少，恃其所不知而後知天之所謂也。

郭注：

> 夫忘天地，遺萬物，然後蜩翼可得而知也，況欲知天之所謂，而可不無其心哉！

人走路所踏到的地方，只有極小部分而已；但人走路若只根據這極小部分的話（例如：走在懸崖峭壁之上），則實不能自然、自在，亦即不能適，如此走路未免太累。只有當人不知蹍地而自蹍地時，才能自然、自在。人行爲所用到的知識原理（禮義），亦只是行爲的部份（抽象）特質而已；但人行爲若只根據這部分特質的話（例如：禮教之士之奉行禮義），則亦實不能自然、自在，如此生活未免太累。只有當人不知禮義而自行禮義時，才能自然、自在，故曰「恃其所不知而後知天之所謂也」。

　　莊子並主張人之遵行社會規範、文化教養、法律制度等，並非無條件服從，而是必須出於每個人的道德自覺，所謂「蒙己德」〔註10〕，如此才有因革損益可言。若禮教之士，奉文、武、周公之禮法爲神明者，只知盲目服從，豈能因革損益？徒然爲大盜所用，淪爲統治工具而已。

第四節　靈臺和眞宰

　　至人之形體，和一般人無異，皆受到性命的限制。至人之爲至人，而異於一般人者，在於至人之心。莊子描述、說明至人之心之語甚多。徐復觀：「支遁以逍遙遊爲『明至人之心』。其實，一部莊子，歸根結底，皆所以明至人之心」〔註11〕。如前一節所述，至人非只有知，或只有恬，而是知恬交養的。由恬之一面描述至人之心，則可稱之爲「靈臺」（或「靈府」）；由知之一面描述至人之心，則可稱之爲「眞宰」（或「眞君」）。

一、靈　臺

　　靈臺、靈府之靈，有神妙不測之意。至人之心之爲靈，在於其虛無、恬

〔註10〕「蒙」，與「萌」通。易序卦：「物生必蒙。」鄭注：「齊人謂萌爲蒙也。」
〔註11〕同註1，頁393。

淡、無形、無名（凡有形有名者，皆可知，故不神）。唐君毅云：

> 靈臺之本來面目，則實畢竟無有具體之內容。故〈庚桑楚〉篇曰「靈
> 臺者有持，而不知其所持，而不可持者也。」此是言靈臺之心，如
> 一能持之靈光之照耀，然此照耀中，另無所持之物。此照耀之本身，
> 亦初爲不可執持之物。〔註12〕

至人之心中，無所持之物，故以虛無形容之，所謂「虛室」（〈人間世〉），亦
曰「無心」（〈天地〉）。世俗之心實不能虛無；小人殉利，其心中即有利；君
子殉名，其心中即有名：「止於符」（〈人間世〉）之心，則有印象觀念文字符
號等；自是相非之成心，則有成見、偏見。至人之心無所持之物，故虛無，
此「虛無」則是至人之心之所持（守而不失），但「虛無」本身則不可知，亦
不可持以爲成見，故曰「靈臺者有持，而不知其所持，而不可持者也」。

能虛無之心，才能合於自然，〈田子方〉篇云：

> 百里奚爵祿不入於心，故飯牛而牛肥，使秦穆公忘其賤，與之政也。
> 有虞氏死生不入於心，故足以動人。

成疏：

> 安於飯牛，身甚肥悅，忘於富貴，故爵祿不入於心。……不以死生
> 經心，至孝有聞，感動天地，……故足以動人也。

忘爵祿，即無爵祿之束縛，而可安於飯牛。忘死生，即無死生之束縛，而可
安於行孝。無形物之束縛，亦即無外物之干擾、阻礙，而可任性之自爲、自
然，亦即通於道（飯牛則合於飯牛之道，行孝則合於行孝之道）；一有外物干
擾阻礙，即不自然、不適合，故曰「凡道不欲壅，壅則哽，哽而不止則跈，
跈則眾害生」（〈外物〉）。人世之一切禍患，其根本原因皆在於「壅道」，使道
不得通行。因此，欲根本解決一切禍患，則唯有去除一切足以「壅道」之干
擾、阻礙，使道暢通無阻。此即老子所謂「爲道日損」（《老子·第四十八章》）
之工夫。在莊子，則爲「心齋」（〈人間世〉）、「坐忘」（〈大宗師〉）之工夫。〈大
宗師〉篇云：

> 顏回曰：「回益矣。」
> 仲尼曰：「何謂也？」
> 曰：「回忘禮樂矣。」
> 曰：「可矣，猶未也。」

〔註12〕見方東美：《中國哲學原論導論篇》，頁 126～127。

他日，復見，曰：「回益矣。」

曰：「何謂也？」

曰：「回忘仁義矣。」〔註13〕

曰：「可矣，猶未也。」

他日，復見，曰：「回益矣。」

曰：「何謂也？」

曰：「回坐忘矣。」

仲尼蹵然曰：「何謂坐忘？」

顏回曰：「墮肢體，黜聰明，離形去知，同於大通，此謂坐忘。」

仲尼曰：「同則無好也，化則無常也。而果其賢乎！丘也請從而後也。」

成疏：

> 虛心無著，故能端坐而忘。……大通，猶大道也。道能通生萬物，故謂道爲大通也。外則離析於形體，一一虛假，此解墮肢體也。內則除去心識，怳然無知，此解黜聰明也。既而枯木死灰，冥同大道，如此之益，謂之坐忘也。

禮樂、仁義、生命、乃至此認知主宰之主體本身，皆可成爲心知所追逐之目標，亦即皆可成爲心中所持之一物，而干擾、阻礙性命之情，使不能自然、自適，亦即皆足以「壅道」；故皆須「忘」（「不入於心」），而後始可冥於自然，通於大道。〈大宗師〉篇云：

> 彼方且與造物者爲人，而遊乎天地之一氣。彼以生爲附贅縣疣，以死爲決疽潰癰，夫若然者，又惡知死生先後之所在！假於異物，託於同體；忘其肝膽，遺其耳目；反覆終始，不知端倪；芒然彷徨乎塵垢之外，逍遙乎無爲之業。

郭注：

> 皆冥之，故無二也。……五藏猶忘，何物足識哉！未始有識，故能

〔註13〕原「禮樂」二字和「仁義」二字互易。王叔岷校詮云：「淮南子道應篇『仁義』二字與『禮樂』二字互易，當從之。老子三十八章云：『失道而後德，失德而後仁，失仁而後義，失義而後禮。』（莊子知北遊篇亦有此文。）淮南子本經篇：『知道德，然後知仁義之不足行也。知仁義，然後知禮樂之不足脩也。』……道家以禮樂爲仁義之次，文可互證。禮樂，外也。仁義，內也。忘外以及內，以至於坐忘。若先言忘仁義，則乖厥旨矣。」

放任於變化之塗，玄同於反覆之波，而不知終始之所極也。

成疏：

> 芒然，無知之貌也。彷徨逍遙，皆自得逸豫之名也。塵垢，色聲等
> 有爲之物也。前既遺於形骸，此又忘於心智，是以放任於塵累之表，
> 逸豫於清曠之鄉，以此無爲而爲事業也。

道無分際、無待、無始終，通萬物而爲一體，至人能通於道，故曰「遊乎天地之一氣」、「假於異物，託於同體」、「反覆終始，不知端倪」。有心而爲，是「有爲」（僞、人爲）；無心而爲，是「無爲」（自爲、自然），所謂「莫之爲而常自然」（〈繕性〉）。「有爲」之爲，依待外物（心知）而有，故不自然而「壅道」；「無爲」之爲，不依待外物而有，故自然而通於道。至人「逍遙乎無爲之業」，故能通於道。

有爲者，「所爲」出於「心知」，故必以「心知」爲因，「所爲」爲果；有果即有功（功勞、功績），功不能自成，而功成之美，必歸於「心知」（例如：馬被訓練成千里馬，必歸功於伯樂；木頭被雕刻成犧尊，必歸功於木匠）。有功即有名（名譽、美名）。世俗之人皆有爲者，故以功、名歸於自己。〈列禦寇〉篇云：

> 鄭人緩也呻吟裘氏之地。祇三年而緩爲儒，河潤九里，澤及三族，
> 使其弟墨。儒墨相與辯，其父助翟。十年而緩自殺。其父夢之曰：「使
> 而子爲墨者予也。闔胡嘗視其良，既爲秋柏之實矣？」
> 夫造物者之報人也，不報其人而報其人之天。彼故使彼。夫人以己
> 爲有以異於人，以賤其親。齊人之井，飲者相捽也。故曰，今之世
> 皆緩也。自是，有德者以不知也，而況有道者乎！古者謂之遁天之
> 刑。

郭注：

> 言緩自美其儒，謂己能有積學之功，不知其性之自然也。夫有功以
> 賤物者，不避其親也。……夫穿井所以通泉，吟詠所以通性。無泉
> 則無所穿，無性則無所詠，而世皆忘其泉性之自然，徒識穿詠之末
> 功，因欲矜而有之，不亦妄乎！……仍（認）自然之能以爲己功者，
> 逃天者也，故刑戮及之。

緩之所爲，皆出於有心，不能無爲，故以教化里民、教導其弟，爲己之功。有功必當有報（報酬）。以己爲有功者，必求他人之感恩、尊敬，以爲報酬，

故矜功以賤物。猶有甚者，三代以下之帝王，皆以其祖先爲有功於天下，故即以「家天下」爲其報酬，視天下爲其私有，且欲世世代代繼承利祿，以此爲理所當然。在莊子看來，此皆甚可鄙，故曰「是推亂以易暴也」（〈讓王〉）。莊子指出，功之所以成，是由於道，所謂「道行之而成」（〈齊物論〉）。緩之里民、弟之所以能被教化，是因爲先有可被教化之性；而緩之所以能教化，亦是因爲先有能教化之性；而此性明是由於道（天），非由於人。三代以下，帝王之平治天下，亦然。如果說，有功必當報，那麼，使緩能成爲緩、使帝王能成爲帝王之道，豈不更有功？更應當報？故曰「不報其人而報其人之天」。而「道不欲壅」，欲報道則正應行道，去除這些「壅道者」。故曰「自伐者無功，功成者墮，名成者虧」（〈山木〉）。

　　至人無爲，故亦無功、無名，所謂「至人無己，神人無功，聖人無名」（〈逍遙遊〉），故亦不求報酬。〈讓王〉篇云：

> 昔者神農之有天下也，時祀盡敬而不祈喜；其於人也，忠信盡治而無求焉。樂與政爲政，樂與治爲治，不以人之壞自成也，不以人之卑自高也，不以遭時自利也。

神農樂在祭祀，故祭祀，則其祭祀是出於性之自然，非有心而爲，故不覺己有功於鬼神，亦不求鬼神之報酬；樂在平治天下，故平治天下，則其平治天下亦是出於性之自然，非有爲，故不覺己有功於天下，亦不求天下人之報酬。

　　至人無爲，而冥於自然，通於大道，故能無不爲。〈徐無鬼〉篇云：

> 聖人并包天地，澤及天下，而不知其誰氏。是故生無爵，死無諡，實不聚，名不立，此之謂大人。

成疏：

> 聖人德合二儀，故并包天地；仁罩無外，故澤及天下；成而不處，故不知誰爲；推功於人，故莫識其氏族矣。

道通生萬物，其功至大，而不求報酬。此亦即老子「生而不有，爲而不恃，長而不宰」（《老子·第十章》）之意。以道觀緩或三代以下之帝王，則無異於「一蚉一蝱之勞者」（〈天下〉），其功又何足論！

二、眞　宰

　　如第二章第四節所述，莊子指出，世俗之心靈，局限於特定的立場、觀點，故其所見之價值（是非），皆爲相對價值。但莊子並不是要否認有公理、

正義，而認爲一切價值都是相對的，故曰「天下非有公是也，而各是其所是，天下皆堯也，可乎？」（〈徐無鬼〉）正好相反，莊子是要超越相對，進至絕對。因爲如果一切價值皆是相對的，彼此限隔不能通，自是而相非，殊途不能同歸，則如何能有宇宙全體之和諧？「天地之美」、「天地之純」亦爲之破裂。〈齊物論〉篇云：

> 非彼無我，非我無所取。是亦近矣，而不知其所爲使。若有眞宰，而特不得其眹。可行己信，而不見其形，有情而無形。百骸，九竅，六藏，賅而存焉，吾誰與親？汝皆說之乎？其有私焉？如是皆有爲臣妾乎？其臣妾不足以相治乎？其遞相爲君臣乎？其有眞君存焉！如求得其情與不得，無益損乎其眞。

林希逸云：

> 百骸九竅六藏，即人一身之所有者也。此以下又就人身上發明一段，更是奇特。……如頭癢而手搔，則手者頭之役；望遠而足行，則足者目之役。役者，臣妾也，然而不足以相治者乎？足耳目鼻舌，互相爲用也。受役者爲臣，役之者爲君，足時乎而用手，手時乎而用足，故曰「遞相爲君臣」。百骸九竅六藏之君臣，既不可得而定名，則心者身之主也，其以心爲君乎？心又不能以自主，而主之者造物，則造物爲眞君矣，故曰「其有眞君存焉」。我雖如此推求，欲見到實處，然見得與見不得，其所謂君者，初何加損乎情實也！（《南華眞經口義》）

「眞君」，成疏：「即前之眞宰也」。「眞宰」，即眞正的主宰。所謂「主宰」，是指能知道行爲之目的、價值者（譬如：僕役聽命於主人，僕役只知道如何把任務完成，而不知道爲何有這任務，亦無須知道，主人則知道）。以人之一身爲喻：百骸，九竅，六藏，皆所以共成一身之和諧，故皆爲具工具價值者，則其價值即均平（所謂「天鈞」），相輔相成，不可偏廢，故人皆親之、悅之，無偏私於其間。然而，既皆爲工具，即皆爲受役者，故曰「如是皆有爲臣妾乎」。既同爲受役者，則不能互相役使，故曰「其臣妾不足以相治乎」。或者，它們各以己爲君，以彼爲臣，各是其是，所謂「其遞相爲君臣乎？」此雖亦可說（例如：目主於視，能知視之所是），但它們皆只是一偏之用，其所知之價值皆只是相對價值（例如：目能知視之所是，而不知視之所是乃所以成一身之和諧），若各是其是，無衡定裁奪者，則彼此不能相通，亦不足以成一身

之和諧，故曰「其有眞君存焉」。一身之中，唯有心能知絕對價值（一身之和諧），則百骸、九竅、六藏各盡其相對之用，皆所以共成心之全體大用；故眞君之職，唯有心能當之。

　　宇宙之中，萬物皆以自爲我，以他爲彼，自是而相非，亦猶耳目鼻口等，皆局限於一偏之用，各有所明，而不能相通，其所明者，皆爲相對價值，非可以盡行。而以爲可以盡行者（世俗成心之所執），則是「物有結之」（〈大宗師〉），物於物而不能物物，大惑大愚者，終身無成，故曰「終身役役而不見其成功，苶然疲役而不知其所歸」、「人之生也，固若是芒乎」（〈齊物論〉）。若此者，皆不能知宇宙全體之和諧（「玄德」、「德之和」、共同的目的、絕對價值），亦不能爲「眞宰」。

　　萬物皆爲受役者，然則，誰爲眞宰？至人之心不局限於特定的立場、觀點，故亦不執著於一偏之用，而能見出一切一偏之用的價值皆爲相對的，故能「休乎天鈞」、「和以天倪」，無所取捨，故曰「非彼無我，非我無所取」。若此者，「得而不喜，失而不憂」（〈秋水〉）、「窮亦樂，通亦樂」（〈讓王〉），於一切事物皆可見其所是，而可和，故曰「心不憂樂，德之至也」（〈刻意〉），亦猶心於百骸、九竅、六藏皆可見其所足，而可和；則此能知宇宙之和諧者，即爲宇宙萬物之眞宰，而宇宙萬物之所爲，皆所以達成其意志，亦猶心能知一身之和諧，即爲一身之主，而一身之所爲，皆所以達成其意志，故曰「動以不得已之謂德，動無非我之謂治」（〈庚桑楚〉）。至人之心所知之價值，即爲絕對價值，而可衡定裁奪一切相對價值，以共成「天地之美」、「天地之純」，故曰「聖人之心靜乎！天地之鑑也，萬物之鏡也」、「一心定而王天下，……一心定而萬物服」（〈天道〉）。

第五章　結　論

　　近人多謂：道家思想乃是針對周文疲弊而發的。此話固然沒錯，不過，
尚須補充一點：道家並不是因爲見到周文疲弊，所以才批評周文的；而是認
爲，周文本身有弊病，所以才有周文之疲弊。周文本身的弊病，就是禮教。
道家對周文的批評，就是對禮教的批評。昔人受限於禮教思想，故大都以老
莊離經叛道，而不能知禮教本身有弊病在。今人雖大都能知道禮教的弊病，
但多流於情緒性的謾罵（此亦有弊病，如魏晉名士，偏激怪誕，放縱情欲），
眞能如莊子，明瞭禮教的本質、而提出有效批判者，並不多見。

　　本文可歸納爲下列九個要點：

（一）「道德」爲宇宙萬化的根源、最高的眞理、圓滿的價值。但「道
　　　　德」超越於形物、言辭等限制之上，故無形無名，亦即非知識對
　　　　象。

（二）世俗所奉以爲神明的規範、教條，皆未脫離有形有名之事物，故
　　　　皆非道德。而世俗欲以言辭推知道德者，必不可得。

（三）世俗成心所知者，既未脫離有形有名之事物，則其所循之理，非
　　　　眞理，其所實現之價值，不圓滿。

（四）世俗以其心知役使形性，其心知無涯，而其形性有涯，故終不免
　　　　於對立、衝突，一方面形性固爲心知所殘傷，另一方面心知亦爲
　　　　形性所束縛。

（五）欲免於心性的對立、衝突，則只有爲至人，此須經過一番「心齋」、
　　　　「坐忘」的工夫，亦即去除一切外物對性命之情的干擾、阻礙。

（六）至人之心既遊於物之外，亦遊於物之內，任物之自化，而自喻適

志，故不傷性。

（七）至人之心知物之是非皆是相對的，故不逐物，於物亦無所依待，而自適、逍遙，「休乎天鈞」、「和以天倪」，故無形性之束縛。

（八）至人安於性命之情，而其心未嘗不自喻適志，知恬交相養，故無心性的對立、衝突。

（九）至人之心爲一虛無之靈臺，故可冥於自然，通於大道，無爲而無不爲；至人之心復爲能知「天地之美」、「天地之純」的眞宰，而宇宙萬物之所爲，皆所以共成其心之全體大用。

莊子曾告戒他的弟子說：「弟子志之，其唯道德之鄉乎！」（〈山木〉）比起道德來，世俗所重視的財富、名譽、地位，乃至生命等，都變得微不足道了。但莊子並沒有告訴我們，道德是什麼；卻一再地告訴我們，什麼不是道德。莊子對禮教的批評亦是如此，並沒有提出一套較合理的典章制度，以維繫社會、人倫於不墜。因此，想從《莊子》書中找到具體答案的人，必然要失望。莊子只是提供一條尋找答案的途徑而已，每個人在道德實踐的歷程中，所得到的答案並不相同，故曰「道可受而不可傳」（〈大宗師〉）。莊子並不欲人把他的話也當作規範、教條，如此，則是夢中之占夢，尚未大覺者。莊子之言，是使人從意念的迷夢中醒覺過來，人若能醒覺，則自然知道什麼是道德，猶如人若能解除對禮教的盲目信仰，則自然知道因時因地建構一套較合理的典章制度，以維繫社會、人倫，而莊子之言，亦可與昨日之夢偕逝，故曰「得意而忘言」（〈外物〉）。

莊子的心性思想，旨在啓發人們的道德自覺，解除情欲、禮教的覆蔽、束縛。然而，人若受限於禮教思想，則於莊子之言又恆生誤解，以其爲離經叛道，而莊子之學亦無由明，人之蔽於成見依舊。本文之所以反覆闡明莊子心性思想之義理脈絡，澄清歷來所生之誤解，即是爲了解除成見之覆蔽、束縛，或有助於明白莊子之學。

參考書目

◎民國以前，序依作者時代先後；民國以後，序依著、編著姓名筆畫少繁；
合著、合編、外國著作等則列於末。

一、莊子原文註釋

1. 郭象註，《莊子》，藝文印書館，民國 72 年 6 月四版。

2. 呂惠卿著，《莊子義》，藝文印書館（莊子集成初編第五冊）。

3. 林希逸著，《南華真經口義》，藝文印書館（莊子集成初編第七、八冊）。

4. 焦竑，《莊子翼》，藝文印書館（莊子集成續編第十一、二冊）。

5. 釋德清著，《莊子內篇注》，廣文書局，民國 62 年 6 月初版。

6. 方以智著，《藥地炮莊》，廣文書局，民國 62 年 6 月初版。

7. 林雲銘著，《莊子因》，蘭臺書局，民國 64 年 3 月初版。

8. 王夫之著，《莊子通、莊子解》，里仁書局，民國 73 年 9 月初版。

9. 宣穎著，《莊子南華經解》，廣文書局，民國 67 年 7 月初版。

10. 陳壽昌著，《南華真經正義》，新天地書局，民國 61 年 11 月初版。

11. 郭慶藩著，《莊子集釋》，國家出版社，民國 71 年 7 月初版。

12. 王先謙著，《莊子集解》，臺灣商務印書館，民國 73 年 2 月台六版。

    （以上民國前）

13. 王叔岷著，《莊子校詮》，中研院史語所（學生書局），民國 77 年 3 月初
    版。

14. 章太炎著，《齊物論釋》，藝文印書館。

15. 陳冠學著，《莊子新注》，三信出版社，民國 67 年 11 月初版。

16. 陳鼓應著，《莊子今註今譯》，臺灣商務印書館，民國 78 年 5 月九版。

17. 張默生著，《莊子新釋》，洪氏出版社，民國 73 年 10 月六版。

18. 黃錦鋐著，《莊子讀本》，三民書局，民國 74 年 9 月五版。

19. 錢穆著，《莊子纂箋》，東大圖書公司，民國 78 年 4 月重印三版。

20. 嚴靈峰著，《莊子選注》，正中書局，民國 75 年 7 月台四版。

（以上民國後）

二、莊子研究著作

1. 王叔岷著，《莊學管闚》，藝文印書館，民國 67 年 3 月初版。

2. 王煜著，《老莊思想論集》，聯經出版公司，民國 68 年 12 月初版。

3. 吳康著，《老莊哲學》，臺灣商務印書館，民國 76 年 2 月修訂台九版。

4. 周紹賢著，《莊子要義》，文景出版社，民國 62 年 9 月修訂二版。

5. 封思毅著，《莊子詮言》，臺灣商務印書館，民國 73 年 4 月三版。

6. 曹受坤著，《莊子哲學》，文景出版社，民國 62 年 10 月再版。

7. 陳品卿著，《莊學研究》，臺灣中華書局，民國 71 年 3 月初版。

8. 陳鼓應著，《莊子哲學探究》，作者自印，民國 67 年 1 月二版。

9. 陳鼓應著，《莊子哲學》，臺灣商務印書館，民國 76 年 9 月增訂十七版。

10. 陳耀森著，《莊子新闚》，臺灣商務印書館，民國 77 年 6 月初版。

11. 程兆熊著，《道家思想》，明文書局，民國 74 年 12 月初版。

12. 黃錦鋐著，《莊子及其文學》，東大圖書公司，民國 73 年 9 月再版。

13. 黃錦鋐著，《中國歷代思想家（莊子)》，臺灣商務印書館，民國 66 年 11 月初版。

14. 游信利著，《莊子心理衛生之道》，文史哲出版社，民國 72 年 6 月初版。

15. 葉海煙著，《莊子的生命哲學》，東大圖書公司，民國 77 年 4 月初版。

16. 蔡明田著，《莊子的政治思想》，中國學術著作獎助委員會（臺灣商務印書館），民國 59 年 2 月初版。

17. 錢穆著，《莊老通辨》，三民書局，民國 62 年 8 月台再版。

18. 劉光義著，《莊子處世的內外觀》，學生書局，民國 69 年 1 月初版。

19. 劉光義著，《莊學蠡測》，學生書局，民國 75 年 5 月初版。

20. 嚴靈峰著，《老莊研究》，臺灣中華書局，民國 68 年 4 月二版。

21. 葉國慶等著，《莊子研究論集》，木鐸出版社，民國 72 年 4 月再版。

22. 陳新雄、于大成主編，《莊子論文集》，木鐸出版社，民國 65 年 5 月初版。

23. 福永光司著，陳冠學譯，《莊子》，三民書局，民國 77 年 1 月六版。

三、古籍原文注釋

1. 《十三經注疏》，藝文印書館，民國 74 年 12 月十版。
2. 高誘註，《淮南子》，世界書局，民國 73 年 9 月十一版。
3. 王弼著，《老子註》，藝文印書館，民國 64 年 9 月三版。
4. 朱熹著，《四書集注》，世界書局，民國 72 年 7 月二七版。
5. 段玉裁著，《段注說文解字》，廣文書局，民國 67 年 10 月三版。
6. 俞樾著，《諸子平議中冊》，臺灣商務印書館，民國 67 年 4 月台一版。
   （以上民國前）
7. 王淮著，《老子探義》，臺灣商務印書館，民國 71 年 10 月六版。
8. 李滌生著，《荀子集釋》，學生書局，民國 73 年 9 月修訂三版。
9. 樓宇烈著，《老子周易王弼注校釋》，華正書局，民國 72 年 9 月初版。
10. 瀧川龜太郎著，《史記會注考釋》，宏業書局，民國 76 年 7 月再版。
    （以上民國後）

四、思想史

1. 李維武編著，《中國哲學史綱》，巴蜀書社，1988 年 1 月初版。
2. 胡適著，《中國古代哲學史》，臺灣商務印書館，民國 75 年 3 月台六版。
3. 徐復觀著，《中國人性論史》，臺灣商務印書館，民國 76 年 3 月八版。
4. 馮友蘭著，《中國哲學史》，出版者不詳。
5. 張立文著，《中國哲學範疇發展史（天道篇）》，中國人民大學出版社，1988 年 1 月初版。
6. 勞思光著，《中國哲學史（一）》，三民書局，民國 76 年 10 月增訂三版。
7. 蔡仁厚著，《中國哲學史大綱》，學生書局，民國 77 年 8 月初版。
8. 鍾泰編，《中國哲學史》，臺灣商務印書館，民國 76 年 7 月台八版。
9. 蕭公權著，《中國政治思想史上冊》，聯經出版公司，民國 78 年 3 月五版。
10. 羅光著，《中國哲學史先秦篇》，羅生書局，民國 76 年 11 月增訂二版。

五、其他著作

1. 王邦雄著，《中國哲學論集》，學生書局，民國 72 年 8 月初版。
2. 方東美著，孫智燊譯，《中國哲學之精神及其發展（上）》，成均出版社，民國 73 年 4 月初版。
3. 方東美著，《原始儒家道家哲學》，黎明文化公司，民國 76 年 11 月三版。

4. 朱伯崑著,《先秦倫理學概論》,北京大學出版社,1984 年 2 月初版。

5. 牟宗三編著,《理則學》,國立編譯館(正中書局),民國 75 年 12 月台九版。

6. 牟宗三著,《才性與玄理》,學生書局,民國 74 年 4 月修訂七版。

7. 牟宗三著,《心體與性體(一)》,正中書局,民國 76 年 5 月七版。

8. 牟宗三著,《智的直覺與中國哲學》,臺灣商務印書館,民國 76 年 6 月四版。

9. 牟宗三著,《現象與物自身》,學生書局,民國 79 年 3 月四版。

10. 牟宗三著,《中國哲學十九講》,學生書局,民國 78 年 2 月三版。

11. 牟宗三著,《中國文化的省察》,聯合報社(聯經出版公司),民國 77 年 9 月五版。

12. 牟宗三著,《圓善論》,學生書局,民國 74 年 7 月初版。

13. 唐君毅著,《哲學概論》,學生書局,民國 74 年 10 月全集校訂版。

14. 唐君毅著,《中國哲學原論導論篇》,學生書局,民國 75 年 9 月全集校訂版。

15. 唐君毅著,《中國哲學原論原性篇》,學生書局,民國 73 年 2 月全集校訂版。

16. 唐君毅著,《中國哲學原論原道篇卷一》,學生書局,民國 75 年 10 月全集校訂版。

17. 徐復觀著,《中國藝術精神》,學生書局,民國 77 年 1 月十版。

18. 張心澂著,《偽書通考》,盤庚出版社,民國 68 年 2 月初版。

19. 張起鈞著,《道家智慧與現代文明》,臺灣商務印書館,民國 73 年 10 月初版。

20. 楊儒賓著,《先秦道家「道」的觀念與發展》,台大出版委員會,民國 76 年 6 月初版。

21. 熊十力著,《原儒》,明文書局,民國 77 年 12 月初版。

22. 熊十力著,《體用論》,學生書局,民國 76 年 2 月四版。

23. 熊十力著,《明心篇》,學生書局,民國 73 年 3 月四版。

24. 熊十力著,《乾坤衍》,學生書局,民國 76 年 2 月五版。

25. 蒙培元著,《中國心性論》,學生書局,民國 79 年 4 月初版。

26. 錢穆著,《先秦諸子繫年》,東大圖書公司,民國 75 年 2 月初版。

27. 台大哲學系主編,《中國人性論》,東大圖書公司,民國 79 年 3 月初版。

28. 布魯格編等項退結編譯,《西洋哲學辭典》,國立編譯館(華香園出版社),民國 78 年 1 月初版。

29. 安樂哲著，《中國哲學問題》，臺灣商務印書館，民國 62 年 2 月初版。

六、論文期刊

1. 林永崇著，〈莊子弔詭語言之研究〉，東海哲學所 75 年。

2. 林鎮國著，〈莊子轉俗成眞之理論結構〉，師大國文所 66 年。

3. 高澤民著，〈論莊子「心死」「逐物」的問題〉，台大哲學所 70 年。

4. 張明月著，〈莊子生命思想之研究〉，文化哲學所 76 年。

5. 張福政著，〈莊子的價值系統〉，政大中文所 79 年。

6. 顏崑陽，〈莊子自然主義研究〉，師大國文所 64 年。

（以上論文部分）

7. 牟宗三著，〈客觀的了解與中國文化之再造〉，《鵝湖月刊》十六卷十一期，民國 80 年 5 月。

8. 仲維光著，〈卡爾·波普和啓蒙思想〉，《鵝湖月刊》十六卷二期，民國 79 年 8 月。

9. 邵漢明著，〈莊子人學二題〉，《哲學與文化》十八卷一期，民國 80 年 1 月。

10. 傅佩榮著，〈莊子人觀的基本結構〉，《哲學與文化》十五卷一期，民國 77 年 1 月。

11. 牟宗三等著，〈爲中國文化敬告世界人士宣言〉，《民主評論》九卷一期，民國 47 年 1 月。

12. 武內義雄著，連清吉譯，〈莊子考〉，《鵝湖月刊》十五卷十一期，民國 79 年 5 月。

13. 拉菲爾著，黃瞿譯，〈論自由〉，《鵝湖月刊》十六卷三期，民國 79 年 9 月。

（以上期刊部分）

附錄：莊子的文化沒落論之探討

張森富

北台科學技術學院通識教育中心副教授

摘　要

　　本文旨在從文化學的角度，去探討莊子詆毀堯舜的言論背後所蘊涵的文化理論，比較莊子和儒家對夏商周三代文化所持的態度上之歧異，並指出莊子的文化理論可以爲現代世界尊重文化多樣性的趨勢提供深厚的理論基礎。

　　關鍵詞：文化學、莊子、老子、史賓格勒、夏商周三代

老子「絕聖棄智」、「絕仁棄義」（《老子第十九章》）的言論，莊子詆毀堯舜的批評，常被世人視爲離經叛道而無法理解。以人倫日用而言，「聖智」、「仁義」皆是極爲有用的事物，老子和莊子又何必視爲禍亂之首而要絕之、棄之呢？如果能夠了解老子和莊子並不是從人倫日用上面來批評「聖智」、「仁義」，就會知道一切侷限在人倫日用上面來否定老子和莊子的言論，其實都是不相應的。老子和莊子毀棄「聖智」、「仁義」的言論，其實是他們對文化發展的規律有所洞見而必然會導出的結論。這裏面蘊含了一套精深的文化理論。而這套文化理論在中國古代的歷史乃至世界各大文化的歷史中，都可以找到印證。

老子以「有」和「無」的辯證，來建構這套文化的沒落論〔註1〕。莊子繼承了老子的看法，進一步從遠古傳說時代的文化始創，以至夏商周三代文化的昌盛及衰落，來印證這套文化的沒落論。

一、夏商周三代文化的基本理念

德國思想家史賓格勒認爲，一個文化就是一個基本理念在現實中的具體展現〔註2〕，因此，一個文化的發展史其實就是一個基本理念的發展史。唯有把握住　個文化的基本理念，才能了解一個文化發展的全盤眞實面貌。而要看出一個文化的基本理念所在，則有賴敏銳的洞察力。

老子準確地指出夏商周三代文化的基本理念爲「仁義」，這就是夏商周三代文化之所以昌盛以及之所以衰敗的原因。所以，老子說：「大道廢，有仁義。」（《老子第十八章》）老子這兩句話不應只是看作是比較「道德」和「仁義」的優劣，而應從更深的文化學的意義來了解。老子其實是以「仁義」作爲夏商周三代文化的基本理念，三代以來的文化因之而興，也因之而衰，爲了要振興文化的衰敗，老子把「仁義」當作首要批判的對象。

莊子繼承了老子的看法，進一步加以闡明，指出大道之廢在黃帝、堯、舜之時，因爲黃帝、堯、舜提倡仁義。莊子說：「昔者黃帝始以仁義攖人之心，

〔註1〕 參見拙作〈老子思想在文化學上的意義〉，《光武國文學報》創刊號（台北：2004 年 6 月），頁 11～22。

〔註2〕 德國思想家史賓格勒（Oswald Spengler）也認爲：「可能的文化，即是『文化民族』的生存之中，所具有的一種概念（無論其爲共有的，抑或個人的）。而實際的文化，便是該一概念的具體展現，是其所有的實際可見的表現之總和。」參照氏著：《西方的沒落》（陳曉林譯，台北：遠流出版公司，2000），頁 100。

堯舜於是乎股無胈，脛無毛，以養天下之形」（《莊子‧在宥》）、「自虞氏招仁義以撓天下也，天下莫不奔命於仁義」（《莊子‧駢拇》）認為黃帝、堯、舜之時開始倡行「仁義」，由此而開創出夏商周三代的文化。

莊子以堯舜之時開始倡行仁義的說法，和儒家的說法一致。孔子在回答子貢所問「如有博施於民，而能濟眾，何如？可謂仁乎？」時，說：「何事於仁，必也聖乎？堯舜其猶病諸。」（《論語‧雍也》）行仁的極致，即是「聖」，孔子舉堯舜為代表，可知孔子也是認為堯舜之時開始倡行仁義。子夏解釋孔子所說「舉直錯諸枉，能使枉者直」時，說：「舜有天下，選於眾，舉皋陶，不仁者遠矣。」（《論語‧顏淵》）子夏也認為堯舜之時開始倡行仁義，而且具體指出堯舜是以拔舉仁者、罷黜不仁者的措施，來倡行仁義。孟子也說：「堯舜之道，不以仁政，不能平治天下。」（《孟子‧離婁下》）更是認為堯舜時將仁義推行於天下。

仁義的觀念固然是遲至春秋時代的孔子、孟子時，才算是發展到了極致，但是，仁義觀念的起源應當遠早於此，而可上溯到堯舜之時。堯舜之時，仁義的觀念固然仍隱沒而不顯著，但是，孔子、孟子時的仁義觀念卻正是在此時就扎下了根基，然後開始生長、茁壯。儘管之後的生長是何等壯碩，卻再也離不開最初的根本。孔子、孟子將堯舜尊為聖人，「言必稱堯舜」（《孟子‧滕文公上》），盛讚不已，也正是由於不能忘本的原故。

堯舜之時所倡行的仁義，在內涵上固然不及孔子、孟子所講的仁義來得廣泛和深遠，但是卻更為緊要，而且構成了後世仁義觀念的核心所在。堯舜之時所倡行的仁義，是環繞著家庭倫理而展開的。《尚書‧堯典》記載堯「克明俊德，以親九族。九族既睦，平章百姓。百姓昭明，協和萬邦。黎民於變時雍。」堯所發揚光大的崇高德行（所謂「俊德」），形成後世仁義觀念的核心，是先能使家族的成員都能相親相愛，然後再推廣到百姓，以至於天下，使所有的人倫關係都能建立起和諧的秩序。這在中國文化發展史上，無疑是一項重大的進展，屬於文化發展史上的特殊事件，確實值得史家記載於史冊，留傳後世。從此華夏民族脫離了原始蒙昧的生活，而開始在廣大的土地上拓展新的文化。舜被堯選為繼任天子的人選，也是因為舜最能符合文化理念的要求，是接替堯繼續拓展文化的最佳人選。《尚書‧堯典》記載堯因為舜「克諧以孝」，而決定傳位予舜。孝是維繫家庭倫理所必具的德行，也是仁義觀念的核心所在，所以堯特別看重它。《尚書‧堯典》記載舜繼位為天子之後，對

契說：「百姓不親，五品不遜，汝作司徒，敬敷五教，在寬。」舜命契擔任司徒，推行五倫的教化，使父慈子孝、兄友弟恭，家庭倫理得以有秩序，這也是出於拓展文化理念的要求。孟子也特別肯定這點，孟子說：「飽食煖衣逸居而無教，則近於禽獸。聖人有憂之，使契爲司徒，教以人倫：父子有親，君臣有義，夫婦有別，長幼有序，朋友有信。放勳曰：『勞之來之，匡之直之，輔之翼之。』」（《孟子・滕文公上》）堯舜之時所推行的五倫的教化，是環繞著家庭倫理而展開的。所以，孟子說：「堯舜之道，孝悌而已矣。」（《孟子・告子下》）指出「孝悌」的家庭倫理爲堯舜之時所拓展之文化的基本理念。

堯舜之後，遂開展出夏商周三代的文化。夏商周三代的文化雖然有所因革損益，但是，基本上仍然遵循著堯舜所建立的文化理念而發展。孔子說：「殷因於夏禮，所損益可知也。周因於殷禮，所損益可知也。其或繼周者，雖百世可知也。」（《論語・爲政》）指出夏商周三代雖然在禮制上有所損益，但是制定禮制所依據的文化理念則是一直被因襲著，從未改變。孟子也說：「夏曰校，殷曰序，周曰庠，學則三代共之，皆所以明人倫也。」（《孟子・滕文公上》）指出夏商周三代皆注重推行五倫的教育，而這正是出自於同一個文化理念，也就是堯舜所建立的文化理念。

堯舜所建立的文化理念，經過夏商周三代的發展，不論在廣度上或是深度上，都大爲增進，到了孔子、孟子時，則是到達了無以復加的極致。孔子說：「鳥獸不可與同群，吾非斯人之徒與而誰與？」（《論語・微子》）回應了堯舜以來以人倫爲核心的文化理念之召喚。以人倫爲核心的文化理念要求個人自我節制慾望、情緒，以維繫家庭或家族成員間關係之和諧，由此而形成許多儒家所大表肯定的德行，也充實了「仁義」的內涵。孔子說：「克己復禮爲仁。」而其條目則是：「非禮勿視，非禮勿聽，非禮勿言，非禮勿動。」（《論語・顏淵》）個人的自我克制本是維繫家族成員間關係和諧所必須有的德行，孔子特別提煉出來，肯定這樣的行爲是道德的，是仁心的表現，使其意義更加純粹化並且普遍化，適用於一切個人與群體間之情況。個人的無私奉獻，本是維繫家族成員間關係和諧所必須有的德行，也受到孔子的肯定，認爲是仁心的表現。孔子說：「仁者先難而後獲，可謂仁矣！」（《論語・雍也》）將困難擺在優先位置而不逃避，不計較個人所能獲得的利益，這種無私的奉獻不是常見於家族倫理對家族成員的期待嗎？

對於深受堯舜以來以家庭倫理爲核心的文化所薰陶的人們而言，很自然

地會將一切事物都納入到此一家庭倫理的體系中。孔子說：「君君、臣臣，父父、子子。」（《論語·顏淵》）將君臣的關係和父子的關係相比擬。對儒家而言，君臣關係的典範就是堯舜。孟子說：「不以舜之所以事堯事君，不敬其君者也。」（《孟子·離婁上》）《尚書·堯典》記載堯之崩殂：「百姓如喪考妣，三載，四海遏密八音。」孟子也說舜「帥天下諸侯以爲堯三年喪」（《孟子·萬章上》）。舜帥天下爲堯守喪三年，可知堯舜間之君臣關係已向父子關係靠攏。子夏說：「四海之內，皆兄弟也。」（《論語·顏淵》）則是以家庭中兄弟之關係，看待所有人與人之關係。孟子說：「老吾老以及人之老，幼吾幼以及人之幼。」（《孟子·梁惠王上》）則是以家庭中的長幼關係，看待所有人與人之關係。北宋理學家張載說：「大君者，吾父母宗子。其大臣，宗子之家相也。尊高年，所以長其長。慈孤弱，所以幼其幼。聖、其合德，賢、其秀也。凡天下疲疾、惸獨鰥寡，皆吾兄弟之顛連而無告者也。」（〈西銘〉）則是以家庭中各成員的關係，看待所有人與人的關係。生長在不同文化背景的人，如果看到上面那些論述，一定會覺得莫名其妙；但是，對於深受堯舜以來以家庭倫理爲核心的文化所薰陶的人們而言，上面那些論述卻是再自然不過的至理名言，所以，「於我心有戚戚焉」。也就難怪〈大學〉會將「齊家」的道理用於「治國」、「平天下」了。

　　後人再也無法超越孔子、孟子對「仁義」的詮釋而有所創造，如同史賓格勒所說的：「它的概念、它內在可能的整個內涵，都已完成，並已外顯之後——文化突然僵化了，它節制了自己，它的血液冷凍了，它的力量瓦解了……」〔註3〕。之後，進入古典主義的「經學時期」，只剩下考據和訓詁的工夫，只是在故紙堆中希冀追憶往昔的光輝而已。幸好，尚有道家和佛教適時注入新的活力，才不致過早因爲窒息而夭亡。

二、夏商周三代文化發展的階段

　　史賓格勒認爲：「每一個文化，都要經過如同個人那樣的生命階段，每一個文化，各有它的孩提、青年、成年與老年時期。」〔註4〕指出每一個文化都要歷經由盛而衰的階段。老子說：「物壯則老。」（《老子第三十章》）莊子說：「其作始也簡，其將畢也必巨。」（《莊子·人間世》）未嘗不是對夏商周三代

〔註3〕 參照氏著：《西方的沒落》（已見註2），頁154～155。
〔註4〕 參照氏著：《西方的沒落》（已見註2）頁154。

文化走向沒落的發展有感而發。

老子說：「失道而後德，失德而後仁，失仁而後義，失義而後禮。夫禮者，忠信之薄而亂之首。」(《老子第三十八章》)老子這段話也不應只是看作比較道德和仁義的優劣，而是概括描述了夏商周三代文化走向沒落的各個階段。由道降為德，再由德降為仁，再由仁降為義，再由義降為禮，文化的理念逐步明確、逐步落實，但是，文化的活力卻也逐步下降、逐步僵化，最終走向沒落衰敗的結局。明確生於不明確，這本是文化理念在廣度上的進一步擴張，但卻是在深度上的進一步局限，而失去原來的靈活和彈性了。這就指出了夏商周三代文化之所以沒落的癥結。所以，王弼解釋此章說：「仁義，母之所生，非可以為母也。」而主張「守母以存其子，崇本以舉其末」。

儒家雖然也承認夏商周三代文化有沒落的問題，但儒家完全不從文化本身來講，也不認為文化本身有什麼問題，而是認為聖王不繼出才導致文化的沒落。孔子說：「文王既沒，文不在茲乎？天之將喪斯文也，後死者不得與於斯文也；天之未喪斯文也，匡人其如予何？」(《論語・子罕》)以為從周初以來文化的沒落肇因於周文王的崩殂、又沒有聖王繼出所致，但孔子仍然深信天意必不欲滅此文化，所以，對於後世是否有聖王出現重振此文化，仍然抱著希望。孟子進一步推衍孔子之意，說：「由堯舜至於湯，五百有餘歲，若禹、皋陶，則見而知之，若湯，則聞而知之。由湯至於文王，五百有餘歲，若伊尹、萊朱，則見而知之，若文王，則聞而知之。由文王至於孔子，五百餘有歲，若太公望、散宜生，則見而知之，若孔子，則聞而知之。由孔子而來至於今，百有餘歲，去聖人之世，若此其未遠也，近聖人之居，若此其甚也，然而無有乎爾，則亦無有乎爾。」(《孟子・盡心下》)孟子以為每隔五百年必有聖王出現，來振起沒落的文化，並有賢者從旁輔助，所以，文化雖有沒落之時，但終有重振之日。不過，天意終究難測，從周文王到孔子，已經超過五百年，可是重振文化的聖王並未出現。將來是否一定會有重振文化的聖王出現呢？這是儒家所無法解決的問題。

莊子繼承了老子的看法，進一步詳加闡述。莊子說：「古之明大道者，先明天而道德次之，道德已明而仁義次之，仁義已明而分守次之，分守已明而形名次之，形名已明而因任次之，因任已明而原省次之，原省已明而是非次之，是非已明而賞罰次之。」(《莊子・天道》)「天」即是「自然」之名稱，而「自然」即是原始的蒙昧，無形無名，可以說是最渾沌、最不明確的了，

所以老子以「無」稱之。「天」雖是最渾沌、最不明確，但卻能誕生一切的文化理念，可說是文化創造的根源，所以居於最優先的層位。因此，莊子對於夏商周三代文化興起之前的原始時代，頗多讚美之詞。莊子說：「夫至德之世，同與禽獸居，族與萬物並，惡乎知君子小人哉？同乎無知，其德不離；同乎無欲，是謂素樸；素樸而民性得矣。」（《莊子‧馬蹄》）又說：「古之人，在混芒之中，與一世而得澹漠焉。當是時也，陰陽和靜，鬼神不擾，四時得節，萬物不傷，群生不夭，人雖有知，無所用之，此之謂至一。當是時也，莫之為而常自然。」（《莊子‧繕性》）原始時代是渾沌未鑿的時代，沒有後世人為造作對自然的戕害，所以，莊子認為是最完善的了。

在莊子看來，夏商周三代的文化發展都是脫離渾沌的自然而漸行漸遠，都是「棄母用子」、「捨本逐末」之事。所以，莊子對於夏商周三代的文化發展，頗多貶抑之詞。莊子說：「及至聖人，蹩躠為仁，踶跂為義，而天下始疑矣；澶漫為樂，摘僻為禮，而天下始分矣。」（《莊子‧馬蹄》）又說：「逮德下衰，及燧人伏羲始為天下，是故順而不一。德又下衰，及神農黃帝始為天下，是故安而不順。德又下衰，及唐虞始為天下，興治化之流，澆淳散朴，離道以善，險德以行，然後去性而從於心。心與心識知而不足以定天下，然後附之以文，益之以博。文滅質，博溺心，然後民始惑亂，無以反其性情而復其初。」（《莊子‧繕性》）相對於老子所提出的「有」和「無」之抽象，莊子則是更為切入具體的人類生命，而提出「心」和「性」之觀念，並以之概括說明從遠古傳說時代以至夏商周三代以來的文化發展。莊子認為夏商周三代文化發展的歷程，其實是逐步背離原始自然而趨向人為造作的歷程，所以，文化越進步，卻是道德越衰退、弊病越叢生，最終走向敗亡。

三、文化和自然的衝突

莊子對原始時代的讚美，和對夏商周三代文化的貶抑，當然不是主張廢棄所有的文化，重新過原始人的生活，這在理論上並不可能。莊子反對夏商周三代的文化，並不表示莊子是「反文化」。莊子反對夏商周三代的文化，只是要指出文化和自然相衝突的問題。

如前所述，夏商周三代的文化是基於以人倫為核心的文化理念而發展的。以人為本位，就不能包容「非人」的大自然。孟子說：「舜使益掌火，益烈山澤而焚之，禽獸逃匿。」（《孟子‧滕文公上》）又說：「禹掘地而注之海，

驅蛇龍而放之菹。」(《孟子・滕文公下》) 以人為本位，就不會覺得驅離禽獸
有什麼不妥，甚至認為是聖人的功蹟，大加讚揚。如此的文化發展到極致，
必然會對大自然造成傷害。所以，莊子說：「三皇之知，上悖日月之明，下睽
山川之精，中墮四時之施，其知憯於蠣蠆之尾。鮮規之獸，莫得安其性命之
情者。」(《莊子・天運》) 指出夏商周三代的文化已經違背了大自然運行的規
律，對大自然造成傷害。

在人事方面，夏商周三代的文化發展到極致所產生的弊病，可名之為「禮
教」。所以，老子說：「夫禮者，忠信之薄而亂之首。」(《老子第三十八章》)
以家庭倫理為核心的文化理念，在政治上容易形成大家長式的君主專制，要
求下對上服從，以維持表面上的關係和諧，也就壓抑了民主政治中常見的異
議和抗爭〔註5〕。如此的文化發展到極致，必然會產生驕橫的獨裁統治者。所
以，莊子說：「聖人不死，大盜不止。雖重聖人而治天下，則是重利盜跖也。
為之斗斛以量之，則並與斗斛而竊之；為之權衡以稱之，則並與權衡而竊之；
為之符璽以信之，則並與符璽而竊之；為之仁義以矯之，則並與仁義而竊之。」
(《莊子・胠篋》) 莊子認為聖人立下仁義禮法以示於人，引誘大盜竊取一國
之大利，若無聖人所立下的仁義禮法，則桀、紂豈能肆其毒害？

禮教是仁義的外在化、形式化，成為明確的教條，因此也會導致虛偽。
莊子說：「中國之民，明乎禮義而陋乎知人心。」(《莊子・田子方》) 禮義是
普遍的規範，人心則個個不同。只注重普遍規範的禮義，必然無法知曉個個
不同的人心，於是禮義就只是成為純形式化、外在化的虛文而已，而人心就
可以隱藏在禮義後面，利用禮義來作偽，難以測知。

外在化、形式化的禮義，成為一成不變的教條，必然和個個不同的人性
不適合，於是對人性造成束縛和傷害。莊子說：「待鉤繩規矩而正者，是削其

〔註5〕 近人評論中國文化，已注意到家庭倫理觀念對於政治、社會各層面所產生的
　　　　影響。如金耀基說：「中國傳統社會由於家的過份發達，以致一方面沒有能產
　　　　生如西方的『個人主義』，壓制了個體的獨立性；另一方面沒有能開出社會的
　　　　組織型態。」許烺光說：「中國的社會結構是以家庭為基礎，家庭中的成員關
　　　　係是以父與子的關係為『主軸』，其他種種關係也都以這一主軸為中心。父子
　　　　的關係不但發生作用於家庭之中，而且擴及宗族，乃至於國家。中國古代的
　　　　君臣關係，實是父子關係的投射。由於中國社會的背景所孕育，中國人的性
　　　　格因素首先是服從權威和長上（父子關係的擴大）」。參見金耀基：〈中國的傳
　　　　統社會〉，收錄於《中國通史集論》（台北：華世出版社，民國 76 年 9 月），
　　　　頁 131，143～144。

性者也。待繩約膠漆而固者，是侵其德也。屈折禮樂，呴俞仁義，以慰天下之心者，此失其常然也。」（《莊子・駢拇》）又說：「夫孝悌仁義、忠信貞廉，此皆自勉以役其德者也，不足多也。」（《莊子・天運》）莊子認爲人們根據禮義的知識來役使、雕刻形性，非但不是人性之自然，而且是使人性不得自然、殘害人性。

隨著夏商周三代向四方拓展文化，仁義的理念以及其外在化、形式化的禮教也隨著遍及於當時所謂的天下。然而，在莊子看來，夏商周三代文化發展到極盛之際，卻也是其爲禍最烈、走向沒落敗亡之時。所以，莊子說：「禮樂遍行，則天下亂矣。」（《莊子・繕性》）無論是政治的威權，或是人心的虛偽、人性的束縛，都隨著禮教的普及而加劇加烈，最終成爲「儒以詩禮發冢」（《莊子・外物》）、「人與人相食」（《莊子・庚桑楚》），這就是所謂的「禮教食人」。

莊子概括文化和自然的衝突爲「心」和「性」的衝突，認爲夏商周三代的文化其本質是「去性而從於心」（《莊子・繕性》），也就背離了自然之至善，而走向了沒落敗亡之途。所以，周文的疲弊是種因於堯舜之興，而非肇始於文王之歿。莊子認爲道德爲人性所體現，仁義爲人心所認知，而人性所體現的道德非人心所能知，去性而從於心，乃是降道德爲仁義，也就喪失了爲功之母。所以，莊子說：「道德不廢，安取仁義！」（《莊子・馬蹄》）又說：「夫德，和也。道，理也。德無不容，仁也。道無不理，義也。義明而物親，忠也。中純實而反乎情，樂也。信行容體而順乎文，禮也。」（《莊子・繕性》）由這一段話可以看出，莊子對於仁義、禮樂，並非全盤否定，只是要指出仁義禮樂本是各自出於道德所體現之一面而已，雖然各有其美善，但若執守其一面而廢棄全體，其美善也將無法維持。而想要化解文化和自然的衝突，也唯有回歸自然之性才有可能。

四、結　論

經由以上的探討，可以知道老子和莊子之所以詆毀堯舜、廢棄仁義，並非只是離經叛道的狂言，而是他們對文化發展的規律有所洞見而必然會導出的結論。由此也可以看出道家和儒家對文化發展的規律的看法是何等不同，這也決定了兩者看待夏商周三代文化之態度上的歧異。不同於儒家的「尊華夏，貶夷狄」，莊子則反對獨尊夏商周三代文化的基本理念──仁義，甚至反

對任何文化理念的獨尊，而要回歸原始蒙昧也最富於包容和活力的道德。莊子對文化所抱持的態度，無寧更符合現代世界對文化所應抱持的態度。聯合國教科文組織在日前通過一項決議，宣示文化的多樣性對於人類的生存而言，就如同生物的多樣性一樣重要。而莊子的文化理論正可以為這樣的宣示提供深厚的理論基礎。相較於史賓格勒的否定不同文化間有融合的可能性，莊子則肯定了不同文化間有融合的可能。由此看來，莊子的文化理論比起史賓格勒的文化理論，更能包容不同文化間的歧異，而更能符合現代世界多元文化的發展趨勢。